Human

History

Geography

영주를 걷다

초판인쇄 2013년 5월 10일
초판발행 2013년 5월 15일

지은이   김수종
기획어시스트   영주시청 기획감사팀

펴낸곳   리즈앤북
펴낸이   김제구

인쇄·제본 한영문화사 / 등록일자 2002년 11월 15일
주소 121-841 서울시 마포구 서교동 446-36번지 y빌딩 2층
전화 02) 332-4037 / 팩스 02) 332-4031
이메일 ries0730@naver.com

ISBN 978-89-90522-82-5 (03910)

Human

History

Geography

❶

영주를 걷다

김수종 지음

역사—문화 사색의 뜰에서
천년을 거닐다

리즈앤북
ries & book

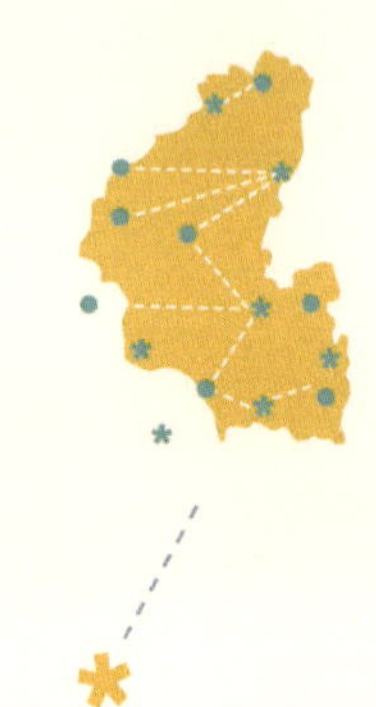

영주를
걷고 싶다

21세기 지방도시가 살 수 있는 길은 몇 가지 선택의 문제로 귀결되는 것 같다. 우선 지역의 역사문화자산, 자연유산을 적극적으로 활용하는 것이다. 그런 의미에서 보자면 영주는 축복받은 땅이다.

화엄종찰인 부석사가 있고, 해동유학의 중심인 소수서원이 있다. 여기에 한국에서 가장 아름다운 산 중의 하나인 소백산과 산이 품고 있는 희방사, 비로사, 초암사와 같은 멋진 사찰과 치맛자락처럼 연결된 〈소백산자락길〉까지 있으니 말이다.

그뿐인가! 낙동강의 또 다른 발원인 내성천이 마을을 300도 넘게 감아 돌아 정취가 넘치는 선비골인 무섬마을 또한 한옥과 외나무다리의 멋진 어울림이 방문객들의 마음을 크게 흔들어놓는 곳이기도 한다.

게다가 영주는 전국에서 제일가는 영주사과, 영주한우, 풍기인삼, 풍기인견 등 먹을거리와 입을거리가 감탄스러운 곳이기도 하다. 장기적으로 웰빙시대에 맞추어 유기농 농축산물을 보다 적극적으로 생산하고 판매하게 된다면, 영주는 역사문화와 자연이 살아 숨 쉬는 관광, 유기농의 고장으로 굳건

하게 자리 잡을 수 있을 것이다.

모든 것을 갖춘 도시 영주를 4~5개월가량 도보로 둘러보았다. 정감어린 초가에서 장작으로 군불을 피우면서 탁주로 안식을 얻기도 했고, 300년 된 한옥에서 아침을 깨우는 새소리에 동창을 열기도 했다.

황금빛 모래가 너무 좋은 내성천에서는 모래사장을 따라 사흘을 걸었고, 문창살이 아름다운 산사에서는 부처님의 목소리도 들었다. 어느 산속마을 폐가에서는 울음소리도 들었고, 고치령을 넘다가는 산돼지를 만나 허둥거리기도 했다. 신새벽 죽령옛길을 거닐면서는 1천 년 전 신라인들의 숨결도 함께 느꼈다.

100년 후에도 살아남을 역사문화 관광도시 영주를 보다 많은 사람들에게 알리고, 영주의 과거와 현재의 모습을 통하여 미래를 반추하고자 〈영주를 걷다〉를 쓰게 되었다. 지금부터 미래는 모두가 함께 만들어가야 할 것 같다.

2013년 봄날에 김수종

프롤로그 4

PART 1
역사의 숨결을 느끼다

사랑을 간직한 절 부석사 ·11

역사를 묻고 미래를 꿈꾸는 절 흑석사 ·34

천년고찰이 남겨준 것들 희방사, 비로사, 초암사, 성혈사 ·43

배우고 익히면 또한 즐겁지 아니한가 소수서원 ·66

배움의 도량 ❶ 이산서원, 오계서원 ·73

배움의 도량 ❷ 영주향교, 순흥향교, 풍기향교 ·82

아픈 역사의 유적지 금성대군신단 ·94

죽음으로 멈춘 시간 읍내리 벽화고분, 어숙묘 ·104

『정감록』의 십승지 가운데 으뜸 풍기 금계마을 ·112

PART 2
선조의 지혜를 배우다

선비정신을 배우다 선비촌 ·121

외나무다리는 타임머신 수도리 전통마을 ·133

선조의 집을 지키는 사람들

괴헌고택, 덕산고택, 우금촌 두암고택, 인동장씨종택 ·143

더 큰 나를 꿈꾸게 하는 인물 안향, 주세붕, 정도전, 김담 ·155

호국의 정신을 기리며 순흥초등학교 ·172

평온한 일상의 산책 순흥문화마을 ·178

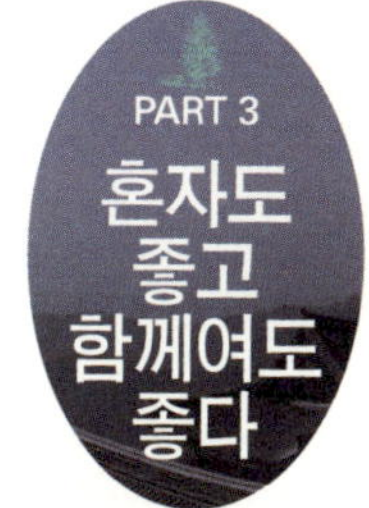

PART 3

혼자도 좋고 함께여도 좋다

자연을 배우는 역사의 길 죽령 옛길 ·193

100년의 세월을 거슬러오르는 희방사 옛길 ·211

영남의 알프스 소백산 능선길 ·217

역사와 함께하는 금성대군 길 ·225

부석사에서 축서사까지 의상대사 길 ·233

사색과 명상이 있는 마구령 철학자의 길 ·240

안축, 주세붕, 이황 선생과 함께하는 죽계구곡 ·250

'풍기연가'를 부르며 떠나는 풍기팔경 ·258

무명 바위와 소나무들의 세상 용암산 바위공원 ·265

봉화와 영주에서 만나는 이몽룡의 흔적들 ·272

PART 4

비상을 꿈꾸다

정은 덤이랍니다 영주장날, 풍기장날 ·283

임금께 바치는 진상품 풍기인삼 ·299

더위야, 물렀거라 풍기인견 ·309

소백산의 선물 영주한우, 영주사과, 단산포도 ·314

메주는 콩으로 쑤어야지 된장이야기 ·322

御來現山靜寺

PART 1

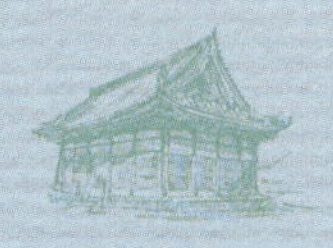

역사의 숨결을 느끼다

선인들이 남기신 문화유산을 후세에 남기는 것이 현재를 살고 있는 우리들의 과제가 아닐까 싶다. 이 장에서는 사찰을 돌아보며 깊은 종교적 예술 세계를 배우고, 서원과 향교를 둘러보며 배움의 자세를 배울 것이다. 또한 피로 얼룩진 역사의 한 페이지를 가슴으로 받아들이고, 벽화고분을 통해 조상들의 내세관도 엿볼 것이다.

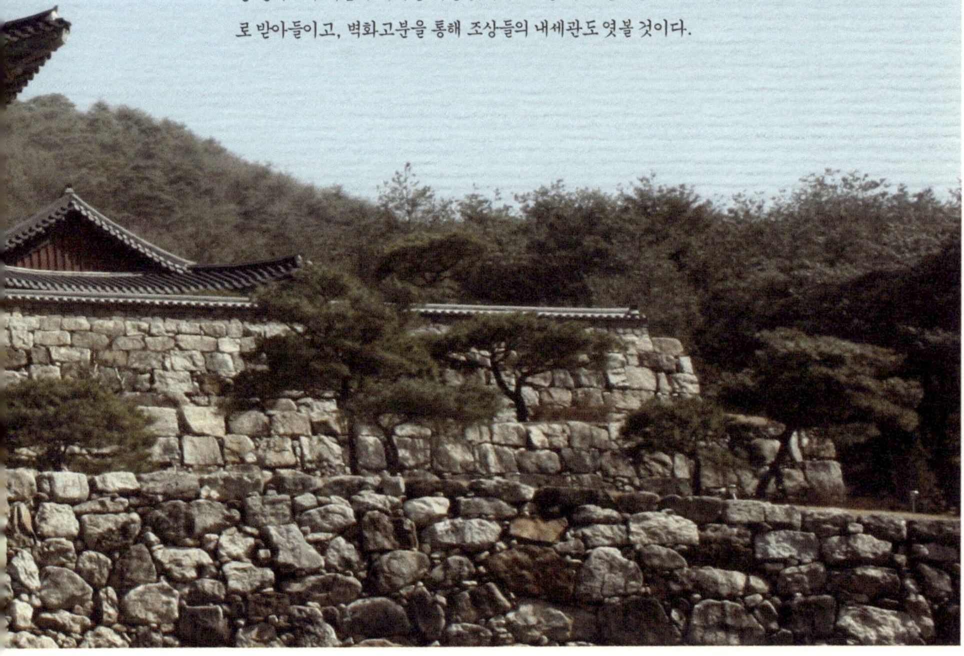

우리나라 목조건물 중 가장 아름답다는 무량수전.

부석사

　오늘은 기어이 무량수전에서 일몰을 보고야 말리란 다짐을 안고 오후 4시경 부석사浮石寺행 버스에 올랐다. 평일 오후의 한가한 도로를 신나게 달리던 버스는 잘 정돈된 부석사의 주차장에 나를 내려놓았다. 막 주차장을 만든 때 왔을 때는 약간 황량한 느낌도 없지 않았는데, 오늘은 저 밑의 주차장 들어오는 입구부터 늘어선 식당들을 보니 이제 완연한 관광지 느낌이다. 폭포처럼 보이는 분수를 배경으로 〈사진 찍는 곳〉이란 푯말도 보인다. 아마도 물보라로 생기는 무지개가 선연하게 찍힐 것이다. 부석사를 찾아 생각지도 못했던 배경 사진을 갖게 되다니, 전혀 다른 또 하나의 기쁨이 추가되는 느낌이다.

　우리나라 화엄사상華嚴思想의 발원지인 부석사는 참으로 많은 수식어가 붙는 절이지만, 국보와 보물이 가득한 부석사가 다른 절과는 다른 또 무언가가 있다면 아마도 그건 사랑의 전설이 아닌가 싶다. 절의 이름이 된 부석浮石에서도 언급되는 의상대사와 선묘 낭자의 전설이 바로 그것이다. 간단히 이야기하자면 이렇다.

부석사 하늘에서 보면 전체 전경이 '華'의 형상을 보인다는 부석사.

부석 부석사의 창건신화에
등장하는 뜬 돌.

함께 화엄학을 배우러 떠난 원효가 해골에 고인 물을 마시고 깨달음(一切唯心造 모든 것이 마음먹기에 달렸다)을 얻어 경주로 돌아가 버리고, 홀로 길을 떠난 의상은 중국 등주에 도착하여 신도의 집에 머물게 된다. 이때 선묘를 만나게 되는데, 진심어린 구애에도 불구하고 의상의 마음이 움직이지 않자 선묘는 "세세생생 스님께 귀의하겠다."라고 맹세하고 의상이 종남산 지상사에 머무는 동안 공양을 올렸다고 한다.

공부를 마쳐갈 무렵, 당나라가 신라를 치려 한다는 정보를 들은 의상은 서둘러 신라로 돌아오는 길에 감사 인사를 전하러 들렀지만, 선묘가 출타중이어서 만나지 못하고 배에 올랐다. 뒤늦게 사실을 안 선묘가 선창으로 달려갔으나 배는 이미 떠난 후였다. 선묘는 바다에 몸을 던져 용으로 변해 의상이 탄 배가 무사히 신라에 도착할 수 있도록 도와주었다고 한다.

신라로 돌아온 의상이 왕명을 받들어 화엄도량을 이룩할 만한 복된 터전을 찾아 5년 동안 헤매다가 지금의 부석사 터를 찾았다. 그러나 이미 다른 잡배들이 자리를 차지하고 있어 고민하던 중에 선묘 신룡神龍이 나타나 사방 10리 넓이의 큰 바위를 공중에 들어올려 위협하니 소승잡배들이 떠나 절을 지을 수 있었다. 이것이 '부석浮石'이란 이름을 짓게 된 연유이며, 지금도 선묘는 석룡石龍이 되어 부석사를 지키고 있다고 한다. 이렇게 그저 전설로만 남을 줄 알았던 이야기가 그 진실을 드러낸 것은 1919년의 일이다.

1919년에 무량수전과 조사당을 해체 수리하였는데, 이때 허리 부분이 잘린 석룡이 노출되었다고 한다. 머리를 무량수전 주불主佛 밑에 두고 꼬리는 무량수전 앞 석등까지 펼쳐 있었다고 전해진다. 그 기록을 토대로 조사한 결과, 1967년 5월에 드디어 무량수전 앞뜰에서 5m 가량의 석룡 하반부를 발견하는 데 성공한다. 전설 속의 석룡이 모습을 드러내니 부석의 존재도, 선묘각(善妙閣)의 실체적 의미도 다르게 와닿는 것 같다.

매표소를 지나, 영주민들의 사랑을 한몸에 받는다는 은행나무 길을 따라 올라가자 곱게 단장한 일주문이 보인다. 일주문은 천왕문과 함께 산문(山門)에 해당되는 곳이다. 산문이란 인간이 살아가는 세속의 공간과 스님들이 사는 공간 사이에 있는 문으로, 합장을 하고 반배를 올리는 장소이기도 하다. 이런 산문들은 조선시대 이후 배치된 공간이기 때문에 최초 창건 당시에는 없었던 건물로 여겨진다.

합장을 하고 반배를 올린 후 조금 더 올라가면 왼편 나무들 사이로 중수기적비(重修紀跡碑)가 보이고, 중수비를 지나쳐 조금 더 오르면 오랜 세월의 무게를 버티고 있는 부석사의 당간지주가 보인다. 당간(幢竿)이란 절에서 불교 의식이 있을 때 불(佛) 또는 보살의 공덕을 기리거나 마귀를 물리칠 목적으로 달았던 '당'이라는 깃발의 깃대를 말하며, 이 깃대를 고정시켜 주기 위해 세우는 돌기둥을 당간지주라고 한다. 비교적 가늘고 긴 편이면서도 아래와 위의 두께에 다소 차이를 내 안정감을 준 당간지주 사이에는 연꽃잎을 장식한 원형의 간대석(杆臺石)이 놓여 있다. 간결하고 단아한 수법으로 보아 부석사 창건과 함께 7세기경에 세워진 것으로 추정하고 있다.

당간지주를 뒤로 하고 돌계단 몇 개를 올라 부석사의 첫 관문인 천왕문에 이른다. 천왕문 안에서 예의 그 부리부리한 눈으로 이 문을 통과하는 이를 내려다보고 있는 사천왕을 만난다. 어느 절이든 입구에서 만나게 되는 이 사천왕이 우리네 인생을 계절에 비유하고 있다는 걸 아시는지 모르겠다.

동방을 지키는 지국천왕(持國天王)은 봄에 해당하는 방위로, 비파를 켜고 있다. 새로운 생명의 탄생을 노래하고 축복하는 비파의 아름다운 선율은, 부모의 양육으

로 모든 관심을 받으면서 성장하는 것과 같은 이치라 하겠다. 남방을 지키는 증
장천왕增長天王은 여름에 해당하는 방위로, 큰칼을 들고 있다. 저돌적으로 자기를
확장해 나가는, 인생의 가장 뜨거운 태양이라는 의미를 큰칼로 상징하고 있는
것이다.

　서방을 지키는 광목천왕廣目天王은 가을에 해당하는 방위로, 용과 여의주를 쥐고
있다. 가을이란 말 그대로 수확의 시기로, 여름을 어찌 보냈는가에 따라 그 거두
어들임의 양과 질이 달라진다는 것을 의미한다 하겠다. 북방을 지키는 다문천왕
多聞天王은 겨울에 해당하는 방위로, 보탑을 들고 있다. 보탑이란 부처님의 사리 또
는 대다라니경 등을 안치하는 곳으로 부처님의 무덤을 상징하기도 하는데, 우리

당간지주 통일신라시대 세
워진 높이 428cm의 부석사
당간지주는 보물 제255호로
지정되어 있다.

인생이 왔다가 돌아가는 것을 회상해 보는 시기라고 할 수 있다.

너무 끼어 맞추는 게 아닌가 싶다면, 우리가 흔히 아는 대로 사천왕이란 '불법 佛法뿐 아니라 불법에 귀의하는 사람들을 수호하는 호법신'이라는 것만 알고 넘어가자.

부석사는 일반적인 평지 사찰과는 달리 산비탈을 깎아 평지를 만들었기에 석축을 쌓을 수밖에 없었지만, 이 석축 역시 의상대사가 추구한 화엄세계를 엿볼 수 있는 완성된 예술품이라고 할 수 있다. 석축은 우선 상품단·중품단·하품단으로 나누고, 그 세 군데를 세분화하여 다시 상중하로 나누어 총 아홉 단의 석축을 만날 수 있다. 이는 불교의 윤회설을 반영한 것으로, 환생할 때는 좀 더 나은 품계로 태어나길 바라는 염원이 나타나 있다고도 한다.

이런 이야기를 들으니 불현듯 베르베르의 소설 『타나토노트』가 생각났다. 프랑스인이면서도 동양사상, 특히 불교의 윤회설에 심취한 그가 '죽음 뒤의 세계에 대한 탐구'를 소설적 상상력으로 그려낸 작품이다. 1994년 작품이라 벌써 읽은 지가 한참이나 지나 아무리 재미있게 읽었다 해도 세세한 부분은 거의 기억이 나질 않는다. 다만 아직도 생생하게 기억하고 있는 부분이 있는데, 그것은 바로 이생의 업적(?)에 따라 점수를 매기는 부분이다.

정확한 문장은 생각나지 않지만 단순하게 예를 들자면, "몇 월 며칠, 어른께 자리를 양보했군. +10점.", "몇 월 며칠, 무단횡단을 했군. -5점." 뭐 이런 식이다. 그렇게 착한 일과 나쁜 짓을 플러스마이너스 하여 얻은 점수가 그의 이번 생의 점수가 되고, 그 점수에 따라 다음 생을 선택할 수 있게 된다. 자신이 얻은 점수에 따라 부모를 고르고, 평생 함께해야 할 병을 고르고, 특기를 고르고……, 지난 생보다 높은 점수를 얻어 다음 생엔 보다 나은 환경을 얻어내려 노력하는 것이다.

물론 1천 점인가(정확하게 기억은 안 나지만, 하여튼 무지하게 높은 점수)를 얻으면 반복되는 삶에서 해방된다. 인간으로 태어나 영생을 얻는 것, 바로 부처와 예수가 그 케이스라고 설명하는 부분이 나온다. 이 석축이 바로 그와 같단 생각이 들었다. 하품단에서 중품단으로, 중품단에서 상품단으로, 끊임없이 노력하는 자만이 더 나은 세상으로 나아갈 수 있는 것이다. 영생을 얻는 부처가 되는 그날까지 말이다. 물론 평범한 우리들에게는 참 멀게 느껴지는 얘기이긴 하다.

원래 시작이 그렇게 어려운 것인지, 하품단에서 중품단으로 가는 돌계단은 하나하나가 참 높기도 하다. 웬만한 계단 두 칸을 한꺼번에 오르는 양 겅중겅중 힘겹게 올라 통일신라 후기에 지어진 양쪽의 삼층석탑 사이를 지나고, 다시 돌계단 몇 개를 올라가야 비로소 중품단에 있는 범종루를 만날 수 있다.

범종루梵鐘樓를 올려다보니 '봉황산 부석사'라는 현판이 보인다. 그러고 보니 아까 일주문에는 분명 '태백산 부석사'라고 쓰여 있었는데 말이다. 태백산은 무엇이고 봉황산은 무엇인가 했더니 설명은 이랬다. 이곳이 바로 태백산맥의 끝자락이자 소백산맥의 시작이며, 소백과 태백의 양백지간에 조그만 봉황산이 있어 양백의 기운을 모두 받은 명당자리란다. 게다가 이 봉황산 능선은 신령스러운 봉황이 알을 품고 엎드려 있는 형상인지라, 무량수전이 앉아 있는 곳이 바로 봉황의 기를 생성하는 단전자리라 할 수 있다는 거다.

설명을 듣고 태백산과 봉황산이라는 두 개의 부석사 현판에 대한 의문은 풀렸으나, 범종루를 바라보며 드는 또 하나의 의문이 있었다. 범종루는 부석사의 주요 건축물이면서도 가로로 놓이질 않고 세로로 놓여 있는데, 그렇다면 여기에도 어떤 다른 의미가 있는 것일까.

부석사의 한가운데 가로로 건물이 놓이게 되면 하품단에서 상품단으로 오르

역사의 숨결을 느끼다

는 길의 흐름이 끊어지기 때문에 세로로 건물을 놓아 상품단과 하품단을 자연스럽게 연결시키기 위함이란다. 과연, 나무 한 그루뿐만이 아니라 숲 전체를 볼 줄 아는 지혜가 자랑스럽다 싶었다. 그 마음은 범종루 밑을 통과하여 올라섰을 때 더욱 고조에 달했다.

범종루의 처마 형태가 밑에서 본 앞부분과 올라선 다음 본 뒤가 달랐는데, 앞쪽은 화려한 매력의 팔작지붕(처마가 八자형), 반대편은 단아한 맞배지붕(A자형)이었다. 앞에서 보면 화려하고 웅장한 멋을 느끼도록 팔작지붕을, 무량수전 앞마당에서 내려다보면 팔작지붕은 시야가 답답해 보이니까 시원하게 맞배지붕을 얹은 것이다. 한 건물에 앞뒤 다른 지붕을 얹어 그 위치에 따라 다른 맛을 음미할 수 있도록 꾸미다니, 정말 경탄의 감탄사 외에 아무런 소리도 내질 못했다.

또 하나의 특징을 꼽자면, 부석사의 범종루 안에는 법고法鼓 · 목어木魚 · 운판雲板은 있어도 범종이 없다. 대원군시절 경복궁을 재건한다며 당백전當百錢을 만든다고 절에 있는 모든 쇠붙이를 떼어갔다고 한다. 그때 여기 범종도 떼어가 한동안 부석사에는 범종이 없었다고 한다. 순종 때 다시 범종을 제작했지만, 무게의 하중이나 소리의 울림판 등 여러 이유로 다시 범종루에 모시지 못하고 따로 범종각을 만들어 모시고 있다.

이제 무량수전으로 가는 마지막 관문인 안양문安養門 계단 앞에 선다. 아미타불을 주불로 모시고 무량수전 앞에는 안양문을 세웠으니, 부석사는 바로 극락세계를 이 땅으로 옮겨놓은 사찰이다.

안양문을 지나 계단을 오르면 제일 먼저 보이는 것이 마당 중앙에 오롯이 서 있는 석등이다. 무량수전의 정면에서 살짝 왼편으로 빗겨 서 있는 석등은 상륜부만이 일부 파손되었을 뿐 거의 완전하게 남아서 그 아름다움을 뽐내고 있다.

화사석은 팔각으로 사면에 화창火窓을 내었고, 창 주변으로 문을 달았던 구멍이 남아 있다.

석등은 궁궐이나 저택의 유적지에서는 발견된 적이 없단다. 주로 사찰과 능묘 같은 유적지에서 발견되며, 불교 전래 이전의 능묘에서도 발견되지 않은 것으로 보아 석등이 불교에서 기원하였음을 알 수 있다. 이렇게 불교와 함께 들어온 석등은 불전 혹은 탑 앞에 설치되어 그곳을 밝혀주는 부처님의 광명을 상징하였고, 공양의 의미와 부합하여 '헌등' 또는 '광명등'이라고도 불리었다.

이 아름다운 석등이 비추고 있는 게 그 유명한 무량수전無量壽殿이다. 부석사는

석등 통일신라시대의 전형적인 팔각석등으로 국보 제17호로 지정되어 있다.

역사의 숨결을 느끼다

무량수전 우리나라 목조건물 중 가장 아름답다는 무량수전은 국보 제18호로 지정되어 있다.

어디 있는지 몰라도 무량수전의 배흘림기둥은 안다는 웃지 못할 이야기가 있는 것처럼 말이다. 사실 무량수전의 기둥은 강릉 객사문 다음으로 배흘림이 심하다.

무량수전은 정면 5칸, 측면 3칸의 규모로, 기둥 사이의 거리가 넓고 기둥도 높아 건물이 당당하고 안정감 있게 지어졌다. 무량수전 처마 밑에 걸린 현판은 홍건적의 난을 피해 온 공민왕의 친필이란다. 676년 신라 문무왕의 명을 받고 의상 대사가 창건한 건물은 비록 불타 없어졌어도, 무량수전은 우리나라에 남아 있는 가장 오래된 목조건물 중 하나이다.

창건 연대가 확실히 밝혀진 것은 예산의 수덕사 대웅전으로, 1308년 창건되었다는 기록이 있다. 이에 비해 무량수전은, 1916년 해체 보수 시에 발견된 묵서명墨書銘에 의하면 1376년에 중수하였다 하였으니, 창건은 이보다 100년 이상 앞섰을 것으로 추정하고 있다.

단지 안동의 봉정사 극락전이 무량수전보다 13년 앞선 1363년에 중수한 기록이 발견되어, 창건연대가 확실하게 밝혀지지 않는 한 무량수전이 '가장 오래된 건물'이라고 단정하기가 어려워졌다. 그러나 그게 무슨 의미가 있으랴. 무량수전은 가장 오래된 목조건물이라는 타이틀이 굳이 필요 없을 만큼 우리나라 목조건축의 백미로 꼽히는 건물이지 않은가 말이다.

고풍스러움을 자아내는 법당으로 들어서자 특이하게도 부처가 서쪽에 모셔져 있었다. 남향하는 건물의 서편에 불단을 만들고, 아미타여래상을 동향으로 안치한 것이다. 그 이유로 두 가지 설이 등장한다.

첫째로 부처님은 원래 서방정토西方淨土에 계시며 중생을 구제한다는 의미에서 서쪽에 모셨다는 설, 둘째는 건축구조 특성상 긴 직사각형의 터가 나와 공간 활용 측면에서 부처님을 한쪽으로 모셨다는 설이다. 무량수전 앞의 석등이 정면에서 살짝 왼쪽으로 치우쳐 있어 무의식중에 사람의 발길을 오른쪽으로 유도하고 있는 것도 직사각형의 터를 좁아 보이지 않게 활용한 한 방법이라 하겠다.

실은 무량수전뿐 아니라, 부석사는 가람 배치 자체가 그저 감탄을 자아낼 수밖에 없는 경지이긴 하다. 어쨌든 개인적으로는 이 둘을 다 생각한 것이 아닐까 싶었다. 그것이 무량수전에 대한 염원의 강도인 것 같으니 말이다.

이는 무량수전의 바닥만 봐도 알 수 있다. 물론 지금은 마룻바닥이라 그 흔적을 찾을 수 없고, 남아 있는 녹유전綠釉塼의 흔적 또한 후설後設된 목조 불단으로 인해 가려져 있긴 하지만 말이다. 어쨌든 『아미타경』을 보면 극락세계의 땅은 유리로 되어 있다고 하는데, 이는 장엄한 극락세계의 수승殊勝(세상에 희유하리만큼 아주 뛰어남)을 표현한 것이란다. 무량수전 역시 아미타불이 상주하는 극락정토라는 생각에서 그 내부 바닥을 녹유전으로 깔아 극락세계를 그대로 연출했다.

여기서 녹유전이란 법당 내부에 까는 벽돌로, 표면에 0.3cm 정도의 유액을 발라서 녹색의 광택이 나도록 한 것이다. 무량수전의 녹유전은 법광사지法光寺址에서 출토된 것(27.5cm×27cm)보다는 작지만, 유약 처리가 훨씬 두꺼운 것이 특징이다. 녹유전을 통해 극락정토를 희원希願하는 신라인의 깊은 불심과 그들의 높은 문화 수준을 넉넉히 짐작할 수 있다.

무량수전에 주불로 모신 소조여래좌상은 고려 초기의 작품으로, 높이 278cm, 광배 높이는 380cm이다. 여기서 소조불상이란 나무로 골격을 만들고 진흙을 붙여가면서 만드는 것을 말한다. 황금빛 몸과 풍만한 얼굴에 양쪽 귀는 목까지 늘어져 있으며, 머리는 육계(부처의 정수리에 상투처럼 돌기한 살의 혹)가 뚜렷하고 검은 색을 입혔다.

통일신라시대 불상 조형을 계승하였지만, 도식적이고 상징적인 면에서 시대적

소조여래좌상 고려시대 최고의 걸작이라 칭할 만한 거대한 소조불상으로, 국보 제45호로 지정되어 있다.

역사의 숨결을 느끼다

인 양식 차이를 보여주고 있다. 우리나라 소조불상 가운데 가장 크고 오래된 작품으로 그 가치가 매우 크다 하겠다. 불상의 뒤로는 금빛을 입힌 독립된 목조 광배가 놓여 있고, 위에는 섬세하고 화려한 닫집이 세워져 있어 장엄미의 극치를 보여준다.

아미타불께 예를 올리고 무량수전을 나와 보니, 동편 뒤쪽으로 선묘의 화상이 안치되어 있는 선묘각이 보인다. 선묘각 자체는 오래 전부터 있었으나 화상을 안치한 것은 최근의 일이라 한다. 그래도 사랑의 전설의 주인공인데 싶은 마음에 걸었던 기대는 막상 화상을 보자 단숨에 무너졌다. 그야말로 부처에 선녀 옷을 입혀 놓은 것 같은 모습이었던 거다. 본심을 말하자면, 아무리 전설에서 여성성이 배제된다고는 하더라도 그래도 '낭자'일진데 이건 너무한 거 아닌가 싶은 맘이랄까. 귀부인과 같은 모습을 한 범천梵天(우주 만물 조화의 신)이나 제석천帝釋天(십이천의 하나로 동쪽의 수호신)보다도 훨씬 늠름하다는 표현이 맞을 거다.

안타까움만 남긴 채 선묘각의 문을 닫고, 무량수전보다 조금 위쪽에 위치한 부석사의 삼층석탑 쪽으로 걸음을 옮긴다. 2중 기단 위에 3층 몸돌을 쌓은 전형적인 석탑으로, 통일신라시대에 건립된 것으로 추측된다.

탑은 원래 법당 앞에 건립되는 것이 통례인데, 이 석탑은 법당 동쪽에 세워져 있는 것이 특이하다. 범종루 앞의 삼층석탑인 쌍탑이 원래는 부석사 안에 있는 것이 아니었다(쌍탑은 절의 동쪽 약사골 절터에서 1967년에 이건한 것이다)는 것을 생각하면 더욱 그렇다.

동쪽 사바세계의 상징이라는 이 삼층석탑을 지나 의상대사의 진영眞影을 안치하고 있는 조사당으로 향한다. 조사당은 무량수전 뒷산에 있는 건물로, 건립 연대는 확실하지 않으나 1201년에 단청했다는 기록이 있는 것으로 보아 그 이전에

부석사 삼층석탑 무량수전의 동쪽에 자리 잡은 높이 526cm의 삼층석탑은 보물 제249호로 지정되어 있다.(좌)

조사당과 선비화 고려 건축 양식을 잘 보존하고 있는 조사당은 국보 제19호로 지정되어 있다. 의상의 지팡이에서 피어났다는 선비화는 조사당 처마 아래 철망으로 보호하고 있다.(우)

건립되었음을 알 수 있다. 이후 고려 공민왕 때의 병화(兵火)로 소실된 것을 1377년에 원응국사(圓應國師)가 재건하여 오늘날에 이르고 있는 것이라 한다.

조사당 처마 밑에는 작은 나무 한 그루가 철장 속에 갇혀 있는데, 이것이 그 유명한 선비화이다. 의상대사가 천축(지금의 인도)으로 떠나면서 석단 위에 지팡이를 꽂으며 "이 지팡이가 살아 있음을 내가 살아 있음으로 알라."라는 말을 남기고 떠났는데, 처마 밑이라 비나 이슬을 맞지 못하면서도 지금까지 작고 노란 빛의 꽃을 피워내며 신비롭게 살아서 의상의 영험함을 보여주고 있다.

역사의 숨결을 느끼다

조사당 벽화 현재 우리나라에 남아 있는 벽화 가운데 가장 오래된 작품으로 국보 제46호로 지정되어 있다.

조사당 건물이나 선비화도 선비화지만, 조사당을 진짜 유명하게 만든 것은 조사당 벽화가 아닌가 싶다. 조사당 벽화는 현존하는 사찰 벽화 중 가장 오래된 것으로, 1918년에 일본이 본국으로 가져가려고 벽체에서 분리하여 무량수전에 보관하다가 현재에 이른 것으로 알려져 있다.

문득 일본의 나라奈良에 있는 호류지法隆寺가 생각났다. 깜깜한 건물 안, 어둠에 싸여 있는 담징의 벽화가 떠올랐기 때문이다.

보관상의 문제로 햇빛은 물론 어떤 인공적인 빛도 차단시킨 채, 손가락 하나 겨우 들어갈 만한 철망 안에 갇혀 있는 담징의 그림을 심한 떨림으로 바라보았던 기억이 아직 생생하다. 직접 가서 그린 그림을 쳐다보는 것만으로도 그렇게 가슴이 시렸는데, 조사당 벽화를 일본의 어딘가에서 보았다면 어떤 기분이었을까 싶었다.

우리나라 회화사에서 가장 중요한 작품으로 평가받고 있는 조사당 벽화는, 조사당 건물이 완성될 무렵인 1377년 그 내벽에 그린 6폭짜리 그림이다. 길이 205cm, 폭 75cm 정도의 크기로, 흙벽 위에 녹색으로 바탕을 칠하고 붉은색·백색·금색 등으로 채색하였다. 양쪽의 범천梵天과 제석천帝釋天은 풍만하고 우아한 귀부인의 모습이며, 가운데 사천왕은 악귀를 밟고 서서 무섭게 노려보는 건장한 모습이다.

훼손된 부분이 많고 후대에 덧칠하여 원래의 모습이 많이 사라지긴 했지만, 그래도 고려 불화풍이 꽤 간직되어 있는 편이다. 양식적으로는 12~13세기의 불화 양식과 비슷하며, 생동감 넘치는 유려한 선에서 고려 불화의 품격을 느낄 수 있다.

지금은 보장각 내의 유리장에 보존되어 있지만 이제 곧 현대식 건물의 〈부석사 박물관)으로 자리를 옮긴다고 하니, 지금의 나처럼 후세의 누군가에게도 변함없는 모습을 보여주길 바라본다.

조사당을 내려와 숲길 안쪽으로 더 들어가야 오불회 괘불탱伍佛會掛佛幀이 안치된 응진전과 석조여래좌상이 안치된 자인당이 나온다. 부석사의 가장 높은 곳에 위치하는 셈이다.

응진전에 안치된 오불회 괘불탱은 부석사에 전래되어오던 1684년 괘불(현재는 국립중앙박물관이 소장하고 있다)의 도상을 기본으로 하면서 비로자나불을 첨가하여 1745년에 새롭게 조성한 것이다. 괘불이란 야외 의식을 위해 제작한 큰 불화를 가리킨다.

오불회 형식은 조선시대 이르러 단행된 종단의 통폐합에 따른 삼신불三身佛과 삼세불三世佛 사상의 결합으로 나타난 도상이다. 대형의 군도 형식의 불화지만 안정된 구도를 보여주며, 인물 묘사도 부드럽고 자연스러운 필치를 보이는 등 18세기 중반의 불화 양식이 잘 나타나 있다.

응진전 옆의 자인당에는 3좌의 석불좌상이 모셔져 있는데, 그중 좌우의 양편에 모셔진 두 불상이 바로 석조여래좌상으로, 원래 부석사 동쪽 폐사지廢寺址에 있었던 것을 옮겨놓은 것이다. 이 두 불상은 9세기 후반기에 제작된 것으로 추정하고 있으며, 불교 사상의 특징과 불상 양식을 알려주는 대표적인 작품으로 평가되고 있다.

오른편의 불상은 나발螺髮(나사 모양으로 돌돌 말린 머리 형태)에 육계의 형태가 불분명한데, 눈은 뚜렷하지 않지만 입가에 미소의 흔적은 남아 있다. 얼굴은 둥근 편이지만 어깨가 너무 뒤로 젖혀지고 가슴과 배가 평편하게 표현되는 등 신체의 볼륨은 없는 편이다. 왼쪽의 불상은 오른쪽 불상과 비슷하지만 신체가 좀 더 풍만하여 부드러운 편이다. 왼쪽 불상의 광배나 팔각대좌의 모양 조각이 아름답게 남아 있는 것에 비해, 오른쪽 불상의 광배나 대좌에는 조각 문양이 거의 남아 있지 않아, 한눈으로 보기엔 왼쪽 불상이 훨씬 화려해 보인다.

뜬금없이 다보탑과 석가탑이 생각났다. 나란히 있으면서 화려함과 정갈함을 두드러지게 보여주기 때문이었을까. 스스로 생각해도 전혀 엉뚱한 방향이긴 하지만, 어쨌든 감탄이 절로 나오는 아름다움에 도취하게 만드는 건 모두 마찬가지니까 말이다.

부석사를 한 바퀴 돈 셈이니 해가 떨어질 낌새를 보일 때까지 잠시 자인당의 귀퉁이에 앉아 있기로 한다. 여기가 제일 높은 곳이니 밑이 훤히 보일 거라는 기대는 여름을 준비하는 나무들의 초록가지에 사정없이 무너져 내렸다. 한낮에 잠시 내린 소나기 덕분인지 그저 싱그러운 초록과 촉촉한 흙냄새가 멀리 소백산의 산등성이들과 함께 내 오감을 자극할 뿐이었다. 자연이라는 게, 완전히 자연 속에 내가 있다는 느낌이라는 게 바로 이런 것이리라.

이렇게 넋 놓고 있다간 오늘의 진짜 목적을 놓칠 수도 있다 싶어 나뭇잎 사이로 아직 햇살이 내리비칠 때 자리에서 일어나 무량수전으로 향한다. 무량수전 앞에서 바라보는 석양이 일품이라 했겠다, 오늘은 꼭 그 장관을 확인하고야 말리란 각오로 말이다.

아직 물기 머금은 돌에 슬쩍 미끄러지는 듯 아차 하는 순간을 용케 넘기고 좁은 길을 빠른 속도로 내려왔건만, 소문처럼 무량수전 앞이 영 명당처럼 보이지가 않았다. 풍성한 나뭇가지들이 말 그대로 떨어지는 해를 가리고 있는 거다. 아직 붉은 기운도 안 올라오는데, 무량수전 앞뜰은 이미 땅거미가 지고 있었다. 어찌할까 하다 생각해낸 것이 가장 해가 오래 비추는 곳을 찾는 거였다. 자정전 앞

부석사 은행나무 길 은행나무 가로수가 많은 영주에서도 특히 아름다운 길로 꼽히는 부석사의 은행나무 길.
세상을 노랗게 물들이는 가을도 장관이지만, 초록 가득한 여름도 싱그러움이 넘쳐난다.

의 철쭉이 아직 빛을 받아 선명하게 빛나는 것이 보였다. 서둘러 내려가 자정전으로 가 자리를 잡는다.

어느새 태양은 산등성이 바로 위에서 오늘의 마지막 빛을 내뿜고 있었다. 손으로 챙을 만들어 산등성이로 내려앉는 해를 실눈으로 바라보다 퍼뜩 정신이 들어 연달아 사진 몇 장을 찍는다. 장엄한 이 경관을 똑딱이 디카로 담아낼 수 있겠냐마는, 아무리 시간이 흘러도 이 조잡한 사진을 바라보며 오늘을 기억할 수는 있을 테니 말이다.

북소리가 들린다. 까치발을 하고 기웃거리니 범종루에서 스님이 북을 치는 모습도 설핏 보인다. 저녁 예불이 시작되었나 보다. 범종루에 있는 법고, 운판, 목어, 그리고 범종각에 따로 놓여 있는 범종에 이르기까지 이 모든 것에는 의미가 있고 순서도 있다고 한다. 본전本殿에서 저녁 불경을 시작으로 법고, 목어, 운판, 범종, 그리고 다시 본전으로 이어지는 릴레이 식이다.

법고는 네 발 달린 모든 축생들을 제도하기 위해서 치는 거란다. 북은 소의 암수 가죽으로 만들어야 소리가 가장 아름답다고 하는데, 이는 음양의 조화를 뜻하는 거란다. 나무로 된 물고기인 목어는 모든 물고기를 제도하기 위함이요, 구름 모양의 쇠붙이로 만든 운판은 하늘을 날아다니는 모든 날짐승을 제도하기 위함이요, 범종은 인간을 제도하기 위함이란다.

여기서 잠깐! 범종은 왜 33번 칠까 싶은 의문을 품어본 적은 없으신지? 사실 제일 먼저 생각나는 건 한 해를 보내고 새해를 맞으며 치는 보신각의 종소리다. 왜 33번일까? 독립투사 33인을 기리기 위한 것이라고? 요즘 세상에 그런 말 하면 넘 무식하다고 친구들 다 떠난다. 나도 이 의문을 가진 건 일본에 있을 때였다. 일본에선 108번을 친다. 108번뇌의 108번이다. 그렇다면 우리의 33은 무슨 의미가 있을까 궁금해서 찾아봤더니, 참 거대한 뜻이 있었다.

근본적으로 타종의 33번은 '28계 33천'이라는 우주관에서 유래한 것이란다. 도솔천을 중심으로 하늘이 33천으로 되어 있다는 사상에서 온 것으로, 33천에 사는 사람들은 무병장수하기 때문에 새해를 맞는 사람들도 그들처럼 건강하기를 기원하는 의미에서 33번 타종했다고 한다. 또한 28계는 동양에서 생각하는 하늘의 별자리 28수를 상징한다고 한다. 따라서 절에서는 33번의 타종으로 아침을 열고, 28번의 타종으로 저녁을 마무리한다고 한다.

스님의 범종 치는 모습이 보고 싶어 밑으로 내려왔다가 무량수전을 올려다보니, 아무래도 '무량수전의 일몰'이 못내 아쉬워 다리품 파는 셈치고 다시 안양루를 거쳐 무량수전에 오른다. 역시나 무량수전에서는 잘 보이지 않았지만, 해는 이미 산등성이로 넘어간 후라 붉은 기운이 하늘의 구름을 물들이고 있었다. 욕심이 나 무량수전보다 좀 높은 곳인 삼층석탑 쪽으로 올라가 본다. 그러자 이게 웬일!

석탑 앞에서 바라본 정경과 하늘이 바로 사람들이 그렇게 자랑을 해대던 부석사의 일몰 광경이었다. 물론 이 자리였다면 아까 산등성이로 넘어가던 해는 볼 수 없었을 테지만, 산에서의 일몰이라는 게 일출과 달라서 해가 사라지는 순간이 중요한 건 아니니까. 어쨌든 이 몸이 둘 다 경험했다는 게 중요한 것이지, 흠흠. 왠지 기분이 우쭐해져 콧노래가 절로 나올 것만 같았다. 오늘의 가장 큰 목적을 성공시킨 뿌듯함에 배고픔도 잊고 부석사를 내려가는 발걸음은 가볍기만 했다.

역사의 숨결을 느끼다

<h1 style="text-align:center">역사를 묻고 미래를 꿈꾸는 절</h1>

흑석사

　영주 시내버스터미널에서 이산면 가는 버스를 타면 이산면사무소에서 이산초등학교 쪽으로 가는 길 오른편에 '흑석사'라고 쓰인 커다란 입석을 만날 수 있다. 코끼리가 앉아 등에 입석을 업고 있는 그 길을 따라 조금 올라가면 앞쪽으로 막다른 산이 막고 서 있는 넓은 주차장이 나온다. 주차장에서 둘러본 주변은 절의 분위기가 느껴지는 그 무엇도 없었지만, 키 큰 소나무들이 낮은 산의 꼭대기에서 하늘을 찌르기라도 하려는 듯 몰려 있었다.

　흑석사黑石寺란 절 이름은 인근에 커다란 검은 빛깔의 바위가 있어 '흑석'이라 불리는 마을 이름을 따와 지어졌다는데, 그런 이야길 들어서인지 주변에 쌓여 있는 돌벽 사이로 드문드문 검은 빛깔을 띤 돌이 보였다. 게다가 사찰 입구에 있는 작은 연못 한켠에도 한 면이 검은 바위가 놓여 있었다.

　여느 사찰과는 다르게 흑석사는 창건에 대한 역사도, 창건 후의 사찰 역사도 알려져 있지 않다. 다만 부석사를 비롯한 소백산의 인근 사찰처럼 통일신라시대에 의상대사가 창건한 것이라고 유추하고 있다. 이 부근에서 출토되어 흑석사에 봉안된 '석조여래좌상'이 통일신라시대의 작품이고, 사찰 내의 '마애삼존불' 또한 나말여초羅末麗初의 작품인 것으로 추정하여 그 근거를 삼고 있다.

유일한 기록은 1799년정조23에 편찬된 『범우고梵宇攷』뿐인데, 그것도 '임진왜란 이후 사세寺勢가 급격하게 기울어 폐사되었다.'는 기록이 전부이다. 이후 1945년 초암사草庵寺의 상호 스님이 주지로 오시면서 초암사의 목재를 옮겨 중건하였으며, 원래는 법천사法泉寺에 있었다던 아미타불좌상을 이곳으로 옮겨 왔다고 한다.

주차장을 뒤로 하고 위쪽으로 걸음을 옮기니 뻥 뚫린 대지가 나왔다. 흑석사는 지금 한창 중창불사重創佛事가 진행 중이다. 사실 진행 중이라고는 해도 아직은 그저 허허벌판이라는 이름이 맞다. 밑에서 보면 그저 끝없는 돌계단의 맨 꼭대기에 마애삼존불과 석조여래좌상이 나무 기둥에 싸여 기와를 이고 있을 뿐이기 때문이다. 이제는 한옥 보호각으로 교체되어 있지만 옛날엔 시멘트 구조물로 된 보호각이었다니, 늦게라도 반듯한 제 모습을 찾았으니 얼마나 다행스러운 일인가 싶다.

심호흡 한 번 크게 하고 서른다섯 개의 돌계단을 단번에 뛰어올라가 반듯하게 정돈된 공터를 바라본다. 으흠, 이제 여기에 전각들을 세우기만 하면 된단 말이지. 넓은 대지의 한편에 세워진 〈흑석사 중창불사 계획안〉을 바라보며, 몇 년 후의 완성된 흑석사를 상상해 본다.

푸른 하늘 밑 녹음에 둘러싸인 고즈넉한 사찰의 모습과 그 청정한 공간에 울려 퍼지는 불경과 법고 소리, 불사를 드리기 위해 정성을 모시는 보살들의 오가는 모습들……. 눈을 감으면 손에 잡힐 듯 보이는 그 모습들을 하루 빨리 만나고 싶다.

석조여래좌상과 마애삼존불 흑석사 부근에서 발견된 석조여래좌상은 보물 제681호로 지정되어 있으며, 마애 삼존불은 경상북도 문화재자료 제355호로 지정되어 있다.

다시 한 번 심호흡을 하고 단숨에 올라간 공터 한쪽에는 범종이 놓인 전각과 그 앞으로 석조여래좌상과 마애삼존불의 안내 표지판이 세워져 있었다. 불상은 한 단 더 높은 곳에 모셔져 있었지만, 부처님 정면이어서인지 마지막은 계단을 내지 않고 왼쪽으로 낸 경사면을 따라 올라가게 되어 있었다. 아직은 한참을 더 올라가야 하는, 빛바랜 적황색의 마애삼존불과 마애불 전면에 별도로 봉안된 회백색의 석조여래좌상을 올려다본다. 현재 흑석사의 유일한 전각인 극락전에는 이미 아미타불좌상을 모셨기 때문인지, 흑석사 부근에서 출토된 석조여래좌상은 전각에 모시지 않고 마애삼존불 앞에 모셔놓았다.

흑석사 석조여래좌상은 흑석사 부근에서 대좌, 광배와 함께 출토되었다. 불상과 함께 발견된 대좌가 하대석과 중대석뿐이고 상대석이 없어서 갖추어 모시지 못하고, 불상만 따로 별도의 대좌를 만들어서 마애삼존불 앞에 봉안했다. 높이 160cm, 어깨 폭 80cm, 무릎 폭 90cm이다.

머리는 나발이고, 육계가 크고 뚜렷하게 표현되어 있으며 몸체보다 진한 색을 입혔다. 오뚝한 코와 둥글 네모진 안면은 후덕한 부처의 상호를 보이고, 가늘게 뜬 눈초리는 약간 내려지고 도톰한 입술의 꼬리는 조금 말린 듯 올라가 있어서 온화하고 자비로운 미소가 얼굴에 넘쳐흐른다. 양 귀는 길게 늘어졌고, 목에는 희미하게 삼도三道가 그어져 있다.

어깨가 약간 좁아 보이기는 하지만, 전체적으로 균형 잡히고 안정감 있는 신체 비례로 보아 조성 시기는 통일신라시대인 9세기경으로 추정하고 있다. 9세기경 성행한 약사신앙에서 비롯되어 조성된 약사여래로 유추하는 것이다.

흑석사 마애삼존불은 흑석사의 본당 뒤편에 있는 자연 상태의 바위에 새긴 것으로, 중앙의 본존불과 좌우 협시脇侍보살로 구성되어 있다. 높이 570cm, 너비

320cm 크기의 삼존불을 두상부터 새겨서 본존불은 가슴 부위까지만, 협시불도 목까지만 돋을새김으로 조각했다. 그 아래는 신체 윤곽만 어설플 뿐, 특별한 조각의 흔적은 보이지 않고 밋밋한 평면 그대로 남겨져 있다.

삼존불은 모두 원형의 두광을 갖췄고, 입술과 안면 그리고 광배 외각 및 신체 하단의 붉은 황토 빛깔은 채색의 흔적으로 보이며, 본존불의 가슴 부분(양 협시는 목 부분)에 횡으로 흐르는 선상의 훼손 흔적이 있다. 얼굴은 네모지고 넓은데 이목구비의 표현은 형식적으로, 코가 작고 입술도 간략하게 새겼다. 귀는 머리에서 어깨까지 늘어지고 넓게 새겨졌지만, 목이 전혀 구분되지 않아 어깨가 들린 것 같은 모습이 되어버렸다.

협시보살(부처를 좌우에서 모시는 보살)은 모두 산 모양의 보관을 썼으며, 얼굴의 형태나 조각 기법은 본존불과 같은데, 다만 왼쪽 보살(보이는 방향으로는 오른쪽)의 얼굴이 오른쪽보다 훨씬 크게 표현되어 있는 것이 특이하다. 독특한 표현 양식으로 시대 추정이 어렵긴 하지만 대체로 나말여초의 작품으로 추정하고 있다.

석조여래좌상과 마애삼존불을 뒤로 하고 언덕을 내려와 극락전으로 향하는데, 극락전 앞쪽에 석조여래좌상의 대좌가 놓여 있었다. 멀리서 보았을 땐 손상된 석탑인 줄만 알았다. 사각 지대석地臺石 위에 복련覆蓮(꽃잎이 아래쪽으로 향해 있는 연꽃)의 팔각 하대석이 무늬 없는 팔각 중대석을 받치고, 없어진 상대석 대신 석탑의 부재들이 얹혀 있었기 때문이다.

아무런 설명도 못 들었다면 그저 비뚤어진 석탑쯤으로만 알고 그냥 지나쳐버렸을 것이다. 이렇게 보관할 수밖에 없는 현실이 그저 안타깝기만 해 생각지도 않았던 한숨이 절로 나왔다. 다른 생각이 더 들기 전에 얼른 극락전 안으로 들어섰다. 주지스님의 거처가 있긴 하지만, 사찰 건물로는 유일한 흑석사의 극락전에

복장유물 국보 제282호로 지정되어 있는 목조아미타불좌상 안에서 발견된 유물.

는 목조로 만들어진 아미타불좌상과 그 안에서 발견된 유물이 모셔져 있다.

목조 아미타불좌상은 높이 72cm, 어깨 폭 29cm, 무릎 폭 50cm로 조선시대 만들어진 대표적인 목조 불상이다. 높고 뚜렷한 육계에 얼굴은 계란형으로 약간 마른 모습이며, 아담한 형태에 체구도 단정하다. 고려 후기의 화려하고 우아한 불상과는 차이를 보이는, 새로운 양식의 불상이라 할 수 있다.

1990년에 이 목조 아미타불상 몸체 안에서 많은 유물들이 발견되었다. 기록들에 의하면, 이 아미타불좌상은 1458년^{세조4}에 왕실과 종친들의 시주로 조성된 법천사 삼존불 가운데 본존불로 조성된 것이라고 한다. 그러나 법천사란 사찰명은 경기도·경상도·전라도 등 여러 지역에 걸쳐 나타나 정확히 어느 곳에 있었던 절인지는 알 수 없다. 아미타불좌상은 원래 관음보살과 지장보살이 함께하는 삼존불로 조성되었던 것이지만, 지금의 협시불은 목조 불상의 광배나 대좌와 마찬가지로 현대에 와서 조성하여 봉안한 것이다.

이 불상의 몸체 안에서는 불상의 조성을 알리는『불설대보부모사중경』목판본,『백지묵서불조삼경합부』,『금니묘법연화경권이변상도』,『감지은니묘법

역사의 숨결을 느끼다

연화경』3권, 시주자 명단이 들어 있는『불상조성권선문』을 비롯하여 불경 내용을 적은『불조삼경합부』와『아미타삼존복장기』등 7종에 걸친 14점이 나왔다. 또한 1824년 유점사에서 간행된『조상경』에 나오는 불상 몸체 안에 넣는 부장물의 내용과 일치하는 38종의 다양한 직물들과 5향香5곡穀, 유리·호박·진주 등 칠보류가 함께 발견되었다.

이 유물들은 불상 조성의 절대 연도를 알려주고 있어서 조선 초기의 불교 조각사, 서지학書誌學, 직물 염직 분야에 매우 귀중한 자료가 되고 있다고 한다.

극락전을 나와 내려오는 길에 석굴 안에 모셔진 검은 불상(지장보살)을 만났

환희전 세상에 태어나지 못한 아기나 어려서
죽은 아이들의 극락왕생을 비는 곳.

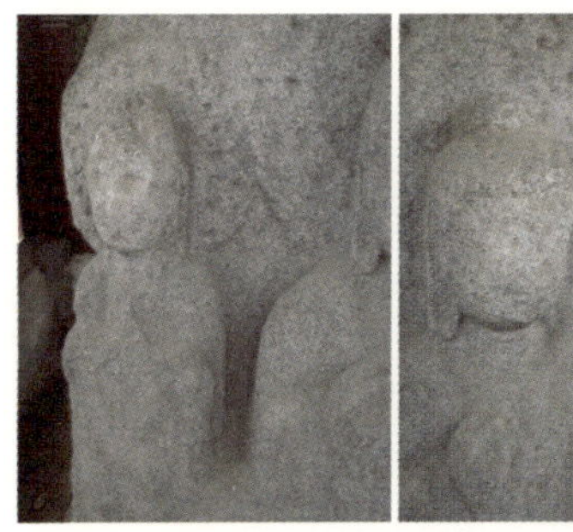

다. 세상에 태어나지도 못한 아기나 어려서 죽은 아이들의 극락왕생을 비는 곳이라 했다. 경건한 마음으로 합장을 하고 예를 갖춘 다음 흑석사를 나섰다. 다음에 왔을 때는 훨씬 생기 있는 흑석사를 만날 수 있으리란 기대를 안고서 말이다.

예까지 왔으니 좀 더 가보자 싶은 마음이 들었다. 지도상으로는 분명 신암리 마애삼존불이 여기서 그리 멀지 않은 곳에 있었으니까 말이다. 소나무로 담을 대신한 이산초등학교 앞을 지나 찻길을 따라 계속 올라가다 보면 작은 다리가 나온다. 다리를 건너기 전에 마애삼존불의 표지판을 볼 수 있어 다행히도 길을 잃지 않을 수 있었다.

다리 앞에서 왼쪽으로 난 좁은 길을 쭉 올라가면, 강을 따라 늘어서 있는 둔치를 걸어가는 느낌이다. 그러다 왼편 언덕 밑의 보호각 지붕이 보이는데, 길가의 웃고 있는 장승 하나가 나를 반긴다. 낮은 돌담을 둘러 단정하게 정리된 보호각으로 연결된 길 양쪽은 작은 물고기들이 노니는 연못이다.

신암리 마애삼존석불은 원래 바위 네 면에 모두 돋을새김한 불상이 새겨져 있었으나, 지금은 마멸되어 삼존불 외에는 형체를 거의 알아볼 수 없다. 결가부좌한 본존불을 협시보살이 좌우에서 모시고 선 삼존상으로, 본존불상은 높이 148cm, 협시보살상의 높이는 108cm와 112cm이다.

본존불은 불꽃무늬를 새긴 원형 두광에 민머리가 상호相好(부처의 용모와 형상)와 뚜렷하게 구분되고, 협시보살 역시 불꽃무늬가 새겨진 원형 두광에 머리에는 삼면보관寶冠을 둘렀다. 체구에 비해 큰 얼굴, 좁은 어깨, 묵직한 천 자락 등 삼존불이 모두 비슷한 양식을 보인다. 7세기 신라시대의 대표적인 사방四方 불상으로, 영주 지역에서 특히 유행한 지역적인 불상 양식을 따른 것이라 하겠다.

규모는 작지만 전체적으로 부드러우면서도 풍부한 양감을 느낄 수 있는데, 다만 아쉬운 점은 삼존불 모두 눈과 코에 인위적 손상이 너무 크다는 것이었다. 코가 없는 것은 물론이고, 눈도 깊게 파여 있는 모습에 안타까운 분노가 일었다. 물론 절박한 심정이 부른 미신적 행동이긴 하지만 말이다. 인간은 참 아이러니한 존재다. 희망을 위해 어떤 사람은 불상을 조각하고, 어떤 사람은 그 불상을 훼손하니 말이다. 어떤 의미로든 부처님이 위대하시긴 하다. 어떤 행동을 하든 그 모든 사람들에게 희망과 행복을 주시니 말이다.

천년고찰이 남겨준 것들

희방사

소백산 등산로의 시작을 희방사喜方寺 쪽으로 잡으면 콘크리트 길을 걷다 지친 다는 말이 있는데, 정말 그랬다. 마치 북한산을 오를 때 도선사 쪽으로 오르면 절까지 오르는데 다 지쳐버리는 것처럼 말이다. 물론 도선사 앞까지 차로 올라 갈 수 있는 것처럼 희방사도 매표소까지 차로 갈 수 있다. 연화봉을 오르는 등산 객이든 희방사에 참배를 가는 참배객이든 개인적으로는 차를 타고 가길 추천한 다. 등산을 하실 분들은 산을 오르기도 전에 기운 뺄 일 없고, 참배객들은 내려 오는 길을 만끽하면 되지 않을까 싶기 때문이다.

희방사 입구가 종점인 버스는 죽령으로 올라가는 5번국도의 어디쯤인가에서 나를 내려놓고 가버렸다. 차도를 건너 그저 외길로 이어지는 길을 열심히 올라 가는 수밖에 없다. 국립공원 탐방객지원센터를 지나서도 한참을 더 올라가야 했 다. 유일한 위안은, 올라가는 내내 들려오는 시원한 물소리와 비록 숨이 차올라 도 한껏 들이마실 수 있는 맑은 공기의 기운이다.

이제 좀 쉬고 싶단 생각이 들 즈음 매표소가 나오는데, 매표소 입구에는 국립공원 내 샛길 출입금지 공고와 안전 산행을 위한 5분 스트레칭 등의 팻말이 나란히 서 있다. 주변을 둘러보며 사진을 따라 나도 종아리 스트레칭을 해 보고, 올라가는 틈틈이 해볼까 싶어 다른 스트레칭도 눈여겨봐 두었다. 매표소를 지나면 올라가는 길을 따라 산불 피해를 입은 사진들이 놓여 있다. 아마도 산불에 대한 등산객들의 인식을 위한 것이리라.

마지막 휴식처와도 같은 너른 공터가 나오고 본격적인 등산길이 시작되려는 곳에 산으로 오르는 소백산의 변화된 모습이 있다. 1994년과 2006년의 제1연화봉 사진을 나란히 실었는데, 여러 줄의 회색빛 길들이 초록이 완연해진 모습으로 바뀌어 있었다. 〈우리의 노력으로 소백산이 이렇게 달라졌어요!〉란 글귀와 함께 말이다. 왠지 뿌듯함이 느껴지는 사진 앞에서 한참을 서 있다 숲속으로 들어선다.

희방사喜方寺는 643년선덕여왕12 두운조사杜雲祖師가 소백산 남쪽 기슭에 창건한 사찰이다. 해발 850m의 위치에 있는 희방사 바로 밑에는 내륙지방 최대 폭포인 희방폭포가 있다. 소백산 등산로 중 희방사 길이 인기가 있는 것은 아마도 이 희방폭포 덕분일 게다.

한낮에도 좀 어두울 만큼 폭포로 가는 길에는 신갈나무와 서어나무, 단풍나무로 울창한 숲을 이룬다. 폭포는 눈보다 귀가 먼저 알아챌 정도의 큰 소리를 내고 있어서 구비를 넘는 곳에 바로 폭포가 있음을 알려주었다. 폭포보다 폭포 사진이 먼저 나를 반긴다. 〈우리 산의 자랑거리〉란 이름을 달고 희방폭포에 대한 안내문이 쓰여 있었다.

소백산의 으뜸 가는 절경이며, 영남의 제1폭포로 손꼽히는 이 폭포는 높이

희방폭포 해발 700m에 위치한 높이 28m의 희방폭포는 영남 제일의 폭포로 소백산의 절경 중 하나로 꼽힌다.

28m로, 해발 700m에 위치하고 있다. 소백산 영봉의 하나인 연화봉에서 발원하여 몇 천 구비를 돌아서 흐르다가 이곳에서 한바탕 천지를 진동시키고 있는 장관이 넋을 잃게 하여 조선시대의 석학 서거정은 "天惠夢遊處(하늘이 내려주신, 꿈속에서 노니는 곳)"이라 읊으며 감탄했다고 한다.

폭포가 떨어져 내리는 곳에는 영락없이 돌탑이 쌓여 있다. 어떻게 저기까지 내려가 쌓아놓는지 사람들의 의지가 그저 감탄스러울 뿐이다. 폭포 옆으로는 난간이 있는 나무 계단을 만들어 올라가면서 폭포의 장관을 구경할 수 있도록 배려해 놓았다. 계속 계곡을 따라 오르는 길이라 물소리는 끊임없이 나를 따라왔건만 눈앞의 폭포는 그야말로 귀를 멍하게 하는 박력으로 다가왔다. 계단을 오르며 여러 각도로 폭포의 시원스러움을 사진에 담고자 애썼건만, 역시 실물의 위대함을 모두 담아내기에는 역부족이었다.

계단을 다 오르면 큼지막한 돌이 깔려 있는 길이 나오는데, 어제 내린 비로 젖은 바위에 함박꽃이 떨어져 있다. 노란 꽃술이 선명한 하얀 꽃송이가 회색빛 돌들 위에서 그 화려한 자태를 뽐냈다. 어느 광고에서 "레드가 섹시한 줄 알았다. 아니다, 화이트다!"란 카피가 있었는데, 지금 그 말이 너무도 이해가 된다.

절 입구에는 하늘이 보이지 않을 정도로 자연림이 빽빽이 우거져 있다. 나무 다리를 건너며 위쪽을 살피자, 얼핏 나뭇가지 사이로 희방사 건물이 보인다. 다 왔구나 싶어 걸음을 재촉하는데, 양쪽에 돌로 쌓은 벽을 따라 오르막길이 나온다. 통나무를 그대로 가로질러 만들어놓은 계단을 다 오르자 하늘이 뚫리고 노란 벽에 붉은 기둥을 한 2층 건물이 눈앞에 나타났다. 지은 지 얼마 되지 않은 새 건물 앞을 지나 옆쪽 계단으로 올라가니 정면에 단청이 고운 대웅보전大雄寶殿이 보였다.

작은 석등을 양쪽 앞에 둔 새로 지은 대웅보전에는 좌상의 석가모니불과 함께 양쪽에 협시보살이 모셔져 있었는데, 특이하게도 협시보살은 모두 입상이었다. 불단 양쪽으로는 아기 부처님들이 벽을 층층으로 가득 메우고 있었고, 법당 왼쪽 구석에는 동종銅鐘이 놓여 있었다. 1742년영조18에 주조된 이 동종은 충북 단양 대흥사의 종으로, 승장僧匠인 해철과 초부 등이 제작한 중종中鐘이다. 대흥사가 폐사되면서 이곳 희방사로 옮겨진 것이라 한다.

부처님께 예를 올리고 밖으로 나와 경내를 둘러본다. 대웅보전의 뒤쪽으로 난 돌계단을 밟아 삼성각三聖閣에 오르니 숨 헐떡이며 올라온 보람이 있구나 싶었다. 우선 경내가 한눈에 내려다보이고, 그 밑으로는 끝없는 초록의 물결이다. 이렇게 계곡 물소리와 푸른 잎들이 가득한 숲에 자리한 희방사에는 창건 전설이 있다.

태백산 심원암에 거처하던 두운조사는 수행을 위해 지금의 희방사가 있는 곳으로 옮겨 왔다. 지금도 희방사는 울창한 숲속에 있지만, 당시에는 더욱 더 인가와 떨어진 숲속이어서 산짐승들만이 오가는 곳이었다. 눈보라 치는 어느 날 수

역사의 숨결을 느끼다

도에 열중하고 있는데, 암호랑이 한 마리가 와서 괴로운 몸짓으로 울어댔다. 호랑이가 출산을 앞두고 있는 것 같아 보여 조사는 부엌에 검불을 깔고 출산을 도와주었다. 호랑이는 새끼 두 마리를 낳았고, 조사는 겨울이 다 가도록 돌봐주었다. 봄이 되어 날이 따뜻해지자 호랑이는 새끼를 데리고 떠나갔다.

얼마 있다가 다시 그 호랑이가 왔는데, 역시 괴로워하고 있었다. 자세히 보니 은비녀가 목에 걸려 있었다. 사람을 잡아먹다가 비녀가 목에 걸린 것이었다. 조사는 비녀를 꺼내주면서 다시는 그런 짓을 하지 말라고 크게 꾸짖었다.

그렇게 며칠이 지난 어느 날, 쿵 하는 소리가 들려 조사가 밖에 나가 보니 호랑이가 산돼지를 한 마리 물어다 놓았다. 은혜를 갚기 위해 잡아온 것이 분명했으나, 수행하는 중이어서 그런 것을 먹을 수 없다고 거절하며 돌려보냈다. 다시 며칠이 지난 어느 날, 이번에는 호랑이가 예쁜 처녀를 물고 왔다. 기절해 있던 처녀를 깨워 신분을 물어보니, 자기는 계림(지금의 경주)에 사는 호장戸長 유석의 딸인데, 혼인을 치르고 신방에 들려는 순간 잡혀 왔다는 것이었다.

조사는 부모가 크게 걱정할 것이라 여겨 처녀를 계림으로 데려갔다. 유석은 죽은 줄만 알았던 딸이 돌아오자 매우 기뻐하고 감사하며, 기왕 이렇게 되었으니 자기 딸을 데리고 살아 달라고 하였다. 조사가 완곡하게 거절하자, 그렇다면 몇 달간만이라도 자기 집에 머물러 달라고 부탁하였다.

차마 그 부탁까지 거절하지 못한 조사는 유석의 집에 머물다 몇 개월이 지난 뒤에 수도하던 곳으로 돌아왔는데, 자신이 거처하던 초막은 간데없고 단청이 잘 된 법당이 세워져 있는 게 아닌가. 유석이 은혜를 갚고자 조사가 자기 집에 머무는 몇 개월 동안 법당을 새로 지은 것이다. 그리고는 모든 가족에게 기쁨을 주었다고 해서 절 이름을 '喜方寺'라 했다고 한다.

희방사 지장전에서 바라본 희방사 전경.

물론 이 전설은 두운조사와는 관련이 없다고 보는 편이 타당하다. 호장이라는 벼슬은 고려 초에 생겨난 것이기 때문이다. 아마 다른 전설이 두운조사의 전설과 결합되었을 것이다.

대웅보전의 오른쪽에는 '소백산 희방사'의 오래된 현판을 걸고 있는 요사채가 세로로 놓여 있고, 그 앞으로는 역시 새로 지은 건물인 '희방쉼터'가 있다. 왼쪽으로 계곡의 다리를 건너면 지장전과 종각이 보인다. 삼성각을 내려와 지장전으로 향한다. 계곡 건너에 있는 지장전으로 가기 위한 다리 앞에는, 다리 건너 오른쪽이 연화봉과 천문대로 가는 등산로임을 알려주는 표지판과 식수를 여기서 준비하라는 안내의 마지막 음수대가 마련되어 있었다. 두운조사의 초상이 모셔져 있는 지장전은 다리의 바로 정면에서 석탑과 한 쌍의 석등을 대동하고 있으며, 희방사란 이름이 선연한 범종은 오른편에 자리 잡고 있다.

희방사는 또한 『월인석보』를 소장한 사찰로도 유명하다. 『월인석보』(1459년 간행)는 수양대군이 세종의 명으로 석가세존의 일대기를 국문으로 엮은 『석보상절』과 세종이 『석보상절』을 보고 석가세존의 공덕을 찬송하여 노래로 지은 『월인천강지곡』을 합친 책이다.

원래는 1568년^{선조1}에 복각^{覆刻}한 『월인석보』 1·2권의 판목을 보존하고 있었는데, 한국전쟁으로 말미암아 법당과 훈민정음 원판, 월인석보 판목 등이 모두 소실되어 지금은 『월인석보』 책만을 보존하고 있다. 『월인석보』는 국어사 연구의 귀중한 자료로, 훈민정음 창제 당시의 글자와 말을 그대로 보여주고 있다.

연화봉으로 올라가는 등산로를 힐끗 한 번 쳐다보고는 다시 산을 내려가기 위해 길을 잡는다. 쉼터가 있는 쪽으로도 다리가 하나 있는데, 그쪽은 차도와 연결된 길이었다. 다리 밑에서 어르신 몇 분이 자리를 깔고 식사를 하고 계셨다. 그

분들도 나처럼 산을 오르진 않고 여기 희방사에서 기분만 내시는 건지, 아님 아침 일찍 등반하시고 내려오셔서 늦은 점심을 드시고 계시는 건지 알 수는 없었지만, 기운차게 흐르는 계곡물 앞에서의 밥맛은 더할 나위 없으리라.

지장전 앞 계곡이 완만하고 여유 있는 모습으로 흐르고 있는 것에 비해 이쪽 계곡물은 훨씬 가파르고 세차게 흐르는 느낌이다. 하긴 그래 봤자 이 두 물은 아까 건넜던 나무다리쯤에서 하나가 되어 희방폭포의 한 줄기로 쏟아지지만 말이다. 남은 건 내려가는 일뿐이라고 생각하니 왠지 아쉬운 생각이 먼저 고개를 들어 다시 한 번 경내를 휘 둘러본다. 이제 정갈한 산사의 기운을 한껏 들이마시고 아쉬움을 접으며 숲으로 빠져들 때다.

🌿 비로사

비로사毘盧寺는 소백산 비로봉 남쪽 기슭에 위치한 사찰로, 신라 문무왕 때 의상이 창건했다는 설도 있고, 신라 신문왕 때 승려 진정이 지었다는 이야기도 있다. 정확한 것은 진공대사 비문에 쓰인 대로 나말여초의 명승이었던 진공대사가 중창重創했다는 사실이다.

비로사로 가려면 영주 시내에서 삼가리행 버스를 타면 되는데, 비로사 쪽으로 올라가 연화봉을 거쳐 희방사로 내려오는 등산객들도 많이 이용하고 있다. 물론 버스에서 내려 한참을 걸어야 하지만, 길도 넉넉하고 그리 가파르지도 않다. 길이 가팔라지면 비로사가 가까워졌다는 증거다. 비로사로 오르는 대부분이 사과밭인 걸 생각하면, 꽃이 필 무렵의 이 길은 그 향기만으로도 충분히 가치가 있을

진공대사 보법탑비 고려 태조(왕건)의 명으로 세워진
진공대사 보법탑비는 경상북도 유형문화재 제4호로
지정되어 있다.

듯싶었다.

소백산 등산로에 대한 안내문이 보이고, 오른쪽으로 비로봉에 오르는 제일 짧
은 등산로 이정표가 보이면 다 온 거다. 바로 왼쪽으로 길게 자리 잡고 있는 사
찰이 비로사이니 말이다. 길은 왼쪽의 일주문을 통해 계단으로 올라가는 길과
가던 길대로 쭉 계곡을 따라 올라가는 길이 있었는데, 나는 새것 냄새가 폴폴 나
는 일주문을 택한다.

'소백산 비로사'라는 현판을 걸고 단청을 곱게 입은 일주문을 통과하여 계단
을 따라 오르다 보면 계단 중간 지점 왼쪽으로 당간지주가 세워져 있다. 세월의

흔적이 느껴지는 높이 420cm의 석조 당간지주는 통일신라시대에 조성된 것으로, 비로사의 시간들을 그대로 간직한 것 중의 하나이다. 사실 비로사는 임진왜란 당시 의승군의 주둔지였던 것으로도 유명하다.

부산진에 상륙한 왜병들이 문경새재를 넘어 영월로 진격하기 위해 비로사 앞을 지나게 되었고, 이때 호국의 정신으로 모인 승려 1천 명은 왜병의 진로를 가로막고 격전을 벌이게 되었다고 한다. 그러나 죽음을 각오하며 나라를 지키려 한 뜨거운 의지에도 불구하고 1천 명의 승군 전원은 순직하고 말았단다. 결국 격전의 중심지였던 비로사의 모든 전각들이 불타버리고, 그나마 남은 것이 바로 이 당간지주와 진공대사 보법탑비, 대웅전 안의 두 석조 불상뿐이라고 한다.

당간지주를 뒤로 하고 구불구불한 돌계단을 올라가면 멀리 붉은 누각이 보이기 시작하고, 보수중인 종각 앞쪽으로 진공대사 보법탑비가 보인다. 탑비 주변은 쌓아놓은 기왓장들과 깨진 탑의 부속물들로 어수선하다. 건물 보수와 발굴이 함께 진행되고 있기 때문이란다. 이 탑비는 거북의 몸에 용의 머리를 한 받침 위에 비신을 올려놓았는데, 고려 태조인 왕건이 세운 것으로 알려져 있다.

신라 왕계王系의 자손으로 가야산에 입산하여 승려가 된 진공대사가 비로사를 중창하고 머물고 있던 때, 태조가 이곳에 와서 진공의 법문을 듣고 그를 존경하게 되었다고 한다. 진공이 937년태조20에 태조에게 나아가 후삼국의 통일을 축하하고 열반하자, 태조는 직접 진공眞空이라는 시호와 보법이라는 탑호를 내려주었다. 비문은 왕명으로 최언위가 글을 짓고, 이환추가 글을 썼으며, 최환규가 글을 새겼다고 한다.

939년태조22 8월에 건립한 이 탑비는 전체 높이 238cm, 넓이 102cm, 두께 22cm

의 화강암으로, 비신은 깨어져 있는 부분을 새 돌로 맞춰 세워놓았다. 얼마 전 발굴하면서 탑비의 없어진 부분을 찾았다고 하니, 옛 모습을 찾을 날도 멀지 않은 것인가 싶어 내심 흐뭇했다.

서너 계단을 오르면 새로 지은 누각이 위풍도 당당하게 떡 하니 버티고 있고, 그 뒤쪽으로 아직 공사가 끝나지 않은 요사채의 마무리가 한창이다. 누각을 통과하여 법당으로 가는 계단을 오른다. 계단을 오르면 정면 중앙에는 적광전이 있고, 오른쪽으로 나란히 나한전이 놓여 있으며, 그 앞쪽에 반야실이 세로로 놓여 있다. 적광전과 나한전 사이로 난 계단을 한참 오르면 위에 삼성각이 있다.

적광전 앞에는 석탑이 하나 있는데, 기단석이며 탑신이 제 것이 아니고 주변에 산재되어 있는 돌을 모아 쌓아 만든 탑이다. 비로사 전체가 모두 새 건물들로 단장을 했으니 석탑이나 석등 또한 새로 세웠을 만도 한데 말이다. 실은 그래서일지도 모른다. 새 건물들에 둘러싸여 있음에도 불구하고 이곳이 천년고찰임을 의심하지 않게 되는 까닭 말이다.

적광전 안에는 한 불단에 두 분의 부처님을 모셔놓았다. 보물 제996호로 지정된 석조 비로자나불좌상과 아미타불좌상이 그것인데, 이 두 불상은 당시 통일신라시대의 화엄불교 미술의 특징을 보여주는 문화재이다. 9세기 후반에 조성된 것으로 추정되는 이 두 불상은, 원래는 불상 뒤 원광인 광배와 불상 받침대인 대좌를 모두 갖추었던 것이나, 현재는 팔각 연화대석 위에 모셔져 있다. 아미타불상은 113cm 크기로 나발에 육계가 크며, 비로자나불상은 117.5cm에 둥근 얼굴, 굵은 목, 큰 코와 입, 짧은 귀로 사실주의적 양식이 보인다.

그러나 사실 두 불상보다 내 눈을 사로잡은 것은 적광전의 한 벽면을 차지하고 있는 어두운 색감의 탱화였다. 보통은 화려한 색감을 자랑하는데, 검은 바탕

비로사 전경 새로운 모습으로 단장한 적광전 앞에는 수백 년 동안 비로사를 지켜온 돌들로 만들어진 탑이 놓여 있다.

에 흙빛 옷을 걸친 천신들을 보고 있자니 기분이 이상하기도 하고 더욱 강렬한 느낌이기도 했다. 호국신적인 의미를 가지고 있는 탱화 앞에서 나라를 지키려 목숨을 걸었던 승려들의 각오를 되새기며 숙연해지기까지 했다.

적광전 옆의 나한전 안에는 석가모니불과 양쪽 협시불을 가운데에 모시고, 18나한이 3면에 둘러앉아 있었다. 모두 다른 자세인 데다 간혹 각기 다른 동물들과 함께 하는 모습에 무슨 숨은 뜻이 있을까 궁금증이 일었지만, 자세한 것은 알 수

역사의 숨결을 느끼다

없었다. 그저 다른 나한전에 비해 특이한 것은 두 역사상力士像이 두 눈을 부릅뜨고 주먹을 불끈 쥔 채 위협적인 자세로 삼존불과 나한들을 지키듯 서 있는 모습이었다.

나한이 아라한阿羅漢의 약칭이라는 것은 다 알 것이다. 아라한이 된다는 것은 어떤 초자연적인 힘을 갖는 것을 의미하며, 부처가 되지는 못하였을지라도 이미 열반涅槃에 도달한 성자를 의미한다. 즉, 진리에 응하여 남을 깨우치게 할 수 있는 사람이라는 뜻이다. 그래서 나한전을 '응진전應眞殿'이라 부르기도 하는 것이다.

나한전을 나와 사찰의 제일 높은 곳에 위치한 삼성각에 오른다. 낮은 돌담을 따로 쌓아 마련된 삼성각 앞에 서니 그야말로 산에 둘러싸인 느낌이 이런 것이구나 싶은 마음이었다. 눈앞이 트이는 느낌이라고 해야 하나, 눈이 시원하다고 해야 하나. 겹겹이 둘러친 산등성이의 초록들이 내 눈에 박혀 나를 놓아주질 않았다. 한참을 그렇게 나는 현실과 떠난 세상에서 나를 잊고 서 있었다.

초암사

비구니 스님들의 수도 도량인 초암사草庵寺는 소백산 국망봉 남쪽 기슭의 죽계구곡竹溪九谷 상류에 자리 잡은 오래된 사찰이다. 원래는 의상이 부석사 터전을 보러 다닐 때 초막을 짓고 임시 기거하던 곳으로, 의상이 부석사를 지은 후 수도하던 이곳에 절을 세운 것이란다. 사찰의 이름도 초막을 지어 기거하였다 하여 '草庵寺'라고 붙였다 한다. 전체적인 옛 모습은 알 수 없지만, 남아 있는 우람한 거석 축대나 주춧돌 등으로 미루어 규모가 큰 절이었을 것으로 추정하고 있다.

사실 초암사는 절 자체보다는 죽계구곡의 길을 따라 오르는 길에 있다는 것으로 더 유명하다고 하겠다. 죽계구곡은 고려 후기의 대 문장가인 근재 안축이 읊은 「죽계별곡」의 배경이기도 하며, 조선 중기에는 신재 주세붕이나 퇴계 이황 등도 이곳에서 경치를 즐기며 시를 읊은 곳이기도 하다.

『순흥읍지順興邑誌』에 의하면, 죽계구곡은 1728년영조4 순흥부사로 부임한 신필하가 처음 이름을 정하였다고 한다. 그 기록을 살펴보면, 원래 신필하가 정했던 죽계구곡에 대해 의문을 제기하는 부분이 나온다.

부사 신필하가 일찍이 소백산을 유람할 때 초암사 금당金堂 앞에 큰 글씨로 '죽계제일수석竹溪第一水石'이라 써서 새겼다. 그리고 무이구곡武夷九曲(주자가 복건성 무이산 계곡을 나누어 명명하고 「무이구곡가」를 지었다.)을 본떠 처음으로 반석에 1곡一曲이라 새기고, 시내를 따라 내려오면서 마지막으로 배점에서 9곡九曲을 새겼다. 그 사이 거리가 5리쯤 된다. 계곡이 길고 굽이가 많아서 가장 볼 만한 데만 취한다 해도 이뿐이 아닐 텐데, 새겨져 있는 9곡은 거리가 너무 짧지 않나 여겨진다. 중국의 무이구곡은 동구洞口에서 시작하여 거슬러 올라가면서 계곡 마지막까지 갔는데, 동구가 1곡이 되고 계곡 마지막이 9곡이 되었으니, 이곳의 9곡과는 반대인 셈이다. 지금에 본다면, 마땅히 백운동 취한대翠寒臺가 처음 1곡이 되고, 금성金城반석이 2곡이 되고, 백자담柏子潭이 3곡이 되고, 이화동梨花洞이 4곡이 되고, 목욕담沐浴潭이 5곡이 되고, 청련동애靑蓮東崖가 6곡이 되고, 용추龍湫가 7곡이 되고, 금당金堂반석이 8곡이 되고, 중봉의 합류되는 곳이 9곡이 되어야 한다. 우선 이 설을 기록하여 후인들의 평가를 기다린다.

대형버스 수십 대는 문제없이 세워둘 수 있는 커다란 주차장을 지나서 승용차 한 대가 겨우 지나갈 만한 길을 걷는다. 계곡의 물소리에 귀 기울이며, 양쪽에 늘어서서 내 어깨를 치는 나뭇가지들을 벗 삼아 즐기는 조용한 산책처럼 말이다. 산이 깊어진다고 느끼는 데는 좀 시간이 걸린다. 그만큼 완만한 길들이 이어지기 때문이다.

혼자만의 산책이 조금 시들해질 무렵이면 하늘이 조금씩 가려지며 물소리도 거칠어지기 시작한다. 그러다 만나게 되는 나무계단 다리 위에서 엊그제 내린 비로 불어난 물을 바라보며 잠시 다리를 쉬고, 가팔라지는 길을 조금만 더 열심히 올라가면 바로 초암사가 모습을 드러낸다.

길을 사이에 두고 계곡과 마주하고 있는 초암사는 2단 구조로, 위쪽에는 커다란 대적광전이 있고, 아래쪽에 대웅전과 요사채가 자리한다. 화려한 지붕을 가진 종각 앞을 지나 경내로 들어서면 오른편에 바로 기와 불사를 위한 테이블이 마련되어 있는 텐트가 있고, 멀찌감치 삼층석탑이 서 있다.

높이 3.5m의 초암사 삼층석탑은 통일신라시대의 일반적인 석탑으로, 상층 기단이 일부 파손되어 시멘트로 보완한 모습이 보인다. 크게 멋들어진 모습도 아니고 보존 상태가 좋은 것도 아니나, 모든 것이 새로이 단장된 초암사에서 유일하게 옛 모습을 지키고 있는 것이다.

한국전쟁으로 파괴되어 다시 지었다는 대웅전에는 지장보살과 관세음보살을 협시보살로 석가모니불이 모셔져 있고, 벽면에는 색이 고운 신중탱화와 지장보살탱화가 걸려 있다. 탱화는 곳곳에 포인트가 되는 금색이 눈에 띄며 화려함을 보여주지만, 넓지 않은 대웅전은 전체적으로 수수한 느낌이다.

대웅전을 나와 새로 지은 대적광전으로 가기 전에 삼성각으로 가는 중간의 계

초암사 새로 지은 대적광전 뒤로 개의 석상이 있는 삼성각이 보인다.

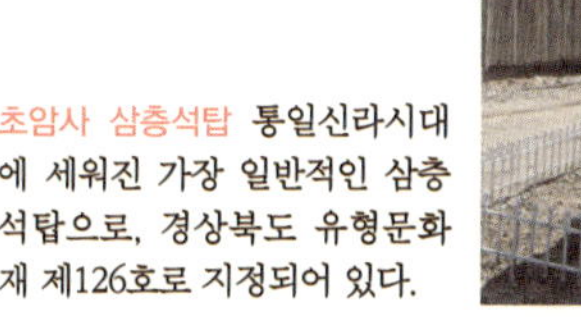

초암사 삼층석탑 통일신라시대에 세워진 가장 일반적인 삼층석탑으로, 경상북도 유형문화재 제126호로 지정되어 있다.

역사의 숨결을 느끼다

단을 올라가는데, 다람쥐 한 마리가 계단 위쪽에서 이쪽을 보며 가만 앉아 있다. 분명 내 인기척을 느꼈을 텐데 가만히 있는 것이 너무 희한하여 소리를 죽여 계속 올라가니 서너 계단을 남겨두고 획 하니 돌아 저만치 뛰어간다. 그러더니 다시 이쪽을 바라보는 것이다. 계단을 다 올라섰을 때는 또 그만큼 달아나 있었다. 조그만 녀석이 거리를 유지하며 나를 살피는 모습에 피식 웃음이 났다. 나는 너에게, 너는 나에게, 우리는 서로에게 그렇게 흥미로운 대상일지도 모르겠구나 싶은 생각에서였다.

초암사에는 여느 절에 비해 특이한 석조상이 하나 있는데, 바로 여기 삼성각의 옆쪽에 안치되어 있는 개 형상이다. 물론 이런 특이한 돌상에는 사연이 있기 마련이다. 사연이라는 게 이렇다.

초암사는 비구니 스님들만이 거처하는 곳이라 좀도둑이 성해서 스님들의 골칫거리였는데, 보원普元스님이 사찰의 주지로 오시면서 좀도둑을 물리칠 계책을 세우셨다. 그 계책이라는 것이 사냥개의 형상을 돌로 다듬어서 칠성님, 산신님, 나반존자님이 계시는 삼성각 처마 밑에 안치하는 일이었다. 개의 형상을 안치할 때도 주역의 이치에 따라서 그 위치와 방위를 정하였기 때문에 좀도둑이 침범하지 못하게 된 것이라고 한다.

개는 정북향을 바라보고 앉아 있다. '북'이라는 방위는 '물'을 상징하고, 물이란 소리 없이 스며들어 도둑처럼 침범하는 것이라 한다. 이러한 이치를 간과하여 북쪽을 응시하며 앉아 있는 개 형상을 돌로 다듬어 안치한 것이란다. 아마도 진짜 개였다면 얼룩무늬일 것만 같은 개의 형상은, 특별히 위협적인 모습도 아니건만 좀도둑으로부터 절을 보호하고 있다니 그저 대견스럽기만 했다.

삼성각을 내려와 석가모니불과 비로자나불, 아미타불이 나란히 봉안되어 있는 대적광전으로 들어가 본다. 대웅전에 비해 크기는 물론이거니와 불단의 화려함이 눈을 사로잡는다. 불상 위의 화려한 붉은색 지붕 안에 푸른 용머리가 보이는 것이 특이해서 뚫어져라 바라보았지만, 안쪽에서 비치는 불빛 때문에 속이 잘 보이지는 않았다.

삼배를 올리고 밖으로 나와 보니, 내가 이만큼이나 높이 올라왔나 싶을 정도로 산봉우리가 너무도 가까이 있었다. 하긴 초암사가 죽계구곡의 2곡과 3곡 사이에 있으니, 얼마 오르지 않아 정상이긴 하겠다 싶었다. 너른 앞마당을 가로질러 산으로 올라가는 길을 살피는데, 아까 그 녀석이 동무를 데리고 왔는지 다람쥐 두 마리가 앞서거니 뒤서거니 뛰어다닌다. 왠지 반가운 마음에 녀석들의 놀이를 한참 바라보며 서 있었다. 두 녀석의 움직임이 없다면 마치 시간이 멈춘 듯한 고즈넉한 산사에는 물소리만이 가득하다.

🌿 성혈사

소백산 월명봉 기슭에 위치한 성혈사聖穴寺는, 순흥초등학교 배점분교를 지나 주차장 위쪽으로 올라가는 초암사 길과 달리 오른쪽으로 빠지면 된다. 마을로 들어가 갈라지는 길이 나오면 표지판이 없어 약간 망설이게 되는데, 길옆의 전봇대에 성혈사란 글씨가 화살표와 함께 표시되어 있어 길을 잡을 수 있다. 처음엔 이 길이 맞나 싶은 의심이 되긴 하지만, 그래도 꿋꿋이 차 하나가 지나갈 만한 길을 잡아 가면 결국 외길이 되기 때문에 절을 찾는 데는 큰 문제가 없다.

다만, 소백산 등산로 중에서도 성혈사 쪽의 길이 험하고 시간도 많이 걸려 인기가 없는 것을 생각하면, 등산이 아니라면 차를 타고 올라가는 것이 좋을 성싶다. 백두대간을 떠나 남동쪽 963m봉으로 이어지는 능선에 있다는 사실만으로도 알 수 있듯이 정말 가파른 길의 연속이니 말이다.

창건설화에 따르면, 의상이 초암사를 짓고 있을 때 매일 지붕의 서까래가 없어졌다고 한다. 이를 의아하게 여긴 의상이 찾아보니 서까래가 인근 숲속에 쌓여 있었고, 하여 주위의 풀을 뜯어 초막을 지었다고 한다. 일설에는 본래 초암사가 있었으며, 초암사에서 수도를 하던 의상이 이 절을 창건했다고도 한다. '성혈聖穴'이라는 절 이름은 근처의 바위굴에서 성승聖僧이 나왔다고 해서 붙여진 것으로, 바위굴은 절 아래 30m 지점에 있다.

성혈사는 다른 사찰들과 달리 사찰 건물의 배치가 특이한데, 건물에 따라 주축이 설정되는 것이 아니라 산지가람山地伽藍이라고 하여 지형에 따라 자유로운 배치를 하고 있다. 지금 성혈사는 새 단장이 한창이다. 사찰 밑의 주차장과 화장실이 마무리 작업중이었고, 경내에는 요사채를 짓고 있었다.

경내를 들어서 제일 먼저 만나는 것이 대웅전에 해당되는 '성혈암'이다. 이곳이 처음에는 그저 수도하던 작은 암자였음을 알 수 있는 현판이다. 대웅전에 들어서니 이제까지 봐온 불상보다 몇 배는 작아 보이는 삼존불이 유리장 안에 모셔져 있는 것이 보였다. 내심 작은 불상에 놀라며 주위를 둘러본다. 대웅전에 들어오기 전 설명을 읽은 신중탱화를 찾기 위해서다. 그러다 왼쪽 벽면에서 오랜 시간이 느껴지는 빛바랜 신중탱화를 찾아냈다.

신중탱화란 불법을 수호하는 여러 선신을 한 화면에 모아 그린 그림을 말한다. 성혈사의 신중탱화는 1775년영조51에 제작된 불화로, 안정된 구성의 제석·천룡 탱화이다. 화면의 상단에는 연꽃을 들고 오른쪽의 제석천을 향해 측면 방향

성혈사 나한전 꽃살문 보물 제832호로 지정되어 있는 성혈사의 나한전은 화려한 꽃살문으로 시선을 사로잡는다.

으로 선 위태천(韋太天)이 화염광배를 지닌 장군의 모습을 하고 있다. 화면 하단에는 무장의 천룡팔부중이 역동적인 자세를 취하고 있다. 화면은 어둡지만 천이 비칠 정도로 얇게 바른 차분한 채색, 세련된 필치가 돋보인다고 하겠다.

대웅전을 나와 길을 따라 올라가면 이곳 성혈사의 자랑인 나한전(羅漢殿)이 있다. 사실 지금 나한전은 지붕 보수 공사중이어서 석조 비로자나불상과 16나한은 가장 위쪽의 새로 지은 건물에 모셔놓았다고 했다. 비록 나한전 앞의 석등은 공사

역사의 숨결을 느끼다

로 인하여 나무 보호대 속에 있는 터라 보진 못했지만, 나한전의 자랑인 꽃살문을 구경할 수는 있었다.

오래된 건축 기법들이 많이 남아 있는 성혈사의 나한전(보물 제832호)은 우리나라 건축양식사 연구의 귀중한 자료가 되고 있다. 성혈사를 세운 것은 의상대사이지만, 나한전은 훨씬 나중에 지어진 것으로 알려져 있다. 1984년 나한전을 보수할 때 발견된 기록에 따르면, 1553년[명종8]에 세우고 임진왜란 당시 소실된 것을 1634년[인조12]에 중창했다고 한다.

나한전은 정면 3칸, 측면 1칸의 구조에 배흘림기둥으로 자연미를 한껏 살렸으며, 정면 3칸의 창호를 꽃살문으로 장식한 것이 유명하다. 특히 가운데 칸은 연꽃과 물고기를 쪼는 두루미, 연잎 위에 올라앉은 개구리, 연잎 밑에 숨은 듯한 물고기와 게, 연꽃가지를 쥔 동자 등이 아기자기하게 새겨져 있다. 또한 오른쪽 문살에는 모란꽃이 소담스럽게 피어오르고 있다.

원래 법당을 화려하게 치장하는 속뜻은 이곳이 속세에 베풀 극락정토임을 나타내기 위한 것이라고 한다. 이런 까닭에 법당문은 색계와 무색계의 경계 지점, 즉 단순히 여닫는 수단의 문인 동시에 부처님의 세계로 들어가는 문이기도 한 것이다. 이런 법당문에 꽃무늬를 새기는 것은 부처님을 찬미하고 공경하는 마음에서 우러난 것으로, 정교하게 빚은 꽃살문의 형태와 빛깔 그 자체가 만다라의 세계를 시각적으로 강조하고 있는 것이라고 하겠다.

다만 생화는 곧 시들고 종이로 만든 꽃은 쉽게 변하므로, 나무로 꽃살문을 만들어 법당문을 화려하게 장식하게 된 것이다. 이는 세계 어느 나라의 불교 건축에서도 찾아볼 수 없는 우리나라 특유의 목공 예술이며, 우리 민족이 길이 보존해야 할 훌륭한 문화유산이다.

바로 보이긴 하지만, 나한전에서 계속되는 가파른 길을 숨이 차도록 올라가야 현재 비로자나불과 16나한을 모셔놓은 가장 위쪽의 요사채에 닿을 수 있다. 연화좌 위의 석조 비로자나불 좌상은 흰 칠을 입힌 몸에 검은 머리, 빨간 입술을 하고 16나한에게 둘러싸여 있었다.

이 비로자나불상은 8세기 후반의 특징과 9세기 후반의 특징을 모두 지니고 있어 그 제작 시기를 추정하기 어렵다고 한다. 무릎에서 엉덩이로 이어지는 윤곽선이 비교적 자연스럽고 곡선으로 처리된 옷주름을 생각하면 8세기 후반에서 9세기 전반에 나타나는 불상 특징이라고 할 수 있는데, 형식화된 몸체나 곡선임에도 불구하고 옷주름의 표현이 경직된 것을 생각하면 9세기 후반의 불상 특징을 보여주고 있기 때문이다.

요사채 뒤쪽으로 조금 올라가보니 주인을 알 수 없는 부도 한 기가 놓여 있었고, 요사채 옆쪽으로는 등산로인 것 같긴 한데 경사가 40도도 넘어 보이는 길에 웬 타이어 자국이 선명했다. 참 높이도 올라왔지 싶을 정도로, 산꼭대기가 눈 아래로 보였다. 산꼭대기와 눈을 맞추다 뿌듯한 마음으로 한눈에 내려다보이는 경내를 둘러본다. 문득 대웅전과 나한전을 감싸고 있는 산 쪽의 소나무에게 눈길이 갔고, '아! 저것이 바로 만지송이구나' 싶었다. 산을 가득 메운 여느 꺽다리 소나무들과 달리 잔뜩 가지를 펼치고 있는 모습이 그런 이름을 선사했으리라.

외길을 내려오며 내가 다시 성혈사를 찾았을 때의 모습을 상상해 본다. 지금은 그저 산이, 나무가 지켜주고 있는 이 성혈사를 몇 년 뒤에도 지금의 느낌 그대로 온전히 다시 느낄 수 있길 바라며 말이다.

역사의 숨결을 느끼다

배우고 익히면 또한 즐겁지 아니한가

소수서원

영주 시내를 벗어나 한적한 도로를 15분쯤 달리다 보면, 소수서원紹修書院이라는 표지판보다 먼저 눈에 띄는 것이 수백 그루의 소나무 군락이다. 울창한 소나무 숲이 서원 주변을 뒤덮고 있는데, 이 적송들은 '세한송歲寒松' 또는 '학자수學者樹'라고도 불린다. 이는 겨울을 이겨내는 소나무처럼 인생의 어려움을 이겨내는 참선비가 되라고 붙여진 이름이란다.

'서원' 하면 퇴계 이황을 떠올리고, 당연한 듯 '도산서원'이란 이름이 먼저 나오지만, 실은 여기 소수서원이야말로 이황과 인연이 깊은 곳이다. 퇴계가 벼슬에서 물러나 도산서당을 세운 것이 1560년明宗15의 일이니, 재임시절 소수서원의 경험이 없었다면 과연 도산서당을 이끌어가는 것이 가능하였을까 싶다. 물론 소수서원의 토대는 신재 주세붕이 닦아놓은 것이지만 말이다.

1542년中宗37, 풍기군수 주세붕은 우리나라 성리학의 선구자인 회헌 안향 선생을 흠모하여 그가 학문에 정진했던 숙수사란 절터에 사묘祠廟를 세우고, 이듬해

서원을 세워 '흰 구름이 머무는 곳'이란 뜻으로 '백운동白雲洞' 현판을 건다. 이후 이황이 풍기군수로 재임하면서 백운동서원에 대한 상소를 올리는데, 명종은 친히 '무너져가는 교학을 다시 일으켜야 한다'는 의미를 담은 '소수서원'이라는 어필 현판을 하사한다. 이로써 소수서원은 현판과 함께 서적·노비·토지를 하사받은 우리나라 최초의 '사액서원'이 된 것이다.

이 모든 시간들을 지키고 선 것이 소나무 사이로 보이는 한 쌍의 돌기둥이다. 통일신라시대에 세워졌다는 숙수사는 간 곳 없고, 유일하게 이곳이 절터였음을 알리는 당간지주만이 금낭화의 연분홍 꽃송이를 바라보며 서 있다.

수줍은 듯 고개 숙인 금낭화를 뒤로 하고 걸음을 재촉하자, 소나무들 사이에 유난히 눈에 띄는 것이 그 둘레의 넉넉함으로 나이를 짐작케 하는 은행나무 한

숙수사지 당간지주 순흥도호부가 폐지될 때 불타 없어진 숙수사의 유일한 흔적인 당간지주는 보물 제59호로 지정되어 있다.

역사의 숨결을 느끼다

그루였다. 유실수 중 가장 오래 산다는 은행나무. 선조들은 '은근과 끈기'라는 우리의 민족성을 닮았다 하여 은행나무를 '영수靈樹'라 부르며 신령한 나무로 여겼단다.

문화재 해설을 담당하고 계신 아주머니 말로는, 가을이 되면 아직도 가지가 휘어질 만큼 은행을 매단다는 이 은행나무는, 당신이 어렸을 때도 500년 되었다 했는데 아직도 500살로만 적혀 있다며 그 옛 세월을 되새긴다. 하긴 천 년의 세월을 고스란히 담고 있는 이 공간에 몇 십 년이 무슨 소용이겠는가 싶다. 여기에서의 시간은 백 년 단위로 흐르고 있는 게 아닐까.

아니나 다를까, 3백 년이 지나야 거북이 등딱지 같은 무늬를 가질 수 있다는
데, 그 무늬만으로도 천 년의 세월이 보이는 소나무 몇 그루가 경렴정(景濂亭) 앞에
어깨를 견주며 늘어서 있다. 1543년(중종38) 주세붕이 세웠다는 경렴정은, 우리나라
서원 정자로는 가장 오래되었다고 한다. 그 경렴정을 마주하고 유생들이 호연지
기를 기르던 장소인 소혼대(消魂臺)가 보인다. 서원 안에서는 활쏘기 등의 난잡한 놀
이를 금했다고 하니, 글을 읽다 지치면 삼삼오오 짝을 이뤄 적송 군락을 산책하
며 담소를 나누었을 유생들의 모습이 눈에 선하다.

경렴정의 옆으로는 죽계천이 흐르는데, 그 죽계천을 마주하고 있는 것이 바로
취한대(翠寒臺)이다. 원래는 퇴계가 대를 세웠으나, 오랜 세월로 인해 무너져 있던 것
을 다시 터를 닦아 정자를 지었다고 한다. '취한'이란 '푸른 연화산의 기운과 맑은
죽계의 시원한 물빛에 취하여 시를 짓고 풍류를 즐긴다'는 뜻에서 따온 것이란다.

취한대의 왼편 아래쪽 물가에는 바위가 하나 있는데, 그 바위에 '백운동'이라
고 새긴 글씨에는 흰색을 입히고, 밑의 '경(敬)'자엔 붉은색을 입혔다. 이것이 그 유
명한 경자바위이다. 이 바위에 얽힌 전설을 살짝 이야기하자면 이렇다.

단종 복위 거사의 실패로 희생당한 도호부민들의 시신이 죽계천에 수장되면
서 밤마다 억울한 넋들의 울음소리가 들렸다고 한다. 한편 풍기군수로 온 주세
붕은 서원을 세운 뒤 '경건한 마음으로 학문에 집중하라'는 의미(또한 주자와 안향
을 공경하라는 의미)로 '경(敬)'을 바위에 새겼는데, 훗날 이 사연을 알게 된다. 이에 신
재가 원혼의 영혼을 달래기 위해 본래 새긴 글자 위에 붉은 칠을 하고 정성들여
제사를 지냈더니 그 후로 울음소리가 그쳤다는 것이다. 이 이야기는 『신재집』에
도 전해 오는 것으로, '경'자 위의 '백운동' 글씨 또한 주세붕의 것(『순흥읍지』에 기

록)이라 한다.

소수서원의 큰문인 홍전문紅箭門(원래의 이름은 지도문志道門)을 지나면 '백운동'이란 현판을 건 강학당講學堂이 눈에 들어온다. 강학당이란 강의를 듣는 곳으로, 사방으로 툇마루를 둘러놓았고 기둥은 부석사의 무량수전으로 유명한 바로 그 배흘림 기둥이다. 그 왼쪽으로는 안향의 위패를 모신 문성공묘文成公廟가 있다.

도산서원 등 우리나라 대부분의 서원이 중국의 서원 배치 형식인 '전학후묘前學後廟'를 따른 데 비해 소수서원은 우리나라 전통 위차법位次法인 이서위상以西爲上(서쪽을 으뜸으로 삼는다)에 따라 '동학서묘東學西廟'로 지어졌다. 문성공묘란 이름만 해도, 대부분의 사당에 '사祠'가 붙는 것에 비해 '묘廟'가 붙는다는 것은 그만큼 이 사당의 격이 높다는 것을 의미하는 것이리라.

강학당과 문성공묘 사이를 지나니 웬 돌기둥이 버티고 섰다. 이게 바로 오늘날의 가로등 같은 구실을 했다는 정료대庭燎臺였다. 서원은 매년 유생 30명을 정원으로 하였고, 서원 내에 기거하는 거재유생居齋儒生과 외부에서 출퇴원하는 외거유생外居儒生이 있어서 서원 내에는 늘 3~28명의 유생이 머물렀다고 한다. 늦게까지 글을 읽고 퇴원하는 스승이나 제자들이 불편하지 않도록 돌기둥을 세우고 그 위에 관솔불을 켜놓은 것이 바로 정료대다.

그 정료대 뒤로 보이는 것이 장서각藏書閣이다. 당시 장서각은 도서관의 역할뿐 아니라 직접 서적을 출판하기도 하여 지역문화 출판의 중심지로 문화 창달과 지식 보급의 역할도 하였다니, 유생들의 정기가 절로 느껴진다. 장서각 옆으로 직방재直方齋와 일신재日新齋, 학구재學求齋와 지락재至樂齋가 있는데, 이 모든 이름과 위치에는 이유가 있다고 한다. 『소수서원지紹修書院誌』에 기록되어 있는 성언근의 「일신재중건기」를 보면 그 이유가 자세히 나와 있다.

신재 주선생周先生이 백운동에 서원을 창건하였을 때, 강당 하나는 명륜당이고, 서재 둘은 학구재와 직방재였다. 그 뒤에 창석蒼石 이공李公이 새로이 지락재를 설치하여 합하여 서재가 셋이 되었다. 봄가을로 향사를 치를 때와 삼동三冬에 거재할 때에 서재 세 곳으로는 공간이 부족하였기 때문에 다시 직방재 왼쪽에 작은 서재를 꾸미게 되었다. 그러나 제도가 협소하고 문 위에는 편액도 걸지 않았고 벽에는 기문도 없어, 언제 누가 세운 것인지 알 길이 없었다. 다만 새롭게 더 세운 것이었기 때문에 지금까지 '신방新房'이라 일컬어 전해오고 있다. ……(중략)……드디어 옛날 명칭에다가 한 글자를 더 보태어 '일신재'라 하여 편액을 걸게 되니, 이에 하학상달下學上達의 차례와 단계가 크게 갖추어지게 되었다. 대개 학자의 공부는 마땅히 독서를 우선으로 하기 때문에 지락재가 맨 아래에 있고, 독서를 하여 성현과 같이 되기를 구하는 학문을 하기 때문에 학구재가 그 오른쪽에 있고, 학문을 하여 성현과 같이 되기를 구하여 날마다 그 덕을 새롭게 하기 때문에 일신재가 또 그 오른쪽에 있고, 날마다 그 덕을 새롭게 하고서 경敬으로 내면을 바르게 하고 의義로 외면을 방정하게 하기 때문에 직방재가 또 그 오른쪽에 있게 되었다. 경과 의를 양쪽에 끼고 내면과 외면을 수양하게 되면 군자의 도가 이즈음에 크게 완성되니, 이것이 『역易』에서 이른바 '직방대直方大'(곧고 모나고 크다. 배우지 않더라도 이롭지 않음이 없으니, 마로 행하는 것을 의심하지 않는다.)이다. 직방대가 된 뒤에 편안한 집에 넓게 거처하면서(廣居安宅) 천하에 교화를 밝힐 수 있기 때문에 명륜당이 직방재 앞에 있는 것이다. 입문의 순서와 승당입실升堂入室(학문이 높은 경지로 진보함을 이르는 말)의 차례와 공부가 편액의 글씨에 나열되어 있으니, 이 재실에 들어가는 자가 그 이름을 돌아보고 그 뜻을 생각하고서 위로 향하여 진보한다면, 어느 정도 옛날 군자들이 재실

역사의 숨결을 느끼다

에 편액을 건 뜻을 저버리지 않을 수 있을 것이다.

국보로 지정된 안향 초상을 비롯하여 보물로 지정된 주세붕의 초상을 포함한 다섯 분의 초상이 봉안되어 있는 영정각을 지나면, 서원의 두 가지 기능인 '제향祭享'과 '강학講學'을 디오라마diorama로 제작하여 관련 유물과 함께 살펴볼 수 있도록 전시한 사료관이 나온다. 사료관 오른쪽으로 난 문을 나서면, 임진왜란 전후 풍기군수였던 겸암 류운룡이 연못을 파고 대를 쌓았다던 탁영대濯纓臺와 탁청지濯淸池가 눈에 들어온다. 『순흥읍지順興邑誌』에 의하면, '탁청지'란 이름은 창석 이준이 지었다고 한다.

경암 류운룡이 못을 파고 대를 쌓아 대의 이름을 '탁영'이라 하였고, 후에 창석 이준이 서원 동쪽에 작은 서재를 세우고, 서재 아래에 대를 쌓고, 대 아래 연못을 팠다. 연못을 '탁청지', 대를 '앙고대', 서재를 '지락재'라 하였다.

퇴계의 「백운동서원」 칠언시 종장(月照方塘冷欲氷 방지에 비친 달빛처럼 맘은 얼음같이 차고 맑구나)에 나오는 연못에 관한 시구절로 보아 겸암 이전에도 작은 연못이 있었음을 알 수 있다.

바람에 흩어진 꽃잎들이 모여 앉는 작은 연못을 바라보며 젊은 유생들은 어떻게 마음을 다스렸을까. 그리워 설운 마음이 연못을 넘어 죽계천으로 흘러가진 않았을까. 죽계천을 가로지른 나무다리에 기대어 한없이 멀리 있는 진리를 바라본다.

🌿 서원

　일단 서원書院이 어떤 곳인가부터 알아보자. 서원이란 우리나라의 선현先賢과 향현鄕賢을 제향祭享하는 사우祠宇와 청소년을 교육하는 서재書齋를 아울러 갖춘 사립 교육기관으로, 사祠와 재齋를 겸비한 최초의 서원이 바로 소수서원紹修書院이다.

　초기의 서원은 인재를 키우고, 선현과 향현을 제사 지내며, 유교적 향촌 질서를 유지하고, 시정時政을 비판하는 사림士林의 공론公論을 형성하는 등 긍정적인 기능을 발휘하였다. 그러나 서원이 증설되어 나감에 따라 혈연血緣과 지연地緣, 학벌學閥 · 사제師弟 · 당파黨派 관계 등이 연결되어 지방 양반층의 이익집단화利益集團化 경향을 띠게 되었다.

　더욱이 사액서원의 경우, 부속된 토지는 면세되고 노비는 면역되었기 때문에 양민의 투탁投託(영세한 농민이 노비가 되는 일)을 유인하여 그들의 경제적 기반을 확대하였다. 그리하여 서원은 양민이 원노院奴(서원의 노비)를 가장한 군역軍役 기피처가 되었고, 이는 결국 국가에서 필요로 하는 군정軍丁 부족을 초래하였다. 또한 불량

유생의 협잡 소굴이 되는가 하면, 서원 세력을 배경으로 수령守令을 좌우하는 등 폐단도 많았다. 게다가 면세의 특권을 남용한 서원전書院田의 증가로 국고 수입이 감퇴되었으며, 유생은 붕당朋黨에 가담하기 위해 서원에 들어가 당쟁에 빠져 관학官學인 향교鄕校의 쇠퇴를 가속시켰다.

이러한 서원의 폐단에 대한 논란은 인조仁祖 이후 꾸준히 이어졌으나, 특권 계급의 복잡한 이해관계 때문에 손도 대지 못했다. 오히려 서원의 폐단을 논하다가 파직당하기까지 하였다. 효종·숙종 때는 사액賜額에 대한 통제를 가하고 누설자를 처벌하는 규정까지 두었으나, 잦은 정권 교체로 성공하지 못했다.

1738년영조14이 되어서야 대대적인 서원 정비에 들어가 200여 개 소를 철폐하였으나, 그래도 700여 개 소나 남아 있었다. 그러다 1864년고종1에 대원군大院君이 집권하면서 서원에 대한 일체의 특권을 철폐하였고, 서원의 설치를 엄금하였다. 1871년고종8에는 적극적으로 서원의 정비를 단행하여, 사표師表가 될 만한 47개 소의 서원만 남기고 모두 철폐하였다.

🌿 이산서원

말 그대로 청명한 날이었다. 맑고 푸른 날, 마주치는 차도 거치적거리는 신호등도 없는 조용한 시골길을 창문을 열고 달리는 기분이라니……. 갑자기 달려드는 비료 냄새조차도 시골의 향기로 이름 지으며 차 안으로 파고드는 바람을 킁킁거려 본다.

길은 네비게이션에게 맡기는 수밖에 없었지만, 굳이 눈에 보이는 이정표를 대

이산서원 1558년에 창건된 이산서원은 대원군의 훼철령에 의해 철폐되었으나, 1936년 경지당만이 복원되어 현재에 이른다.

라면 〈괴헌 고택〉 표지판을 따라가면 된다. 〈괴헌 고택〉과 갈라지는 지점에서 〈이산서원伊山書院〉의 표지판을 볼 수 있으니 말이다. 무언가 있을 것 같아 보이지 않는 좁은 논길을 달리다 보면, 탁 트인 논들을 바라보며 산비탈에 기대어 오롯이 앉아 있는 서원을 찾을 수 있다.

지도상으로 이산서원은 순흥의 소수서원과 예안의 도산서원의 가운데 지점에 있다. 실은 지리적 여건보다도 퇴계의 서원 장려 과정을 살피다 보면 그 중간적 위치는 더욱 명확히 드러난다. 소수서원은 퇴계가 사액서원으로 만든 곳이고, 이산서원은 기문記文뿐만 아니라 동방사학東方私學에서 최초의 학칙인 원규院規를 정립하는 등 선생의 애정이 서린 곳이며, 도산서원은 그를 기리는 후학들이 세운 곳이니 말이다.

이산서원의 기원은 이렇다. 1554년명종9 순흥 부사로 부임한 안상은 학문 진흥과 인재 격려를 급무로 삼았는데, 이에 영주의 선비들은 학사의 건립을 건의하게 되었다. 향중 인사들의 건의를 들은 안상은 군의 동쪽 5리쯤 되는 곳에 터를 잡았고, 향중 인사들도 곡물을 모아 공사를 돕는다. 1558년[명종13] 7월에 시작된 공사는 4개월에 걸쳐 이루어졌고, 완성된 건물의 총 규모는 32칸이었다.

서원을 완공한 후 향중 인사들은 이황에게 기문을 부탁하고, 이황은 「이산서원기」를 썼다. 『영주지榮州誌』에 이때의 기록이 자세히 나와 있어 부분 발췌해 본다.

얼마간 지나자 모두 말하기를 "학사學舍는 이룩되었으니 명칭과 기문이 없어서는 아니 된다." 하여 이에 유생 장수희를 보내어 황滉에게 와서 부탁하면서 또한 말하기를 "우리 고을에서 선현先賢으로 학사에 제사할 만한 자에 대해서 정론定論이 있지 못했고, 서원의 규모도 오히려 갖추지 못하였으니 아직은 우선 서재로 이름 짓고자 하니 어떠합니까?" 하므로 황이 사양하기를 두 번 세 번 하였으나 되지 않아 곧 대답하여 가로되 "옛적의 서원에 제사하는 분이 어찌 모두 다 그 고을의 선현뿐이겠는가? 선성先聖과 선사先師를 제사하는 예가 있었고, 또한 혹은 사묘祠廟를 세우지 못하는 것도 있었으니, 오직 그 역량대로 마땅하게 좇을 따름이다. 이제 학사는 벌써부터 제전祭田을 장만하는 한 가지 일에도 겨를이 없었는데, 제전을 장만하여 사묘를 정한 것은 또한 후일을 기다려서 의논하여도 아니 될 것이 없다. 차례로 그 학사를 건립한 규모를 보니 실로 서원의 제도를 모방한 것인데, 하필 그 이름(서원)을 피하고 구태여 서재의 명칭을 붙이랴?" 그 본지의 이름(山伊里)을 따라서 조금 변경하여 이름하여 가로되 이산서원이라 하고, 그 정당正堂을 경지당敬止堂이라 하고, 동재를 성정재誠正齋라 하고, 서재를 진수재進修齋라 하고, 문을 지도문志道門이라 하고, 대를 관물대觀物臺라 하였고, 주방과 창고까지 하나도 갖추지 않은 것이 없었다.

이산서원은 조선시대 서원의 정립 과정을 이해하는 데 중요한 역할을 한다. 퇴계는 서원 특유의 자율성과 특수성을 보이는 수학, 거재居在 규칙, 교수 실천 요강, 독서법 등을 규정한 원규를 만들어 당시의 서원 운영에 큰 영향을 주었는데, 그 가운데서도 1559년명종14에 편찬한 『이산서원원규』는 서원 운영의 정형화를 제시한 것으로 평가되고 있다.

이산서원은 처음에는 사당이 없이 강학을 위한 기구로만 설치되었는데, 이황이 세상을 떠나자 1572년선조5에 그의 학문과 덕행을 추모하기 위해 사당을 세우고 위패를 봉안하면서 제사의 기능을 갖추게 되었다고 한다. 1574년선조7 사액을 받아 사학기관이 되었는데, 이 해는 이황을 모신 도산서원이 창건된 해이기도 하다.

이산서원은 옛 영천 지방의 첫 서원이자 유일한 사액서원이며, 지금의 위치로 옮겨진 것은 1614년광해군6의 일이란다. 1871년고종8 대원군의 서원 철폐령에 의하여 훼철되었으며, 1936년에 경지당만 복원되었다고 했다. 현재 향사는 지내고 있지 않지만, 다른 서원들처럼 예전의 제 모습을 찾아 마을의 자랑거리가 되었으면 싶었다.

문은 잠겨 있는 데다 경지당만이 남아 있어서 크게 무언가 볼거리는 없었지만, 나름 관리가 잘 되어 있어서 기분은 산뜻했다. 담 너머로 보이는 경지당은 홀로 쓸쓸해 보여도 기품만은 지키고 있었다. 기단은 사언석을 높직하게 쌓고 중앙에 계단을 내어 오르내리도록 하였는데, 계단 하나가 참 높기도 하다.

담에 기대어 사진을 찍어대다 내리쬐는 햇살이 뜨거워 이름도 너무나 맘에 드는 지도문志道門 앞 계단에 잠시 자리를 잡고 앉아 본다. 쾌청한 하늘과 함께 뽀얀 구름이 바람을 따라 흐르는 모습을 물끄러미 바라보며, 역사 속에 멈춰선 듯 조용한 시간들을 음미한다.

역사의 숨결을 느끼다

🌿 오계서원

영주 시내에서 버스를 타고 평은면 천본이라는 이름의 정류장에서 내려 다리가 보이는 쪽으로 조금 내려가다 보면, 다리 건너기 전에 〈오계서원迂溪書院〉이라고 쓰여 있는 입석을 만날 수 있다. 친절하게 화살표까지 그려놓았는데, 화살표가 가리키는 방향이라는 게 끝이 보이지 않는 흙길이다. 이름 모를 들꽃들이 늘어서 있는, 마치 산속의 오솔길 같은 길을 걷다 보면 느닷없이 키 큰 소나무 몇 그루와 함께 넓은 평지가 나온다.

숫을대문 역할이라도 하는 듯 양쪽에서 마주보며 서로 머리를 맞댄 대여섯 그루의 소나무 밑을 빠져 나오면, 오른편으로 작은 개천이 흐르고 그 뒤로 절벽 같은 산이 보인다. 정면으로도 멀리 능선이 보이고, 왼편으로도 막혀 있으니, 그야말로 병풍으로 둘러쳐진 형상이다.

오계서원의 전신은 1570년선조3에 간재艮齋 이덕홍(1541~1596)이 학문 연마와 심신 수련을 위해 세운 '오계정사迂溪精舍'이다.

일단 간재 이덕홍이 누구인지부터 짚고 넘어가자. 이덕홍은 퇴계의 수제자로, 학문이 뛰어나 퇴계가 죽음을 앞두고 모든 서책을 간재에게 맡기라는 유언을 남겼을 정도란다. 퇴계의 명으로 선기옥형璇璣玉衡(혼천의)을 제작하여 천리 연구에 활용하였으며, 임진왜란 당시 선조에게 올린 상소문에는 귀갑선도龜甲船圖가 있는데, 이는 현존하는 유일한 거북선 원형 설계도이다. 주역과 심학心學에 능하여 퇴계학의 종지宗旨를 집대성하였으며, 저서로는 『계산기선록溪山記善錄』, 『간재집』 등이 있다. 오계서원 역시 퇴계와 관련이 있다는 말이다.

본론으로 돌아와 다시 오계서원을 소개하자면, 이름에서도 알 수 있듯이

오계서원 1570년에 이덕홍이 세운 〈오계정사〉가 전신인 오계서원은 경상북도 문화재자료 제475호로 지정되어 있다.

처음에는 오계 상류에 있었는데, 임진왜란(1592) 때 퇴폐해지고 소실되었다 한다. 1600년[선조33] 맏아들인 선오당 이시(1569~1636)가 쌍계(雙溪)로 옮겨 지으며 '오계서당'이라 이름 지었으나, 이 또한 1636년[인조14]에 대홍수로 대부분의 건물이 유실된다. 1665년[현종6]에 다시 세우고 이덕홍의 위패를 봉안하여 향사를 올리다가, 1692년[숙종18]에 '오계서원'으로 승격되었다.

지금의 자리로 옮겨진 것은 1711년[숙종37]의 일이며, 1724년[경종4]에 이시를 배향하였다고 한다. 한 번은 불타고 한 번은 물에 쓸려 나갔으니, 이제 이곳에서 굳건히 자리를 지킬 수 있으리라. 물론 지금 건물이 그때의 것은 아니다. 오계서원 또한 1871년[고종8]의 서원 철폐령을 피할 수는 없었으므로, 그때 훼철되었던 것이 1919년에 명륜당(明倫堂)을 비롯하여 입도문(入道門)이 재건(再建)되었다. 1978년 3월에 복설(復設)하여 현재도 제향(祭享)을 지내고 있다고 한다.

경내에는 정면 다소 높은 지대에 명륜당이 있고, 좌우로 동재인 관성재(觀省齋)와 서재인 험위료(驗爲僚)가 마주보고 있다. 관성재와 험위료의 편액 글씨는, 우리나라 사람이라면 삼척동자도 다 안다는 바로 그 석봉(石峰) 한호(韓濩)가 쓴 것이란다. 무엇이 특별한지는 나중에 찾아내기로 하고, 일단 한석봉 글씨라니 열심히 셔터를 눌렀다.

명륜당 뒤편에는 별도의 일곽(一郭) 내에 내삼문과 사당인 도존사(道存祠)가 있다는데, 사실 건물은 구경도 못했다. 서원 담을 따라 옆쪽으로 돌아가 지붕만 구경했을 뿐이다. 향사를 지내거나 하는 일이 아니면 경내를 열어 두지는 않는 모양이었다.

서원 동쪽으로는 간재 선생이 오계정사 창건 시에 같이 건립했다는 군자정(君子亭)이 남향으로 앉아 있다. 정면 3칸, 측면 2칸으로 이루어진 정자는, 홑처마 팔작지붕을 이고 까무잡잡한 몸체로 유혹하듯 나를 홀렸다. 자연스럽게, 특별한 의식도 없이 어느새 내 손은 난간을 쓰다듬고 있었다. 반들반들한 촉감과 오래된 나무 냄새에서 세월의 흔적이 고스란히 묻어나왔다. 정자 앞쪽에는 현재의 위치로 이건할 때 함께 지었다는 군자당君子塘이란 이름의 네모난 연못이 있다.

오늘같이 햇살이 따스하고 시원한 바람이 부는 날에는 정자에 앉아 바라보는 연못이 얼마나 운치 있었을까. 시 한 수가 절로 나왔을지도 모를 일이다. 그러나 이것은 눈을 감았을 때의 내 머릿속 상상이고, 현실은 좀 달랐다.

인터넷에 다른 이들이 올려놓은 사진으로 본 군자정은 딱 내 머릿속 상상 바로 그것인데, 지금 내 앞에 펼쳐진 풍경은 처절했다. 가슴까지 올라오는 풀들을 헤치고 군자정의 설명 표지판을 찾아내야 했으니 말이다. 그렇다고 군자정의 멋이 사라지는 건 아니었지만, 좀 아쉽기는 했다. 어쩌면 내일이 제초작업을 하는 날일지도 모를 일이다. 관리하시는 분이 요즘 농사철이라 좀 바쁘신 것인지도 모르지, 낼은 아니라도 분명 곧 예쁘게 정리해 주실 거라고 믿으며 사방을 둘러본다.

무성한 잡초 탓인지, 서원 입구 설명에는 오른쪽에 연어대鳶魚臺, 왼쪽에 활발대活潑臺가 남아 있다고 하는데, 아무리 찾아도 내 눈에는 보이지 않았다. 아무것도 없이 넓기만 한 이 공터가 지금 무엇을 위한 준비인 것이라면, 다시 찾았을 땐 훨씬 자랑스러운 풍경이기를 바라본다. 솟을대문 같은 키 큰 소나무들 사이에서 움츠러들어 서 있는 전봇대에게도 안녕을 고하며 다시 좁은 오솔길을 따라나선다.

역사의 숨결을 느끼다

향교

향교鄕校는 유교문화를 바탕으로 설립·운영된 교육 기관으로, 국가가 유교문화 이념을 수용하기 위해 중앙의 성균관과 연계시키면서 지방에 세운 것이다. 향교의 연원淵源은 유교문화 이념이 소개되는 때부터 시작되지만, 향교가 적극적으로 설립된 것은 숭유억불과 유교문화 이념을 정치 이념으로 표방한 조선시대부터이다.

조선 왕조는 유교문화 이념을 수용하여 지방 사회 질서를 유교문화 논리에 접목시키며, 과거제 운영을 유교 교육과 연계시키려 했다. 즉 향교에게 사회문화의 기초 기구로서의 기능을 담당토록 한 것이다. 따라서 국가는 군현제郡縣制의 정비와 함께 지방 수령들에게 향교에 대한 적극적인 관심과 보호·육성을 촉구했으며, 재정적 지원도 적극적이었다. 그러나 실질적으로는 재정적으로나 교육에 큰 어려움을 겪었다고 전해진다.

우선 교육에 대한 어려움부터 살펴보자면, 『경국대전』에는 종6품의 교수와 정

9품의 훈도訓導를 두도록 규정하였으나, 조선 전기부터 향교 교관의 확보에는 많은 어려움이 뒤따랐다. 일단 문과에 합격한 자들은 지방의 교관으로 부임하기를 원하지 않았고, 생원이나 진사, 최악의 경우는 지방에 사표師表가 될 만한 사람을 선발하여 보임시켰지만, 생원·진사들도 대부분은 과거를 통하여 중앙의 행정 관료로 진출하는 것을 희망하였기 때문이다.

또한 교사校舍의 유지비, 교생들의 숙식비, 학업 활동에 부수되는 제반 비용, 게다가 서원과 다르게 우리나라뿐 아니라 중국의 선철先哲·선현先賢까지도 배향하였기 때문에 석전제釋奠祭·향음례鄕飮禮 등에 이르는 비용은 실로 엄청난 것이었다. 따라서 국가적 지원에도 불구하고 재정적 문제가 심각했다.

그렇게 어려움을 겪던 향교는 임진왜란·병자호란의 양란과 서원書院의 발흥勃興으로 인하여 더욱 부진을 면치 못하였다. 그리하여 효종 때에는 지방 유생으로서 향교의 향교안鄕校案에 이름이 오르지 않은 자는 과거 응시를 허락하지 않는 등의 부흥책을 쓰기도 하였지만, 큰 효과를 거두지는 못했다.

결국 1894년고종31 이후 과거제도가 폐지되면서 향교는 이름만 남아, 교육적 기능은 없어지고 제사 기능만 남게 되었다. 이리하여 1900년에는 향교 재산 관리 규정을 정해 그 재산을 부윤府尹·군수 등이 관장토록 하였다.

이제 향교의 배치에 대해 좀 살펴보자. 서원과 마찬가지로 향교도 선현의 배향 공간인 대성전과 동·서무, 학생의 강학 공간인 명륜당과 동·서재가 핵심 공간이다. 이때 선현의 배향 공간을 우위에 둠으로써 대성전이 항상 명륜당보다 우위에 위치하는 것 또한 서원과 같다.

단지 서원에서는 평지라 하더라도 대성전에 해당되는 사당을 대지의 가장 안쪽에 두어 신성시하는 것과는 달리, 향교에서는 그것을 강학 공간의 앞쪽에 두어 우위에 있게 하였다. 구릉지에서는 반대로 강학 공간보다 높은 터에 두어 높고 낮음의 차이로 우위에 있게 하였다.

또한 향교의 살림을 맡는 교직사校直舍는 부엌·방·대청·광 등의 공간으로 구성되어 일반 민가의 모습을 하고 있으며, 이 공간은 강학 공간과 가까이 배치되어 있음을 볼 수 있다.

🍃 영주향교

영주향교榮州鄕校는 영주여고 안에 있었다. 처음부터 영주여고 안에 있다는 것을 알았더라면 좋았을 걸, 영주향교를 찾느라 고생 좀 했다. 영주의 관광 안내 지도에는 영주시의회 뒤편에 있는 것처럼 보였기 때문이다.

영주 시외버스터미널에 내린 나는 처음엔 아무것도 모른 채 그저 지도에 의지하여 영주시의회를 지표로 한낮의 햇살을 온몸으로 받으며 걸었다. 걷다 보니 멀리 언덕 쪽에 기와지붕 몇 채가 모여 있는 것이 보여 옳다구나 싶어 상점 아주머니께 여쭈었더니, 그게 아니란다. 에고에고, 그럼 그렇지. 그렇게 단박에 찾기야 할라고. 영주향교를 찾는다고 했더니 경찰서를 훨씬 지나야 한단다. 그럼 지도대로 가면 되겠군 싶어 걸음을 재촉했다. 지도에 나와 있는 것처럼 경찰서가 나왔고, 담 없는 학교도 보이고, 그 옆의 시의회인 듯 보이는 건물 뒤로 뭔가 예스러운 건물이 보였다.

가까이 다가가 보니 〈영훈정迎薰亭〉이란 현판이 보였다. 사방이 개방되어 있고 마루 끝 가장자리에는 난간을 설치한 중층의 정자다. 설명을 보니, 이 건물은 15

영주향교 명륜당이 누각 형태로 입구 쪽에 위치하고, 동·서재가 그 뒤에 있다. 영주향교 대성전은 경상북도 문화재자료 제23호로 지정되어 있다.

세기 중반 군수 정종소가 사신을 마중하고 배웅하기 위한 목적으로 군 남쪽에 건립한 정자로, 처음에는 '남정자南亭子'라고 불리었단다. 그 후 1643년인조21에 재건하면서 퇴계의 친필을 모각模刻한 지금의 현판을 걸었으며, 일제강점기 때 현재의 위치로 옮겨졌단다. 한때는 관청 사무실로도 사용하였다고 하며, 조선 후기 보편화되었던 각 가문의 정자와는 달리 관용官用을 목적으로 지방관이 건립했다는 점이 특이하단다.

내가 찾던 향교는 아니었지만, 그래도 특별한 정자 하나가 또 내 기억 속에 자리하게 된 것은 기분 좋은 일이었다. 팔작지붕도 멋스럽고 관리 상태도 아주 좋아 왠지 흡족한 마음에 입가에 미소가 절로 퍼지니 말이다.

영훈정을 뒤로 하고 위쪽으로 올라가 보았다. 안내 지도상으로는 위쪽인 게 분명했기 때문이다. 조금 올라가다 〈철탄산지구 삼림욕장 안내도〉를 발견했다. 현재 위치에서 참으로 멀리도 떨어진 영주향교를 발견하고는 무릎이

탁 풀렸다. 안내도로 보자면 현재 위치에서 영주향교를 가자면 낮기야 하겠으나 산을 넘지 않고는 갈 수가 없었기 때문이다. 한참을 안내도 앞에서 망설이다 결심했다. 일단 향교 앞에 그려져 있는 영주여고부터 찾아야겠다고. 설마 학교를 산 위에 짓진 않았을 테니 하면서 말이다.

돌고 돌아서 찾아간 영주여고는 산까진 아니었지만 참으로 경사진 비탈 위에 있었다. 거짓말이 아니라 정말 40도는 되어 보이는 경사를 보는 순간 처음 든 생각은, 영주여고 졸업생들도 "내 종아리 내놔!" 소리가 절로 나오겠다는 거였다. 그 다음에 바로 드는 생각이 눈이 왔을 땐 어떻게 다닐까 싶은 거였다.

여기선 또 얼마나 더 올라가야 하나 싶은 마음에 저절로 한숨이 쉬어지는 길을 올라 영주여고 정문을 지났다. 학교 담장을 쭉 따라 올라가니 드디어 영주향교가 눈앞에 모습을 드러냈다. 중간에 다른 문도 없었는데, 내가 선 곳은 보통 향교의 가장 안쪽에 위치하는 대성전 옆이었다. 게다가 뜬금없는 테니스 코트까지 보이는 거다.

일단 문 안으로 들어섰다. 열심히도 찾아왔건만 젤 먼저 맞아주는 건 "웬 놈이냐!" 울부짖는 흰둥이의 목청이었다. 교직사로 보이는 건물(지금은 관리하시는 분이 살고 계시겠지만) 마당 한가운데 떡하니 제 집을 놓고 위풍도 당당하게 나를 보면서 계속 짖어댔다. 먼발치로 흰둥이 녀석이 목줄로 단단히 묶인 것을 확인하고서야 나도 짖든지 말든지 본체만체하며 건물들을 살폈다.

배향 공간은 보수 공사 중인지 천막으로 가려놓은 상태라 제대로 볼 수 없었지만, 강학 공간은 널찍하게 트여 있었다. 특이한 것은 명륜당의 위치인데, 보통은 정문에서 보았을 때 먼저 좌우에 동·서재가 있고 안쪽에 명륜당, 그 뒤쪽으로 대성전이 있어야 하는데, 영주향교는 명륜당이 먼저 있고 그 안쪽에 동·서재를 두었다.

　즉, 정문(영주여고 정문으로 들어오는 게 정문인 거다. 영주향교 안내판도 이쪽에 있다. 특별히 문이라고 할 만한 것은 없지만, 안내판 옆에 하마비下馬碑가 있어 이곳이 정문임을 말해주고 있다.)에서 바라보면 왼쪽에 영귀루詠歸樓가 있고, 오른쪽에 명륜당이 있는 거다. 물론 둘 다 누각 형식으로 그 사이의 돌계단을 올라 경내로 들어가게 되어 있었다. 학교 운동장을 등지고 앉아 영귀루와 명륜당을 번갈아 바라본다.

　영주향교가 처음 건립된 것은 고려시대로, 1368년공민왕17 군수 하륜河崙에 의해서라고 한다. 이를 조선시대에 들어와 1433년세종15에는 군수 반저潘渚가, 1577년선조10에는 군수 이희득李希得이 각각 중수하였다고 한다. 광복 후에는 경내에 영주여자중학교를 세워 향교 건물 일부를 학교에서 사용하기도 하였단다. 지금 영주여고와 연결이 되어 있는 것도 그에 연유된 것인 듯했다.

　쉬는 시간을 알리는 벨소리가 울리고 여고생들이 쏟아져 나왔다. 그러더니 향교 안쪽으로 삼삼오오 올라가는 게 아닌가. 바지는 모두 체육복을 입었는데, 윗도리는 교복 그대로다. 아직도 향교 건물을 이용하여 수업을 하나 싶어 지나가는 학생에게 말을 걸어보니, 글쎄 테니스장에 가는 거란다. 아까 낯설게 느껴졌던 바로 그 테니스 코트가 학생들의 체육시간을 위함이었던 거다.

　그러나 사실 내게 그것보다 놀라운 건, 흰둥이 녀석이 전혀 소리를 내지 않는다는 거였다. 그래, 그 많은 학생들의 냄새는 다 기억하고 나만 이상한 냄새가 났다 이거냐? 쳇, 여기까지 내가 얼마나 고생하면서 왔는데! 조용하고 단정하게 관리되어 있는 영주향교를 실컷 즐기고서도 돌아오는 길 내내 흰둥이에게 당한 설움이 맘에 걸렸다.

역사의 숨결을 느끼다

순흥향교

소수서원을 시작으로 소수박물관, 선비촌까지 구경을 마치고 나와 길을 건너면, 청다리 바로 앞에 한자로 '순흥향교順興鄕校 입구'란 비석과 함께 '순흥향교 0.4km'라고 매달린 표지판이 보인다. 영주에서 가본 서원이나 향교 중에 가장 친절한 안내 표지다. 그 친절한 안내를 따라 죽계천을 거슬러 오르다 보면 왼편으로 경사진 돌계단이 보이는데, 그 계단을 오르면 바로 순흥향교다.

사실 계단 밑에서는 향교가 보이지 않는다. 계단 중간쯤에 그저 한눈에 보아도 나이가 느껴지는 느티나무만이 버티고 섰을 뿐이다. 꽤나 가파른 경사인 돌계단을 하나씩 힘 있게 밟고 올라선다. 한 번 쉬면 더 힘들까 싶어 가쁜 숨을 쉬면서도 쉬지 않고 오른다. 몇 계단 안 남았을 때 먼저 눈에 띈 것은 기와를 얹은 낮은 돌담장과 정문을 대신하는 누각형 건물인 영귀루詠歸樓였다.

순흥향교는 1340년충렬왕30에 처음 세워졌으며, 원래는 순흥부 북쪽 금성에 위치했었던 것으로 보인다. 1457년세조3 금성대군의 단종 복위 운동으로 인해 순흥도호부順興都護府와 함께 혁파革罷되었다가 1683년숙종9에 관청이 회복되면서 향교도 새롭게 설립되었단다. 그 후 두 차례 더 옮겨졌다가 현재의 위치에 정착한 것이 1790년정조14의 일이라고 한다.

영귀루를 받치고 있는 기둥 사이를 통과하여 교내에 들어서면 정면에 명륜당이 보인다. 특이하게도 순흥향교에는 동재와 마주보고 있어야 할 서재는 없고, 강학 구간과 구별 짓듯 만들어놓은 담 너머로 교직사인 듯한 건물만이 보인다.

원래 동재에는 양반, 서재에는 서류庶流를 두었다고 하는데, 순흥향교에서는 서류를 받지 않았던 걸까? 영주향교나 풍기향교에 비해 규모가 작았던 탓에 서재

영귀루 순흥향교의 입구에서 문의 역할을 대신하고 있는 누각. 여름에는 강학의 공간으로도 활용되었다. 순흥향교는 경상북도 문화재자료 제347호로 지정되어 있다.

까지 둘 필요가 없었던 걸까? 어쩌면 원래는 있었는데, 지금 이 자리로 옮기면서 서재를 생략했는지도 모를 일이다. 어쨌든 지금 이곳에 서재의 자리는 없다. 사실 동재도 정면 2칸, 측면 1칸으로 여느 건물에 비해 작은 편이며 현판도 걸려 있지 않다.

명륜당 뒤로는 별도의 일곽 전면에 내삼문을 두고 북쪽 높은 곳에 대성전이 자리 잡고 있다. 대성전 앞쪽에는 동·서무가 마주보고 있다. 강학 공간인 명륜당이 앞에 위치하고 제향 공간인 대성전이 뒤에 위치한 전학후묘前學後廟의 배치법이다.

순흥향교에서 제일 멋스럽고 맘에 드는 공간은 영귀루이다. 한여름이라도 영귀루에 오르면 산으로부터 불어오는 시원한 바람이 활짝 열어놓은 문들로 빠져나가며 땀을 식혀주었을 테고, 싱그러운 초록 잎사귀들의 속삭임도 들려왔을 것이다. 게다가 영귀루에서 내려다보이는 죽계천은 또 한낮의 태양을 받으며 얼마나 아름답게 반짝였을까. 영귀루에 올라 맑은 차 한 잔을 마시며 바람에 실컷 취하고 싶었다.

🍃 풍기향교

풍기향교豊基鄕校를 가기 위해서는 경북항공고등학교를 지표 삼아 걸어야 한다. 풍기향교에 대한 별다른 안내 표지판이 없기 때문이다. 차로 가면 채 10분도 안 걸릴 거리지만, 오늘은 땀 좀 흘리자는 마음으로 길을 나서는 것도 좋다.

풍기역을 등지고 왼쪽 골목으로 꺾어져 한 300m쯤 가다 보면 굴다리가 나오

풍기향교 풍기향교는 경상북
도 유형문화재 제211호로 지
정되어 있다.

는데, 그 굴다리를 지나 무조건 직진이란 맘으로 열심히 걸으면 경북항공고등학
교가 나온다. 풍기향교는 바로 그 경북항공고등학교 뒤편에 있다.

굴다리를 지나자 마치 다른 세상처럼 길이 환해졌다. 뻥 뚫린 4차선 도로에는
달리는 차보다 세워져 있는 차가 더 많을 만큼 한가로웠다. 곧게 뻗은 길을 따라
쭉 늘어선 은행나무 가로수도, 산에서 불어오는 바람도 걸음을 가볍게 했다.

아이들이 뛰어노는 초등학교 운동장도 구경하고, 유난히 눈에 많이 띄는
풍기인견 공장 간판들도 구경하면서 산책하는 기분으로 걷다 보면 날아갈 듯
한 비행기 한 대가 눈에 들어온다. 워낙 주변이 아무것도 없는 허허벌판이라
멀리서도 아주 잘 보이는데, 그게 보이면 다 온 거다. 경북항공고등학교 정문
을 지나 학교 담장이 끝나는 지점이 바로 풍기향교다.

풍기향교는 진짜로 경북항공고등학교와 높지 않은 돌담 하나를 사이에 두고

있었다. 학교 건물에서 바로 경내가 훤히 보이는 형상이다. 2층에서 종이비행기라도 날리면 바로 대성전으로 직행할 것 같았다.

풍기향교는 본래 임실(지금의 금계1동) 서쪽 골짜기에 있었는데, 1542년중종37에 풍기군수 주세붕이 현재의 위치로 이건하였다고 한다. 1692년숙종18에 옛 자리로 옮겼다가 1735년영조11에 다시 현재의 위치로 이건하여 오늘에 이르고 있단다.

넓은 부정형 대지 위에 토석 담장을 둘려 좌측 도로 쪽으로 양심문養心門을 내고, 내삼문과 사당 영역은 남향으로 자리 잡고 있다. 사당 일곽 우측에는 명륜당과 교직사가 있고, 사당 일곽 앞쪽으로 현관청이 자리 잡고 있다. 명륜당 앞에는 동·서재와 정면 6칸, 측면 2칸 규모의 양심루가 있었으나 한국전쟁 때 폭격으로 소실되었다고 한다.

현재 남아 있는 것은 명륜당·현관청·교직사·내삼문·동무·서무·대성전 뿐이며, 이 가운데서도 명륜당과 현관청은 본래의 모습을 잃어버렸단다. 다만 문묘 공간이 예스러운 맛을 유지하고 있는데, 특히 대성전과 동·서무의 벽체와 창호의 처리 수법이 특이하단다.

사실 이런 말들은 풍기향교를 설명하고 있는 안내문에서 보고 베낀 것이고, 정작 나는 아무것도 확인하지 못했다. 양심문이 커다란 자물쇠로 단단히 잠겨 있었기 때문이다. 내가 겨우 할 수 있었던 것은 늘어선 담장에 붙어 까치발을 한 채 한 손을 길게 빼어 셔터를 누르는 일뿐이었다. 하지만 아무리 그래도 명륜당 쪽은 지붕밖에 보이지 않았다.

원래 개방을 안 하는 것인지, 시간이 좀 이른 탓인지(설마 거의 11시가 다 되어가고 있었는데) 알 수 없어 망설이다가 소나무 사이를 날아다니는 까치만 눈으로 쫓다 뒤돌아섰다. 맘 같아서는 학교 건물이라도 올라가고 싶었지만, 모두들 수업중이니(사실 그럴 용기도 없다) 참자 싶은 마음에 다음을 기약했다. '그래, 은행나무 길이나 실컷 즐기자' 싶었는데, 맘 탓인지 햇볕 탓인지 되돌아오는 길 내내 자꾸 목덜미만 따끔거렸다.

금성대군신단

세종의 여섯째아들로 태어난 유^瑜는 8살이 되던 1433년^{세종15}에 대군의 작호를 받았다. 1436년^{세종18}에 성균관에서 학문을 닦아 당대 문장가로서 명성이 높았으며, 천성이 강직하여 도리를 중요시 여겼다고 한다. 하여 세조가 조카인 단종을 물리치고 즉위하자 단종을 복위시키고자 노력하다가 1455년^{세조1}에 왕자의 신분을 박탈당하고 삭녕(지금의 경기도 연천)으로 유배를 당하였다.

삭녕에 유배된 후에도 세조의 측근으로부터 지속적인 모함을 받은 금성대군은 결국 삭녕에서 광주^{廣州}로 옮겨졌다가, 사육신 사건이 터지자 이에 연루되어 경상도 순흥에 위리안치^{圍籬安置}된다. 1457년^{세조3} 6월 세조가 상왕인 단종을 노산군으로 강등하여 영월에 유배시키자, 금성대군은 단종 복위를 위해 비밀리 거사를 준비한다. 순흥부사였던 이보흠을 선두로 고을의 군사와 향리를 모았고, 영남지방의 선비들에게 격문을 돌렸다. 그러나 거사를 감행하기도 전에 밀고로 발각되면서 금성대군의 꿈은 물거품이 되고 만다.

결국 금성대군과 이보흠, 그리고 수많은 순흥 선비들은 처참한 최후를 맞이하게 되는데, 역모에 동참한 혐의로 가문이 멸족당하는 등 수천 명이 죽계천에 수장되었다고 한다. 죽계천을 따라가다 보면 지금도 '피끝'이란 이름으로 남아 있는 마을이 있어 그날의 피비린내를 짐작하게 한다.

단종 복위를 둘러싼 비극적인 사건으로 순흥도호부는 폐지되었고, 한강 이남에서 제일 큰 고을이었다던 순흥은 졸지에 역모의 땅이 되어버렸다. 당시 순흥은 '처마만 따라가도 10리 길을 비 맞지 않았다'고 할 정도로 집들이 많았으나, 이 모든 것이 불바다로 변하여 인적조차 찾기 힘들어진 거다.

세조가 순흥을 폐부시키고 풍기군에 속하게 한 것은 단순한 일개 부를 없애는 것이 아니라, 한 지역의 모든 사람들에게 죄를 묻는 것이었고, 고을 전체가 폐허가 되는 것이었다. 금성대군이 순흥에 안치되어 있던 기간은 1456년^{세조2} 6월 2일부터 단종 복위를 도모했던 사건이 발각된 이듬해 7월 17일 안동으로 옮겨지기 전까지 약 1년간이며, 안동으로 간 지 3개월 후에 금성대군은 사사^{賜死}된다.

그 후 200여 년이 넘는 세월이 지나 숙종 때가 되어서야 금성대군과 역적으로 몰렸던 선비들이 복권된다. 비극의 상처를 안고 살던 순흥 사람들은 금성대군이 죽어서 소백산의 산신령이 됐다고 믿고, 금성대군과 이보흠 등 비명에 간 순흥 선비들의 충절을 기리기 위해 제단을 세웠다. 그곳이 바로 금성대군신단^{錦城大君神壇}이다.

사실 금성대군신단은 18세기에 탕평정치의 움직임이 활성화됨에 따라 국왕에 대한 의리가 다시금 강조되는 정치적 분위기와 깊은 관련이 있다고 하겠다. 현재는 당대 왕조의 인신^{人神}을 위한 제단 사례가 극히 드물다는 점에서 당시의 문화를 이해하는 데 중요한 가치를 지니는 문화재로 평가되고 있다.

금성대군신단 금성대군을 비롯하여, 단종 복위를 도모하다 실패하여 순절한 영주 선비들의 넋을 위로하고자
마련된 제단. 금성대군신단은 사적 제491호로 지정되어 있다.

현재의 모습을 갖춘 것은 1742년^{영조18}의 일로, 신단은 두 공간으로 구성되어
있다. 남쪽의 앞 공간은 제향과 관련된 제청^{祭廳} 공간이고, 북측의 뒤 공간은 단소
로 되어 있는 공간이다. 제청 공간은 토석담장을 돌린 방형 내에 다시 담장으로
구획된 재실^{齋室}과 관리사로 나누어놓았다.

ㄱ자형으로 지어진 동쪽의 재실은 가운데 3칸을 마루로 깔았고 양쪽에 온돌
방을 두었다. 마루 중앙에는 금성단기^{錦城壇記}, 금성단중수기^{錦城壇重修記}, 재실상량문

齋室上樑文, 홍주고부은행수기興州故府銀杏樹記 등이 잔뜩 걸려 있다.

금성단기를 보면 금성단('금성단'은 1993년 11월 30일 경상북도 시도기념물 제93호로 지정되어왔으나, 2007년 12월 31일 문화재청에서 사적 제491호로 지정하였고, 지정명도 '금성대군신단'으로 변경되었다.)의 역사를 자세히 알 수 있다.

경태景泰 연간에 있었던 금성대군錦城大君의 참화에 대해 순흥 사람들은 지금도 눈물을 흘리며 말을 잇지 못한다. 1719년肅宗 45 8월 16일, 나는 제월교霽月橋를 지나게 되었는데 다리 옆 황폐한 밭 들풀 틈에 허물어진 담과 옛 집터의 흔적이 있었다. 그곳은 바로 금성대군께서 유배되어 가시덤불 울타리에 갇혀 지내신 곳이었다.

다리 옆에 말을 세우고 풀을 헤치고 앉아 빙 둘러보았다. 충성의 피를 뿌린 지천 년, 이곳은 거친 들풀만 가득 우거져 폐허로 변하였다. 농사지으며 갈아 제치고 들불을 금하지도 않았으니 슬퍼서 차마 눈뜨고 볼 수 없어 나도 모르게 눈물이 흘렀다. 그 길로 돌아와 고을 사또 이명희李命熙에게 실상을 이야기하자, 그 역시 내 말을 듣고 한참 동안 슬픈 안색을 지었다. 이튿날 가마를 타고 그곳에 이르러 나에게 "이럴 수가 있느냐, 혼령을 위로하는 절차를 마련하지 않을 수 없다."라고 하였다.

사또의 명으로 관아에서는 경내의 장정들을 동원하여 조그마한 단을 쌓았다. 단은 3층이니 위층은 금성대군의 혼령을 위한 층이고, 중간층은 순흥부사였던 이보흠李甫欽 공의 혼령을 위한 층이며, 아래층은 대군이 화를 당하던 당시에 처형된 여러 사람의 혼령을 위한 층이다.

차려놓은 제사상이 가지런하고 융숭하였으며, 행사의 절차와 모양이 큰 향사를 치루는 듯하였다. 이날 밤 하늘은 맑게 개이고 새벽 별은 빛이 나서 마치 지금껏 편히 눈을 감지 못했던 혼령들이 단 옆으로 내려오는 듯 엄숙하였다.

단제(壇祭)를 마치고 돌아오니 태수는 "오늘 행사는 세상에 드문 일이다. 매년 이 행사를 거행함이 옳다."라고 하며, 드디어 "단을 관리하는 사람을 두어 단 주변을 청결하게 하고, 매년 청명일에 술잔을 올리도록 규약을 정하였으니 후인들은 따르도록 하라."고 하였다. 고을 사람들은 서로 말하기를 "이러한 경사스러운 일도 있구나. 천고의 드문 아름다운 일이 우리 태수로부터 시작되었구나!"라고 하였다.

탄식이 절로 나는구나. 단종이 복위되자 국가에서 거기에 따른 의식을 갖추었고, 순흥부가 복호(復號)되어 백성의 원한이 풀렸으니, 한 조각 거친 폐허에나마 당연히 사당을 세워 향사를 치를 장소라도 마련하였어야 될 것인데, 100년이나 지나도록 그 장소를 그냥 버려두고서 억울하게 세상을 떠난 혼백을 위로하지 못하였다.

죽계(竹溪) 시냇물이 한을 품은 채 울음을 그치지 않고 흘렀으며, 소백산은 수심 어린 푸른빛을 띠었고, 시골 노인들은 마음 놓고 울지도 못하였는데, 다행스럽게도 하늘이 우리 태수를 보내주셔서 오늘날 몇 층이나마 제단을 만들어 향화(香火)를 처음 올리게 되었으니, 대군의 혼령이 아득히 먼 하늘에서 감읍(感泣)할 것을 어찌 알지 못하겠는가.

만약 이러한 일을 계승해서 영구히 폐하지 않게 한다면 옛사람의 '한 칸 띠집에서 소왕(昭王)을 제사 지낸다'는 시구에 견줄 만한 일이 될 것이다. 나는 이제 이 내용을 가지고 제단 설치의 전말을 기록해 후인에게 보인다. 1720년(숙종46) 3월 한식일 단제를 지내던 날, 우계(愚溪) 이기륭(李基隆)은 삼가 짓다.

이 금성단기를 통해서 처음 제단을 쌓은 곳은 금성대군의 위리안치지 부근이

고, 그 위리안치지란 제월교에서 그리 멀지 않은 곳임을 알 수 있다. 게다가 '허물어진 담과 옛 집터의 흔적'이라는 구절로 보아, 위리안치지가 가옥의 형태를 이루었다는 것도 알 수 있다.

그렇다면 실제 금성단과 위리안치지의 위치는 어디란 말인가.

『금성대군실기金城大君實記』 3권의 「개축금성단기改築金城壇記」를 보면, '위리안치지의 서편 오른쪽으로 30~40보쯤에 압각수鴨脚樹 아래 관의 둔전을 민전과 바꿔서 남향으로 단과 제사의 터를 닦고'라는 대목이 나온다. 30~40보가 어림잡은 거리이긴 하지만, 이를 당시의 보步와 척尺을 고려하여 계산해 보면, 대체로 35~50m의 범위에 들게 된다. 즉 제월교~위리안치지~금성단~압각수의 순이라는 뜻이다.

그러나 현재 조성되어 있는 위리안치지는 오래 전부터 순흥 지방에 구전되어 오던 곳이다. 금성단에서 북서쪽으로 420m 지점에 위치하고 있고, 순흥향교와는 죽계천을 사이에 두고 200m 정도 떨어져 있다. 처음에는 들판 가운데 나지막한 돌무더기가 불규칙적으로 한 단을 이루며 쌓여 있는 모습이었는데, 1991년 지역민들의 여론을 수렴하여 돌로 우물 모양의 구덩이를 조성하였다. 또 죽계천 건너에 있는 순흥향교 사이에 작은 다리를 놓아 관광객들이 편리하게 오갈 수 있도록 하였다.

금성대군의 위리안치지의 형태에 관한 기록은 극히 드물지만, 앞에서도 언급했듯이 '허물어진 담'은 위리안치지가 담장이 둘러쳐진 건물이었다는 것으로 해석할 수 있다. 이는 『조선왕조실록朝鮮王朝實錄』 「세조世祖」편의 기록을 살펴보면 더욱 확연해진다.

기록에는 광주에 부처付處(중도부처의 줄임말로, 귀향을 허락하지 않는 대신 가족과의 동거는 허락했다.)했던 금성대군을 순흥에 안치하면서 고을 수령에게 미리 '거처할 곳

역사의 숨결을 느끼다

의 난간과 담장, 문호^{門戶}를 높고 견고하게 수리하라."라는 전지를 내렸다는 내용이 나온다. 이때 난간, 담장, 문호를 높인다는 것은 가옥의 형태가 초가^{草家}가 아니라 와가^{瓦家}임을 알려준다. 게다가 당시 큰 고을이었던 순흥도호부의 기존 가옥을 고쳐서 사용하게 한 것으로 짐작컨대, 웬만한 양반가의 가옥 수준은 되었다고 보는 게 옳다.

이는 세조가 비록 동생을 유배 보내기는 하였으나, 왕실종친인 금성대군을 예우하여 배려한 것이라 짐작된다. 이러한 배려는 『조선왕조실록』의 「세조」 1~3년 사이에 여러 차례 나타난다.

이렇듯 근간 문헌 고증을 통하여 위리안치지가 가옥 형태이며 위치 또한 금성대군신단 옆이라고 밝혀짐에 따라, 영주시에서는 가옥 형태의 위리안치지를 원래 형태로 복원하고자 노력하고 있다.

재실을 나와 단소 입구에 '금성단'이라 쓰여 있는 현판을 보며 사진을 찍고 있자니 붕붕 소리가 참으로 크게도 들려 그 근원지를 찾느라 두리번거렸다. 아니나 다를까, 재실의 천장에 벌집이 있는 모양인지 벌들이 요란스런 소릴 내며 드나들고 있었다. 두려운 마음에 얼른 삼문^{三門}을 지나 단이 조성되어 있는 안쪽 공간으로 들어섰다.

단의 중앙 안쪽에 '금성대군지위^{錦城大君之位}'라 새긴 단석이 있고, 앞쪽 좌우에 부사 이보흠과 여러 선비들을 기리는 단석이 자리 잡고 있었다. 딱히 무언가 차려져 있지는 않아도 엄숙함이 절로 묻어 나왔다.

휑한 단을 둘러보다 담 너머 왼편으로 커다란 은행나무를 발견했다. 오호라, 저것이 그 유명한 '압각수'임에 틀림없었다. 은행나무 잎이 오리 발처럼 생겼다고 해서 압각수^{鴨脚樹}라고 이름 지어진, 수령이 1,200년도 넘는다는 이 은행나무

거목은 지금도 가을이면 은행이 탐스럽게 열린단다. 재실의 현판 중에도 이 은행 나무를 기록한 것이 있었다.

음양의 운행과 오행의 작용을 추구해 보면 하나의 '기氣'에 지나지 않는다. 기가 굽지 않고 항상 펴 있을 수는 없으므로, 음양에는 소멸하고 생장하는 때가 있으며, 오행은 쇠하고 흥성하는 시기가 있는 것이다.

또한 기는 자라지 않고 영구히 굽어 있을 수 없으므로, 동짓날 잠복한 천둥은 저절로 치며 넘어진 고목에서 새싹이 다시 돋는 것이니, 이것은 본시 하나의 기가 쉬지 않고 유행하기 때문이다.

압각수 오리발처럼 생겼다고 해서 압각수라고 이름 지어진 이 은행나무는 1,200년이 넘는 세월을 순흥의 흥망성쇠와 함께해 왔다.

천지 사이에 있는 물상들은 모두 이 기를 고루 받았으니, 산다는 것은 기와 더불어 존재하는 것이고, 죽는다는 것은 기와 더불어 소멸하는 것이다. 따라서 기의 왕래와 성쇠에 따라 귀신의 이치가 드러나니 '이理'는 극히 은미隱微하여 보기 어려우며, '기氣'는 극히 광대하여 막힘이 없다. 공자의 사당에 있는 고목 홰나무가 다시 꽃을 피우고, 한나라 정원에 밀라빠진 버드나무가 다시 살아난 것에 대하여 사람들은 더러 의심하여 기이한 일이라고 여긴다.

영남의 흥주부興州府는 본래 죽계竹溪 가에 있었다. 영귀봉靈龜峰 서쪽에 한 그루의 은행나무가 있는데, 언제 심었으며 얼마나 오래되었는지 알 길이 없지만, 온 고을의 사람들이 함께 소중히 보호해 온 지 오래다.

1457년세조2에 대전大田 이보흠이 단종의 신하로서 순흥부사가 되었는데, 금성대군이 이 고을에 귀양 왔다. 함께 충의로 격려하고 금가락지를 주며 "천명과 인심이 이미 세조에게 쏠렸다고 이르지 말고, 반드시 옛 임금을 위하여 죽어 육신六臣이 남긴 의열을 계승함으로써 기강을 만세에 세우자."라고 하였다.

그런데 하루아침에 격서檄書가 풍기 땅을 새어 나가 세조의 군사가 저녁에 죽령을 넘으니, 한 고을의 개·닭이며 초목에 이르기까지 모두가 30리의 피의 흐름 속에 들어가게 되었다.

이 무렵에 은행나무가 절로 말라 죽었으니, 산천도 슬픈 빛을 띠고 천지도 온통 원통한 기운에 잠겼으며, 길 가는 나그네들도 폐허를 지나면서 마음 아파했고, 마을 아이들도 나무를 안고 울었다. 감히 나무를 건드리는 사람은 없었으나 비바람에 상하고 들불에 타버려 껍질은 벗겨지고 속은 비어, 남은 것은 다만 두어 길의 밑동 뿐이었다. 일찍이 어느 노인이 지나가다가 이르기를 "홍주興州가 폐해지면 은행나무가 죽고, 은행나무가 살면 홍주가 회복될 것이다."라고 했다.

고을 백성들이 그 말에 감개해서 전송해 온 것이 대개 227년이었다. 1681년^{숙종 7} 봄에 비로소 새 가지가 나고 잎이 퍼지더니, 그 3년 뒤인 1684년^{숙종 10}에 과연 홍주부를 회복한다는 어명이 내렸다. 지금부터 70여 년 전 일이기에 줄기는 늙고 가지는 자라 완연히 큰 나무가 되었다.

아! 이상하구나. 충신이 나란히 죽던 날 큰 나무가 따라서 마르더니, 악운이 다하고 밝은 기운이 트이려 하자 썩은 밑동이 먼저 살아났으니, 이른바 극히 은미해서 보기 어려운 것이 이치요, 극히 광대해서 막힘이 없는 것이 기인가 보다.

초목은 지각이 없으나 영고성쇠는 때가 있고, 고을의 흥폐에 뜨거운 의로움이 숨었다가 드러났으니, 하늘의 도에 소장^{消長}의 운이 있는 것인가. 아니면 사람의 일에 굴신^{屈伸}의 명이 있음인가.

은행나무 아래 단^壇을 설치해서 금성대군, 이보흠 및 함께 난리에 순사한 이들을 제사하라는 나라의 명이 내려지니, 삼가 생각건대, 우리 태조께서 교화를 수립했던 훌륭한 규범은 앞으로 숙종의 홍주를 회복하라는 성대한 일과 더불어 아름다움을 짝할 만하다. 그러니 두 분의 빛나는 영혼은 은행나무의 생생한 기운과 함께 길이 살아 꺼지지 않음이런가. 거듭 감탄하노라. 때는 또한 1757년^{영조 33} 6월 상한이다. 부사^{府使} 조덕상^{趙德常}은 쓰다.

압각수는 신단에서 보았을 땐 전선이 자르고 지나가 좋은 그림이 안 나오더니, 가까이 가니 화면에 다 잡히지도 않았다. 게다가 두 그루였다. 위만 보일 땐 양쪽으로 가지를 뻗은 한 그루인 줄 알았더니 나란히 두 그루가 사이좋게 서 있다. 서로의 바깥쪽으로 가지를 뻗어내며 양보하듯 말이다. 자연은 우리에게 소리도 없이 참 많은 것을 가르쳐준다.

읍내리 벽화고분

순흥에서 영주와 풍기로 갈라지는 삼거리에서 영주 방면으로 바로 빠지지 말고 풍기 방향으로 조금 가다 보면, 바로 〈읍내리 벽화고분〉 표지판이 보인다. 고분은 차도에서도 봉분이 보일 정도로 가까워서 쉽게 찾을 수 있다.

사실 이 고분은 원래의 벽화고분을 보여주기 위해 모형 제작한 것이고, 진짜 고분은 비봉산 정상(431m)에서 서남쪽으로 뻗어 내려온 구릉의 경사면에 있다고 한다. 읍내리 벽화고분은, 신라 영토에 있는 석실분 가운데 몇 안 되는 벽화고분 중 하나로, 지름 14m, 높이는 경사면에서 4.1m인 원형 봉토분이다. 이 고분 말고도 주변에는 10여 기의 고분이 산재해 있다고 한다.

모형 고분은 주변에 지지대와 같은 벽을 쌓고 가운데 출입구를 만들어놓았다. 바깥쪽 출입구를 지나 정작 무덤 안으로 들어갈 때는, 허리를 굽힐 게 아니라 다리를 접고 오리걸음으로 뒤뚱거리며 한 발씩 떼어놓는 것이 좋다. 그래야 짧은 복도와 같은 널길에 버티고 있는 역사力士들과 눈 맞추며 인사를 나눌 수 있을 테니 말이다.

박물관에서 보았을 때나 설명만으로 상상했을 때는 널길이 이보다는 넓을 거라 생각했는데, 역사들은 내가 쭈그려 앉은 크기로 혼자서 널길을 가득 메우고 있었다. 동쪽 널벽을 보기 위해 서쪽 널벽에 등을 기대면, 역사의 모습이 한눈에 다 들어오지도 않을 정도로 가까웠다.

사각형의 널방 내벽은 거칠게 다듬은 장방형의 화강 석재를 안으로 경사지게 쌓아서 천장으로 갈수록 좁아지며, 그 위에 두 장의 판석을 놓아 천장을 만들었다.

널방은 동서 약 4m, 남북 약 2m의 긴 장방형이고, 높이는 2m쯤 되는 듯 일어나서 각 벽면을 살펴보는 데에도 전혀 지장이 없었다. 시상대屍床臺는 널방 동벽에 붙여 만들어놓았고, 널방 서북쪽 구석으로는 시상대의 서측 면과 약 20cm 간격을 두고 시상대와 비슷한 높이로 막돌을 쌓아 만든 직사각형의 대臺가 있다.

벽화는 천장을 제외한 석회를 바른 널방의 네 벽, 널길의 좌우 벽, 시상대의 측면 등에 그려져 있는데, 대부분은 흑선으로 윤곽을 잡은 다음 그 안에 붉은색과 노란색 등으로 채색을 하였다.

먼저 가장 선명하게 보이는 널길의 역사力士들부터 살펴보자.

널길의 서벽엔 잠방이 차림의 반라의 역사상이 그려져 있는데, 오른손으로 뱀의 목 부분을 잡고 뱀을 머리 위로 올려 왼손으로 꼬리 부분을 잡고서는 널방에서 널길 쪽으로 달려 나가려는 힘찬 자세를 취하고 있다. 크게 벌린 입 안으로는 날카롭게 생긴 송곳니가 솟아 있는데, 치아는 백색의 안료로 채색하였고 입 안은 황색으로 칠하였다. 턱에는 턱수염을 귀 아래까지 그려놓았다. 머리에는 고깔모자 비슷한 특이한 모자를 썼는데, 모자는 흑색으로 전체를 채색하고, 머리는 길게 땋아 늘어뜨렸다.

역사의 숨결을 느끼다

읍내리 벽화고분 무덤으로 들어가는 길이 서편에 치우쳐 있는 ㄱ자형 석실을 가진 단실 분이다. 널방과 입구를 연결하는 널길로 이루어진 순흥 읍내리 벽화고분은 사적 제313호로 지정되어 있다.
왼쪽 사진은 양쪽 널길에 그려져 있는 역사상.

몸체는 흑선에 주색朱色으로 채색하고, 뱀은 흑선으로 잡은 윤곽에 백색으로 몸을 채색했다. 금방이라도 문 입구의 잡귀를 쫓아버릴 듯 생동적인 모습이다.

널길의 동벽에는 눈을 부릅뜬 역사의 그림이 있다. 이것은 무덤의 시신을 보호하려는 의도에서 그린 것으로 보인다. 널길 서벽과 마찬가지로 반라의 역사상이긴 하지만 상반신상뿐이다. 꼬불꼬불한 머리카락, 크게 벌린 입 사이로 드러나 보이는 이, 부릅뜬 눈과 크게 표현된 코 등 서역풍의 얼굴을 하고 있다. 몸은 흑선에 주색으로 채색하고, 힘을 준 근육을 나타내기 위해 진한 주색으로 여러 줄의 선을 그어 힘 있는 역사상을 나타내려고 하였다. 상반신의 좌측 어깨부터 시작되는 천을 밑으로 늘어뜨려 우측 허리 부분에 매듭을 둘렀다. 마치 로마의 튜닉tunic이라도 입은 것처럼 말이다.

널길에 비해 널방의 벽화들은 훼손이 너무 심해 연관성을 가지고 알아보기 힘들었다. 남벽에는 물고기 모양 깃발魚形旗을 든 인물이 있고, 그 옆에는 세로로 '기미중묘○인명○己未中墓○人名○'이라는 글의 묵서가 보인다. 이 묵서명문의 기미중己未中을 참고로 하여 고분의 축조 연대를 479년·539년·599년 중 하나일 것으로 추정하고 있는데, 479년이나 539년일 가능성이 높다. 남벽의 나머지 벽화는 모두 떨어져 나가 보이지 않는다.

동벽 북측 모서리에는 부리를 북쪽으로 향한 새의 갈색 날개와 머리 일부가 보이고, 그 아래로 갈색의 산 모양 그림도 일부 보인다. 북벽에는 산악도, 연꽃, 구름 등이 그려져 있으나 역시 훼손이 심하다. 불교와 도교의 요소들을 반영한 풍경화로 보이며, 아마도 죽은 자의 영혼을 서방정토로 안내하는 천상세계의 한 부분을 표현한 것 같다.

서벽에는 큰 키의 버드나무와 가슴 위만 남아 있는 여인상이 보이고, 무슨 벽

역사의 숨결을 느끼다

같은 것이 보이는데, 아마도 묘주墓主의 생시 생활 모습을 담은 풍속화적 성격을 띠고 있는 듯하다. 시상대의 측면에는 연화문으로 보이는 무늬를 연속적으로 그려놓은 것 같다.

이 정도가 내 눈에도 보이는 그림들인데, 더 자세히 알고 싶다면「순흥 읍내리 벽화고분(문화재관리국 문화재연구소, 1986)」과『순흥 읍내리 벽화고분 발굴조사 보고서(대구대학교박물관, 1995)』를 참고하기 바란다. 나는 벽화고분을 먼저 보고 발굴조사 보고서를 읽었으나, 벽화를 보기 전에 먼저 공부를 하고 가면 더 많은 그림이 보일지도 모르겠다.

유물은 도굴이 심하여 겨우 5점의 토기편만 출토되었다고 한다. 따라서 유물로 시대의 근거 자료를 삼기에는 어려움이 있단다. 다만 벽화의 내용이나 화풍은 고구려의 덕흥리 고분(408년, 즉 광개토왕7년에 축조된 벽화고분. 북한 국보문화유물 제156호로, 2004년 유네스코 세계유산으로 등재되었다.)이나 무용총의 것들과 매우 유사한 반면, 사신도가 보이지 않는다는 점에서 고구려 초·중기 고분벽화의 영향이 추정되고 있다.

구조나 벽화로 보아 고구려 벽화고분의 전통을 배경으로 하면서 강한 지역적 특색이 가미되어 있어, 이 고분의 주인은 고구려인이거나 신라에 귀화한 인물일 가능성이 크다고 보는 게 학계의 입장이다. 이 읍내리 벽화고분은 삼국시대 회화는 물론, 당시의 종교관과 내세관, 그리고 고구려와의 문화교류 등을 이해하는 데 매우 중요한 유적으로 평가되고 있다.

어숙묘

어숙묘於宿墓는 비봉산 서남 남사면에 있는 신라의 벽화고분으로, 동네사람들은 예전부터 '장군묘'라 불러왔단다. 흙을 쌓아올린 원형 봉토 무덤으로, 지름은 16m이나 파손이 심하여 높이는 확인할 수가 없다. 봉토 아래쪽에는 자연석을 이용하여 둘레돌을 놓았던 흔적이 있다. 내부는 읍내리 벽화고분과 마찬가지로 널방과 널길이 있는 굴식돌방무덤(횡혈식석실묘)이다.

널길은 널방 서벽에 붙여 설치된 편서식偏西式이다. 널길과 널방은 벽돌 모양으로 다듬은 깬 돌로 벽을 쌓고, 천장은 커다란 판돌로 덮었다. 널길 천장은 한 장, 널방 천장은 두 장의 판돌을 사용하였다. 널방 동벽 가까이에 붙여 2.6×4.5m, 1.85×4.05m 크기의 판돌 두 장으로 널받침을 설치하고, 널방 입구에는 외짝 돌문을 달았다. 돌문의 가운데에는 손잡이 고리를 달았던 구멍이 남아 있다.

널길·널방·돌문에는 백회를 입히고 그 위에 벽화를 그렸는데, 무너진 서벽 위쪽의 도굴 구멍으로 흙과 모래가 흘러들고 빗물이 스며들어 널방 안의 백회가 거의 떨어져 나가면서 벽화도 대부분 없어졌다.

널길 천장과 문짝에만 겨우 벽화가 남아 있는데, 천장에 그려진 것은 지름이 60cm에 이르는 대형 연꽃무늬이다. 이는 고구려 및 백제 계통과는 다른 신라 특유의 맛이 느껴지는 연꽃무늬라고 한다. 당나라의 영향을 받았다는 설도 있다.

돌문 바깥 면에는 몸 크기가 뚜렷이 다른 세 인물이 그려져 있으나 거의 형체를 알아볼 수 없으며, 현재는 커다란 앞 인물의 허리 아랫부분의 윤곽선과 옷 색깔만 겨우 알아볼 수 있다. 세 인물의 크기·위치·자세·옷차림새 등으로 보아 앞의 두 인물은 귀부인, 뒤에 있는 인물은 시녀로 추정된다. 이 세 인물은 신분적

차이를 몸 크기와 옷차림으로 다르게 표현하는 고구려 고분벽화의 인물들을 연상시키는데, 특히 고구려 쌍영총벽화 중 〈귀부인 공양행렬도〉를 떠오르게 한다.

돌문 안쪽에는 '을묘년어숙지술간乙卯年於宿知述干'이란 명문銘文이 세로로 음각되었고, 각 획 안에는 주칠朱漆을 했다. 이 명문에 의해 무덤의 주인공이 생전에 신라에서 '술간'이라는 외위外位 관등官等을 받았던 '어숙'이라는 인물이었음이 밝혀졌다.

또한 명문 중에 나오는 을묘년이라는 연도를 통해 이 무덤이 595년진평왕7의 것일 가능성이 높다고 보고 있다. 그 근거 제시의 첫 번째는, 이 무덤이 6세기에 비로소 신라에 본격적으로 나타나는 새로운 묘제인 돌방무덤이며, 경주 지역에서는 발견되지 않는 벽화무덤이라는 점이다. 두 번째는, 신라에서는 오랜 내부 갈등을 거쳐 법흥왕대인 528년에야 비로소 불교가 공인되었다는 점이다.

어숙술간묘는 이름을 알 수 있는 일반 묘 가운데 가장 오래된 것으로, 널길 천장에 불교의 상징인 연꽃이 그려진 것으로 보아, 어숙이란 사람이 신라에서는 당시 새로운 종교였던 불교를 받아들이고 나아가 불교적 내세관을 지니게 된 존재라는 사실도 알려준다.

비록 도굴이 심하여 남겨진 유물이 거의 없고 훼손도 심하지만, 어숙묘는 신라에서의 돌방무덤 수용과 보급, 신라의 변경邊境인 순흥 지방의 전략적·문화적 위치, 신라에서의 불교 신앙의 보급, 또한 고구려와도 일정한 관련이 있어 보이는 변경 지역의 지방 세력의 역할 등을 해명하는 작업과 관련해 중요한 자료를 제공하는 유적이라고 할 것이다.

역사의 숨결을 느끼다

『정감록』의 십승지 가운데 으뜸

풍기 금계마을

2010년 한국인의 기대수명이 평균 79세라는 기사를 보았다. 이는 전 세계 평균인 67.6세보다 11.8세가 많은 숫자로, 한국사회가 노령화 시대로 접어들었다는 것을 의미한다. 최근 100살까지 보장한다는 보험 광고가 판치는 이유가 확연히 드러나는 기사였다. 그러나 지금으로부터 200년 전까지만 해도 일반 백성이 60세를 넘기는 것은 흔한 일이 아니었다. 환갑을 맞아 잔치를 했던 것만 봐도 알 수 있지 않은가. 요즘에는 환갑잔치를 하는 사람이 귀할 정도가 아닌가 말이다.

흉년과 홍수로 굶어 죽고, 전염병이 돌아 떼거지로 목숨을 잃고, 좀 살 만하다 싶으면 전쟁으로 인하여 수많은 백성이 억울한 죽음을 당해야 했다. 전쟁과 굶주림으로부터 벗어나고 싶은 욕구는 자연스럽게 비결秘訣을 탄생시켰고, 대표적인 비결서가 바로 『정감록鄭鑑錄』이다. 조선의 유명한 참서讖書(미래에 대한 주술적 예언을 기록한 책) 가운데 하나인 『정감록』은 당시에 유행하던 여러 가지 비기秘記를 한 곳에 모은 것으로, 참위설讖緯說(고대 중국에서 음행오행설에 의해 인간의 길흉화복을 예언하

금계마을 『정감록』에서 십승지의
첫번째로 꼽은 금계리.

던 학설), 풍수지리설, 도교 사상 등이 혼합되어 만들어진 책이다.

이 『정감록』에서 '가까운 미래에 엄청난 천재지변이 일어나 인간은 끔찍한 질병과 굶주림, 추위와 더위, 공포에 시달리게 되고, 대다수의 사람은 죽음을 맞이함으로서 인류는 멸종의 위기에 처하게 될 것'이라고 예언하면서, '그러나 십승지에 들어가는 사람은 이런 끔찍한 재앙으로부터 목숨을 보전하고 안락한 생활을 누릴 수 있으며, 자손이 끊어지지 않고 후세까지 보존될 것'이라며 재난 피하는 법을 제시하고 있다.

십승지十勝之란 천지개벽이 일어날 때 재앙을 피하기에 좋은 10군데를 말하며, 삼재불입지지三災不入之地라 하여 흉년·전염병·전쟁이 들어올 수 없는 곳이라고 한다. 십승지에 대한 기술은 『정감록』 외에도 『남사고비결南師古秘訣』, 『징비록懲毖錄』, 『남격암산수십승보길지지南格菴山水十勝保吉之地』, 『유산록遊山錄』 등 60여 종에서 다루어져 있으나, 십승지의 정확한 위치에 대해서는 책에 따라 조금씩 다르다. 이런 예언서들은 이해하기 어려운 우회적 표현이 많고, 사회질서를 어지럽힌다 하여 소지하거나 배포하는 것을 금했기 때문이다.

그러나 십승지에도 공통적인 특성은 있다. 산이 높고 험하여 외부와의 교류가 차단되어 있는 곳이라는 점이다. 외부 세계와 연결하는 통로가 대개 한 곳밖에 없고, 물이 빠져 나가는 곳은 험한 계곡과 협곡으로 되어 있어야 한다. 또 사방으로 산에 둘러싸여 있으면서도 수량이 풍부한 평야가 있어 식량의 자급자족이 가능하여, 1년 농사지어 3년은 먹고살 수 있을 정도가 되어야 한다고 했다. 『정감록』 등에 제시된 십승지는 대개 그에 걸맞게 태백산, 소백산, 덕유산, 가야산, 지리산 등 명산에 자리 잡고 있다.

실질적인 관점에서 보자면, 정치·경제·사회·군사적으로 가치가 별로 없지만, 자연환경이 오염되거나 파괴되지 않고 잘 보존된 곳이라고 하겠다. 옛 술사나 선지자들은 이러한 십승지에 들어가 난을 피하고 목숨을 부지하여 세상을 개혁할 인재를 길러야 한다고 믿은 것 같다.

『정감록』에서 이러한 십승지의 첫 번째로 꼽은 것이 바로 소백산 풍기 차암車巖 금계촌金鷄村이다. 『남사고비결』이나 『남격암산수십승보길지지』에서도 소백산을 으뜸으로 꼽았다. 십승지의 첫 번째로 꼽힌 풍기의 금계리 외에도, 소백산과 태백산을 끼고 있는 영주시 인근에는 『정감록』에 나오는 길지가 많은 편이다. 봉화군 춘양면 석현리의 소령고기召嶺古基, 예천군 용궁면의 금당실, 영월군의 정동상류正東上流 지역인 상동읍 연하리가 그것이다.

금계바위 수탉의 벼슬을 닮았다 하여 이름 붙여진 금계바위는 일본인들이 금을 얻으려 바위를 깨부수어 원래의 모양을 상실하였다.

사실 풍기는 소백산 아래에 있는 산골마을이지만, 풍수지리학적으로도 길지가 갖추어야 할 좋은 조건을 전부 가지고 있다. 길지의 조건인 3봉 2수, 즉 소백산의 도솔봉·비로봉·연화봉 아래에 위치하고 있으며, 남원천과 금계천이 풍기읍을 관통한다. 또한 하천을 끼고 넓은 들판이 있어서 기본적인 식생활에 있어서도 자급자족이 가능한 지형이다.

다만 도솔봉과 연화봉 사이에 움푹 패인 죽령이 서북풍을 막아주지 못해 십승지로는 유일한 흠이라고 했는데, 금계마을에서는 이러한 죽령이 보이지 않는다. 게다가 풍기읍의 금계리 지역은 금 닭이 알을 품고 있는 '금계포란金鷄抱卵'형의 명당으로 알려져 있다.

이 금계마을의 상징인 금계바위가 바로 『정감록』에 기록되어 있는 '차암'이다. 본디 수리바위였던 것이 한자음으로 기록되면서 '車岩'이 된 것이다. 십승지 가운데 으뜸인 금계마을에서도 금계바위 주변은 능히 1만여 명이 피할 수 있는 곳이라 하여 성지로 숭배되는 곳이기도 하다. 이 금계바위는 풍기 삼가동을 거쳐 비로봉에 오르는 길목 왼쪽 산꼭대기에 있는데, 두 개로 이루어진 큰 바위로 생김새가 수탉의 벼슬을 닮았다. 금계바위 주변에는 실제로 금이 많이 묻혀 있고, 바위 자체에도 금이 들어 있다고 한다. 그래서 욕심 많은 이가 바위를 훼손시키려 하다가 벼락을 맞아 죽었다는 전설도 있다. 실제로 일제강점기에 일본인들이 금을 얻으려 바위 주변을 파헤치고 바위를 깨부수어 원래의 모양과 많이 달라졌다고 한다.

어쨌든 금계촌에는 『정감록』을 믿고 십승지를 찾는 이들의 발길이 끊이질 않았고, 길지라서 그런지 교회나 절도 많이 세워졌다. 또한 인구 1만5천 명 정도의 소읍임에도 불구하고, 금계리와 이웃한 교촌리 지역에는 풍기향교를 비롯하여 풍기북부초등·금계중·경북항공고·동양대학이 자리를 잡고 있어서, 이곳을 떠나지 않고도 초등학교에서부터 박사 과정까지 공부가 가능한 특별한 지역이기도 하다.

풍기는 신재 주세붕의 지도 아래 인삼을 국내 처음으로 재배하기 시작한 곳이며, 『정감록』을 보고 북에서 내려온 이주민들을 중심으로 인견직조가 시작된 곳이기도 하다. 현재도 웰빙 옷감으로 풍기인견이, 건강과 장수를 위한 농산물로 풍기인삼이 각광을 받고 있다. 따라서 『정감록』을 보고 풍기에 온 사람들과 그들의 후손들은 지금도 풍기에서 농업과 장사, 인견직물공업 등으로 일가를 이루며 살고 있다.

풍기 지역은 영주시 전역 가운데에서도 인삼과 사과 재배는 물론 인견 직조 등을 통하여 소득이 높은 편이며, 교육열도 높아 오랜 역사를 자랑하는 학교가 많다. 사실 외지인이 힘을 합하여 일구어낸 풍기는 그만큼 배타성도 적은 편이어서 열려 있는 지식인들이 많으며, 지역 발전을 위해 손발을 걷어붙이고 일하는 일꾼들이 지역에 굳건하게 뿌리를 내리고 있다.

역사의 숨결을 느끼다

PART 2

선조의 지혜를 배우다

옛 어른들의 생활은 어떠했을까. 이 장에서는 고을의 빛이었던 역사적 인물들에 대해 알아보고, 선조의 숨결을 간직하며 사는 사람들을 만나보았다. 타임머신을 타고 조선시대로 돌아가기라도 한 듯 옛 어른들의 생활을 한번 체험해 보자. 패스트푸드가 아닌 슬로우푸드로, 자동차가 아닌 두 다리로 역사의 고장을 돌아보는 거다.

강물이 마을을 감싸도는 무섬마을.

선비촌

『소학小學』에 나오는 선비의 생애를 살펴보면, 열 살이 되면 선생을 찾아가 배우고, 스무 살이 되면 관례冠禮(성년식)를 하며, 서른 살에는 아내를 맞아 살림을 하고, 마흔 살에는 벼슬에 나가며, 일흔 살에는 벼슬을 사양하고 물러난다고 했다.

또한 선비란 모름지기 한평생 학업을 중단해서는 안 되며, 선비는 타고난 신분이 아니라 학문과 수련을 통해 형성되는 것이라 했다. 이런 의미에서 선비는 독서인이요, 학자이다. 선비는 지식의 양을 쌓기 위해서가 아니라, 일상생활 속에서 부딪치는 마땅한 도리를 확인하고 실천하는 것을 학문의 목표로 했다.

『대학大學』에서도 자신의 내면에 주어진 '밝은 덕을 밝히는 일'과 '백성과 친애하는 일'의 사회적 과제를 가르친다. 선비는 항상 자신의 인격을 닦아야 하지만 동시에 그 인격성을 사회적으로 실현해야 했다. 그래서 선비는 일찍부터 과거시험을 치르며 벼슬할 기회를 갖지만, 극히 소수의 선비만이 관직에 나갈 수 있었다. 물론 선비는 관직에 나가는 것을 목적으로 삼지는 않았다. 관직을 통해 자신의 뜻을 펴고 신념을 실현하는 기회를 얻는 것이라고 여겼을 뿐이다.

그리하여 관직에 오른 선비는 위로는 임금을 섬겨야 하고, 아래로는 백성을 돌봐야 하는 책임이 있었다. 그렇다고 선비가 임금에게 무조건 복종과 충성을 한 것은 아니다. 임금에게 잘못이 있으면 아뢰어 바로잡으려 하고, 직책이 도리에 합당하지 않으면 물러남을 두려워하지 않았다. 결국 선비의 일생은 도를 밝히고 자신을 연마하여 세상을 바로잡고자 노력하는 과정이라고 할 수 있다.

이러한 선비의 삶을 그대로 재현해 놓은 곳이 바로 선비촌이다. 영주의 여러 곳에 흩어져 있는 고가들을 그대로 재현하여 한자리에 모아놓은 것인데, 언뜻 생각하면 남산의 한옥마을이나 다른 곳의 집성촌 전통 가옥과 다를 바 없이 여겨지지만, 그 규모와 짜임새는 전혀 다르다. 물론 "우리 민족의 생활철학이 담긴 선비정신을 드높이고, 사라져가는 전통문화를 재조명하여 윤리도덕의 붕괴와 인간성 상실의 사회적 괴리 현상을 해소시켜 보고자 충효의 현장을 조성했다."라는 영주시의 거창한 뜻도 한몫한다.

선비촌은 네 공간으로 나누어 구성되어 있는데, 수신제가修身齊家, 입신양명立身揚名, 거무구안居無求安, 우도불우빈憂道不憂貧이 그것이다. 이는 여러 문중의 대표 건물만 한 채씩 선별하여(총 12채) 영주 지역 선비 가문의 특성을 살펴볼 수 있도록 하기 위함이다.

선비촌에 들어서면 가장 먼저 수신제가의 공간을 만날 수 있는데, 김상진 가옥과 해우당 고택, 그리고 강학당으로 이루어져 있다. 수신제가修身齊家란 자신을 수양하고 집안을 올바르게 가꾼다는 뜻이다. 선비들은 자신의 몸과 마음을 갈고 닦아 학문에 힘쓰며 일상의 생활윤리를 실천하는 일, 즉 수신을 중요시했다. 이는 유학의 실천적인 학풍에 의한 것으로, 선비들은 인仁·의義·예禮·지智를 공부하고 바르게 실천하는 일을 게을리 하지 않았다. 수신제가의 공간에서는 자기 수양을 위해 노력했던 선비의 모습을 살펴보고, 전통적인 교육 방식도 직접 체험할 수 있도록 하였다.

첫 집인 김상진 가옥은 부석면 소천리에 있으며, 1900년경에 지어진 것으로 추정하고 있다. 본채와 문간채로 구성되어 있는 ㄷ자형의 기와집으로, 정면에 마루를 깔고 좌우측에 안채와 사랑채를 둔 중류 주택의 전형이다. 가옥 안은 소박한 멋과 절제가 담긴 가재도구가 배치되어 있어 간소하면서 중후한 느낌을 준다. 대청에 가구를 배치하여 수장 공간으로 활용하는 모습도 볼 수 있다.

햇살 따스한 대청에서는 한복을 곱게 차려입으신 선생님과 함께 아주머니 네 분이 둘러앉아 다도茶道 체험중인지 다과상을 앞에 놓고 담소를 나누고 계셨다. 혹여 방해라도 될까 서둘러 대문을 나선다.

김상진 가옥 뒤편의 해우당 고택은 문수면 수도리에 있으며, 1875년에 지어진 것으로 알려져 있다. 경북 북부지방의 전형적인 ㅁ자형 구조로, 전면의 대문을 중심으로 좌우에 큰사랑과 아랫사랑을 두었다. 고종 때 의금부도사를 지낸 해우당 김락풍이 지은 고택으로, 다양하고 조리 있게 활용된 수장 공간의 모습과 넓은 대청 공간이 돋보이며, 여느 가옥과 달리 안채와 사랑채가 직선으로 배치된 점이 특이하다.

해우당 고택의 손자 방에는 자기 수양을 위해 어릴 때부터 교육을 중시하였던 선비의 모습을 재현해 놓았다. 센서가 있는지 가까이 다가가면 책 읽는 소년의 목소리가 흘러 나온다.

대문을 나서면 너른 공간 뒤로 초록 산을 배경 삼아 강학당이 자리 잡고 있었다. 강학당講學堂이란 흔히 서원에서 유생들이 모여 강의를 듣는 곳을 일

선조의 지혜를 배우다

컫는데, 대개는 넓은 대청마루와 온돌방이 적절히 배치되어 있었다고 한다. 선비들은 주로 서원을 중심으로 제자를 양성하였고, 배운 바를 실천하고자 노력하였다. 영주 선비들의 이러한 교육과 실천 활동은 영주 지방문화를 한 층 더 발전시키는 데 중추적 역할을 담당했을 것이다.

이곳 강학당에는 문방사우文房四友(문인들이 서재에서 쓰는 붓·먹·종이·벼루의 네 가지 도구)가 준비되어 있어 관람객이 직접 글을 써보면서 우리나라의 전통적 교육 방식을 체험할 수 있도록 하였다. 오늘 강학당 앞에는 천막이 쳐 있었는데, 사람들 십여 명이 빙 둘러서서 떡메를 치는 재미에 빠져 있었다. 지체장애우들과 자원봉사자들로 이루어진 그룹이었는데, 떡메 치는 순서를 기다리는 아이들은 능숙하게 떡판의 떡을 주무르는 아주머니의 손놀림에 소리를 지르며 기뻐하고 있었다. 표정이나 웃음소리는 달라도 그것은 분명 즐거운 시간에 대한 표현이었다.

떠들썩한 그들을 뒤로 하고 골목에 들어서면 만나는 입신양명의 공간에는 두암 고택과 인동장씨 종택이 나란히 붙어 있다. 입신양명立身揚名이란 사회에 진출하여 이름을 드높인다는 뜻이다. 옛 선비들에게 과거시험을 통한 관료의 길은 수신제가修身齊家 후 치국평천하治國平天下, 즉 나라를 다스리고 천하를 얻는 일이었다. 입신양면의 공간에서는 중앙 관직에 진출하여 다양한 활동을 하였던 영주 선비의 모습을 살펴볼 수 있도록 하였다.

우금촌 두암 고택은 이산면 신암리에 있으며, 1590년경에 지어진 것으로 알려져 있다. 영원군수·해미현감 등을 지낸 두암 김우익이 건립한 ㅁ자형 기와집으로, 문간채와 안채 외에 사당과 별채의 사랑채가 있다. 선비촌에서는 인동장씨 종택과 함께 가장 규모가 크며 중심이 되는 가옥이다. 내부 치장 또한 고급스럽고 화려한 가구를 선택하여 배치하였다. 관료로서 선정을 펼치는 데 최선을 다

까치구멍집 태백산을 중심으로 경상도 북북지역에 분포하는 주택 형태.(좌)

인동장씨 종택 사랑채 안쪽에는 글 읽는 선비의 모습을 재현해 놓았다.(우)

했던 선비의 모습과 자녀들을 교육하는 어머니의 모습도 연출해 놓았다.

마당에는 널과 투호 등의 옛 놀이기구를 마련해 놓아 관람객들이 즐기도록 배려하였다. 무리지어 노는 아이들을 보니, 투호는 그렇다 치고 아이들의 널뛰기 실력이 영 젬병이다.

인동장씨 종택은 장수면 화기리에 있으며, 인동장씨 영주 입향조入鄕祖인 장응신의 맏손자 언상이 16세기 중엽에 건립한 것으로 추정하고 있다. 외견상 안채와 사랑채가 ㅁ자를 이루고 있는 듯 보이나 구조적으로는 독립되어 있으며, 좌측의 언덕배기에 사당을 두었다. 문무를 겸비했던 선비의 종가답게 무인의 집기도 배치하여 문과 무를 함께 연출하였다. 인동장씨 종택에는 중앙 관직에 진출하였을 뿐만 아니라 향촌에서 지역 주민을 계도함으로써 지식인의 역할을 수행했던 선비의 모습을 전시하였다.

관가가 따로 없어서인지 이곳 마당에는 죄수를 호송하던 나뭇살 감옥에다, 주리를 틀던 의자, 곤장을 치는 형틀까지 관가에나 있어야 할 도구들이 놓여 있다. 수학여행을 온 아이들이 까르륵거리며 마당에서 서로를 매질(?)하고, 안채 대청마루에는 여중생 둘이 무슨 비밀 얘기가 그리도 재밌는지 속닥거리며 즐거워하고 있다.

이제 거무구안의 공간으로 들어선다. 뒤쪽으로 정사가 있고, 김문기 가옥과 만죽재로 구성되어 있다. 거무구안居無求安이란 사는 데 있어 편안함을 추구하지 않는다는 뜻이다. 선비는 자연의 아름다움을 바라보며 자연의 이치와 인간의 살아갈 길을 고민하였다. 이 공간에는 자연과 더불어 풍류를 즐기면서도 자신의 안위를 우선시하지 않고 현실의 잘잘못을 비판한 영주 선비의 굳은 기개를 엿볼 수 있도록 하였다.

김문기 가옥은 부석면 소천리에 있고, 1900년경에 지어진 것으로 추정하고 있다. 부엌, 안방, 건넌방, 작은 사랑방, 대청이 一자를 이루는 안채와 별도로 지어진 사랑채로 이루어진 중류층 가옥이다. 이곳에는 초야에 묻혀 자연과 풍류를 즐기면서도 불의에 대해서는 일신의 안위를 구하지 않고 현실 정치를 비판하고, 역사의 잘잘못을 심판한 선비의 고고한 인격과 강인한 용기를 소개하였다. 사랑채에서 선비의 가르침 소리가 낭랑하게 들려오는데, 그 목소리는 대문을 넘어도 뒤통수에 따라붙는다.

산을 등지고는 정사精舍가 있다. 선비들은 자연 경관이 뛰어난 곳에 정사를 짓고, 그 아름다움을 감상하며 수행하였다고 한다. 이러한 정사는 마음을 가다듬고 학문을 정진하기 위한 공간이기도 했고, 자제를 교육시키거나 벗들과 더불어 시와 서화를 나누는 장소이기도 했다. 또한 명상과 풍류를 즐기는 별장처럼 사용되기도 했는데, 여기 정사는 대청마루를 중심으로 양쪽에 두 개의 방을 들인 간소한 모습이다. 잠시 대청마루에 걸터앉아 자연 속에서 이상적인 삶을 좇아 예술 활동을 하였던 선비들의 모습을 그려본다.

정사를 나와 만죽재로 가기 전에 마을 끝에 있는 곳집에 들렀다. 곳집은 상엿집이라고도 하며, 상여와 그에 딸린 장례용 기구들을 넣어두는 오두막이다. 마을에 초상이 났을 때 서로 협조하여 장례를 치르도록 마을 공동으로 운영하던 곳집은, 보통 마을 옆의 외딴 곳에 소박하고 간결하게 지었다고 한다.

상여는 초상 때 시신을 장지로 운반하는 장비로, 조금 긴 가마 형태에 각종 목각과 비단 장식으로 화려하게 치장하였다. 몸채 좌우에는 밀채가 앞뒤로 길게 뻗어 있고, 중간에 일정한 간격으로 멜방망이를 끼워 사이에 사람이 들어가 끈을 어깨에 메고 이동할 수 있게 하였다.

상여틀은 대개 분해하고 조립할 수 있도록 만들고, 마을마다 상여 한 틀을 공동으로 마련하여 사용하였단다. 상여를 메는 사람을 상여꾼·상두꾼·향도군香徒軍이라 하는데, 한양에서는 대개 천민들이 메는 것이 상례였으나 지방에서는 주민들이 동원되어 번갈아 봉사하였다고 한다.

상여 구경도 했으니 다시 마을로 돌아와 만죽재로 향한다. 만죽재 고택은 문수면 수도리에 있으며, 무섬마을의 입향시조인 박수가 1666년에 건립한 가옥이다. 안마당을 중심으로 안채와 사랑채가 ㅁ자형을 이루는데, 경북 북부지역의 평면구조를 잘 간직하고 있다. 중문을 들어서면 오른쪽에 우사가 있고, 왼쪽이 사

선조의 지혜를 배우다

선비촌 6만여 평방미터 넓은 부지 안에는 기와집 7동, 초가집 5동을 비롯하여 정자, 물레방아, 대장간, 곳집 등이 재현되어 있다.

영주선비상 선비촌 입구에 서 있는 영주 선비상.

랑채인데 앞면에 널찍한 툇마루를 둘렀다. 방 하나하나에는 선비의 일상생활과 함께 영주에서 전해져 내려오는 선비에 관련된 일화와 사건이 디오라마diorama로 제작되어 있어 흥미롭다.

만죽재를 나와 초가들이 늘어선 우도불우빈의 공간으로 들어선다. 우도불우빈憂道不憂貧이란 가난함 속에서도 바른 삶을 중히 여긴다는 뜻이다. 비록 살림살이가 어렵더라도 잘사는 것에 욕심이 나서 선비의 도를 벗어나지 않으며, 곤궁함으로 인해 가볍게 스스로의 품격을 잃지 않는 선비의 자세를 배워본다. 우도불우빈의 공간에서는 가난을 부끄러워하지 않고 청빈한 삶을 살았던 선비들의 모습을 느낄 수 있도록 꾸몄다.

첫 집인 장휘덕 가옥은 평은면 금광리에 있으며, 1900년경에 지어진 것으로 추정하고 있다. 선비촌에서 가장 작은 규모의 ㄱ자형 초가집으로, 대청을 중심으로 왼편에는 안방과 부엌, 오른편에는 사랑방만 있는 최소한의 공간으로 이루어져 있다. 가구들도 가옥의 규모와 격식에 맞게 소박하고 간결한 것으로 구비하여 가난한 선비의 분위기를 연출했다.

안채와 떨어져 있는 광에는 논밭 갈기와 씨뿌리기용 농기구들이 전시되어 있고, 마당에는 어르신 몇 분이 짚을 꼬아 무언가를 만들고 계셨다. 짚공예를 체험할 수도 있고, 짚으로 만든 짚신이라든가 바구니 같은 것을 살 수도 있었다.

마치 한 집처럼 앞뒤로 나란히 서 있는 김뢰진 가옥과 김규진 가옥은 문수면 수도리에 있으며, 각각 1800년경과 1900년경에 지어진 것으로 추정되는 까치구멍집이다. 까치구멍집이란 안방·사랑방·부엌·마루 등이 한 채에 딸려 있고,

선조의 지혜를 배우다

앞뒤 양쪽으로 통하는 집을 말하는데, 지붕 양쪽 옆면의 작은 박공博栱 부분에 구멍이 있어 부엌의 연기가 빠져 나가도록 되어 있다. 김뢰진 가옥의 광에는 김매기·거름주기용 농기구를, 김규진 가옥의 광에는 물대기용 농기구를 전시해 놓았다.

우도불우빈 공간의 유일한 기와집인 김세기 가옥은, 부석면 소천리에 있으며 1900년경에 지어진 것으로 추정되는 一자형 집이다. 대청을 중심으로 건너방, 사랑방, 안방, 부엌 등을 연결시킨 실용적인 구조이다. 중류층 선비들이 추구하던 합리적·실용적 학풍을 엿볼 수 있는 집으로, 그에 맞는 가재도구가 적절히 배치되어 있다.

자신의 사욕을 위해 일하지 않고, 서민들을 위해 자신의 의술을 펼치는 선비의 가옥으로 설정하여 사랑방을 약방 분위기로 연출했다. 대청마루에는 부채 위에 그림을 그리는 〈사군자 체험〉의 자리도 만들어놓았다. 더위도 다가오는데 5천원을 할애하여 나만의 부채를 갖는다면 그보다 더 좋은 투자가 어디 있겠는가 싶었다. 물론 세상에 하나뿐인 선물로도 더할 나위 없을 것이다.

두암 고택 가람집은 두암 고택에 딸려 있던 하인과 외거外居 노비가 기거하던 집으로, 1900년경에 지어진 것으로 추정되는 一자형 초가집이다. 대가집에는 이런 가람집을 많이 두고 하나의 가옥군을 이루는 경우가 많았다고 한다. 두암 고택 가람집에는 하인들의 생활상을 나타낼 수 있는 가구들을 비치하였으며, 광에는 물대기 농기구가 전시되어 있었다. 마당에는 나무 공예를 체험할 수 있도록 준비해 놓았고, 나무로 만든 생활용품과 나무새와 같이 예쁘게 만들어진 작품들도 판매하고 있었다.

가람집과 옆 벽이 트여 있는 김구영 가옥은 이산면 석포리에 있으며, 1900년경에 지어진 것으로 추정된다. 방들이 앞뒤로 붙어 있는 양통집으로, 경상북도 지방의 대표적인 서민 주택이라 할 수 있다. 가난한 환경에서도 공부를 게을리 하지 않는 전형적인 선비의 모습과 삯바느질을 하며 생계를 꾸려 나가는 현모양처의 여인상을 연출하였다. 광에는 갈무리 기구와 알곡 찧기 농기구를 전시해 놓았다.

마당에는 천들이 널려 있었는데, 모두 염색한 천들이었다. 여기는 염색 공예를 체험할 수 있는 곳이었던 거다. 주로 티셔츠나 손수건 같은 작은 것들이니 아이들과 함께 해보는 것도 재미있을 것 같았다. 덤으로 나만의 티셔츠나 손수건을 갖는 것도 좋고 말이다.

마지막 집인 김구영 가옥을 나와 저자거리로 가는 길목에 작업장과 방, 저장고의 세 공간으로 나누어져 있는 대장간이 있다. 대장장이 혹은 야장(冶匠)이라고 불리던 장인들이 쇠를 담금질하는 모습이 재현되어 있고, 중간 방에서는 퇴계의 평민 제자였던 배순에 대한 이야기를 들려주고 있었다.

이 밖에도 하나하나 설명은 안 했지만 선비촌 곳곳에는 정자와 열부각·충복각 등이 세워져 있으며, 물레방아까지 배치해 놓았다. 그야말로 타임머신을 타고 조선시대로 거슬러 올라간 느낌이다.

이런 느낌을 아이들에게 전하고자 아이들과 함께 숙박체험을 하는 가족들도 많다고 한다. 특히 밤에 호롱불을 들고 마당에 나서게 한다나? 당연히 전기시설도 되어 있고 세면실도 현대식으로 설치되어 있지만, 아이들에게 호롱불을 들려 마당으로 나서는 기분 또한 색다른 기쁨이지 않을까 싶다.

성균관에서 직접 운영한다는 선비문화수련원의 체험교실에서도 밤에 〈청사초롱 나들이〉라는 것이 있는데, 도심과 다르게 네온사인 하나 없는 어두운 밤을 만끽하고자 하는 의도일 것이다. 깜깜한 밤하늘이라는 개념을 모르는 도심의 아이

선조의 지혜를 배우다

들에게 달무리라는 것이 무엇인지, 쏟아질 듯 부서지는 별빛이란 게 어떤 것인지를 보여주는 것은 또 얼마나 달콤한 경험이겠는가.

어두운 밤뿐만이 아니다. 둘러본 것처럼 각 건물에는 건물 분위기에 어우러진 각기 다른 체험교실을 열어 선비문화 체험부터 전통문화 체험에 이르기까지, 놀이와도 같은 갖가지 체험을 할 수 있다.

또 하나, 주말이면 마당놀이 공연도 한다는 저자거리에는 공방과 특판장이 있어 영주의 특산품을 손쉽게 구할 수도 있다. 게다가 집집마다 솜씨도 다르고 맛도 다른 먹거리까지 다양하게 준비되어 있어, 어느 집을 골라 들어가야 할지 행복한 고민에 빠지게 한다.

선비문화축제 4월중

영주 선비의 신바람!

선비의 고장 영주를 대표하는 선비문화축제는 역사를 통한 유교적 학문 탐구와 선비들의 생활상을 통해 선비정신을 되새겨보는 특색 있는 축제입니다. 서천둔치와 선비촌 일대를 중심으로 펼쳐지며, 여러 종류의 전시와 체험행사가 준비되어 있습니다.

선비 한의원 운영, 떡메치기 체험, 다식 찍기, 조선시대 형벌 체험, 주막촌 운영, 가마타기 체험, 강학 시연 및 유생 체험, 궁중전통의상 전시 및 입어보기, 농기구 전시 및 체험, 민화 전시 및 부적 만들기 체험, 한시 백일장, 다문화 가정 전통혼례, 인견한복 패션쇼 등 볼거리와 즐길거리가 다양합니다.

시민들이 모두 한복을 입고 거리를 활보하는 국내 최대의 길거리 퍼포먼스는 물론이고, 엄청난 크기의 새끼줄과 함성이 함께하는 줄다리기는 선비문화축제에서만 즐길 수 있는 색다른 체험일 것입니다.

🌿 수도리 전통마을

풍기에서 하루를 묵고 영주에 도착한 것은 12시가 조금 안 된 시간이었지만, 무섬까지 가는 버스는 오후 3시에나 있었다. 무섬까지 운행하는 버스가 하루에 네 편(06:15/09:50/15:00/18:40)뿐이라는 걸 너무 늦게 안 거다. 사실은 그것도 오후 3시가 되어 버스를 타기 위해 시내버스터미널(영주에는 시외버스터미널과 시내버스터미널이 따로 있다)에 갔을 때 처음 알았다. 3시에 버스가 있다는 건 친절한 버스 기사님 덕분에 안 것이니까 말이다.

정오도 안 되었는데 다음 차가 3시라면 예상이라도 했어야 했는데, 아무 생각 없이 영주 시내 구경할 시간이 생겼다며 좋아했던 내 자신이 한심할 지경이었다. 물론 덕분에 생각지도 않았던 영주 시내의 곳곳을 볼 수 있어 좋았지만, 오늘의 목표가 무섬마을이라는 걸 생각하면 저절로 나오는 한숨에 서글퍼지기까지 했다.

게다가 시내버스터미널에서 출발한 무섬행 버스는 자꾸 〈수도리 전통마을〉이란 표지판이 가리키는 반대 방향으로만 달리는 거다. 나중에 안 거지만, 오전

외나무다리 옛날에는 마을과 뭍을 잇는 다리가 세 개 있었는데, 그중 마을 하류에 있는 다리만을 복원해 놓았다. 아슬아슬한 외나무다리를 건너는 것은 아이들에게도 색다른 경험이다.

의 두 대는 무섬마을을 먼저 가지만 오후의 두 대는 무섬마을이 젤 나중 코스였다. 실컷 걸었던 탓인지 졸음이란 놈이 솔솔 몰려와 머리를 꾸벅거리다 깜짝 놀라 깨기를 여러 번, 드디어 도착했다. 20분이면 도착할 거리가 40분이나 지나 있었다.

안동의 하회, 예천의 회룡포처럼 무섬마을도 강물이 마을을 감싸는 마을이다. 우리말 '물섬'에서 연유되었고, 한자 지명도 수도리水島里다. 풍수학적으로도 매화나무 가지에 꽃이 핀 형세, 물 위에 연꽃이 뜬 형세라고 하여 기운이 좋은 땅으로 알려져 있다. 특히 무섬마을은 뒷산이 태백산 끝자락과 소백산 끝자락이 만나 이루어졌고, 앞쪽은 태백산 물과 소백산 물이 합쳐져 만들어졌다고 했다.

하지만 이런 거창한 설명이 어색하게 가뭄이 계속된 탓인지 강물은 참 수줍게도 흘렀다. 예전에 회룡포 갔을 때도 열심히 데려간 사람 눈치를 보며 속으로만 '용은 커녕 뱀도 안 되겠다'고 생각했던 일이 떠올랐다. 그땐 숨차게 올라간 게 너무 억울해서 그런 것이긴 했지만 말이다.

자기 몸뚱이 하나로 꽉 채우는 콘크리트 다리를 건넌 버스는 그 육중한 몸체를 돌릴 공간을 찾아 마을 안쪽으로 들어오더니만 나를 내려놓고 가버렸다. 일단 방죽에 올라 주변을 살펴본다.

그리 높지 않은 야트막한 산이 적당히 기대기 좋은 등받이마냥 버티고 있고, 마을은 온통 기와가 아니면 초가를 이고 있었다. 고운 모래밭이 끝나지도 않은 곳에는 한 줄로 선 외나무다리가 술 취한 듯 비틀거리며 강을 건너고 있었다.

일단 마을을 한 바퀴 돌아보는 게 먼저란 생각에 방죽을 내려와 집과 집 사이의 낮은 담장을 따라 마을 안쪽으로 들어섰다. 오롯한 흙길을 두리번거리며 혼자 걷는 맛이란! 마치 나 홀로 조선시대로 돌아와 지금 내 집이 어디쯤인가 찾는 것 같았다.

마을의 대부분 가옥은 ㅁ자형이며, 태백산을 중심으로 경상도 북부지역에 분포하는 산간벽촌의 주택 형태인 까치구멍집이다. 까치구멍집이라 함은, 부엌 연기가 자연스럽게 빠져 나갈 수 있도록 지붕마루 양단의 하부에 만든 구멍에 의하여 붙여진 이름이다. 그 구멍들이 어찌나 앙증맞은지 모른다.

마을 전체가 새 단장을 하는 중이어서인지, 원래부터 그런 건지, 대문에 자물쇠가 걸린 집이 많았다. 새로 건물을 짓는 곳 말고는 사람 모습도 눈에 띄지 않

선조의 지혜를 배우다

왔다. 양봉을 하는 집이 있었는데, 벌들을 피해 멀리 돌다가 그 집에서 두루마기에 갓을 쓰신 허리 굽은 할아버지 한 분이 나오는 것을 뵈었을 뿐이다.

집들 뒤쪽으로 마을을 훤히 내려다보고 있는 2층 정자가 눈에 띄었다. 지은 지 얼마 되지 않은 듯 단청이 고운 청퇴정淸退亭에 올라 잠시 바람을 맞으며 마을을 둘러본다. 섬 아닌 섬 이곳 무섬은 주택 배치도 마치 섬마을처럼 대부분의 주택이 강을 향해 놓여 있다.

마을의 중심부 높은 곳에는 마을에서 가장 오래된 고택 '만죽재晩竹齋'가 있다. 반남潘南박씨들이 난을 피해 안동에서 영주로 옮겨왔고, 반남박씨 16대손인 박수朴檖(1641~1699)가 이곳 무섬에 터를 잡았다. 이후 예안김씨가 박씨 문중과 혼인하면서 이곳에 뿌리를 내렸다. 그래서 무섬은 지금까지도 이 두 가문의 집성촌이다.

만죽재가 지어진 것은 1666년현종7으로, 원래 당호는 '섬계초당剡溪草堂'이었으나 박수의 8대손이 중수하며 당호도 바꾼 것이라 한다. 안마당을 중심으로 정면에 5칸의 정침正寢을 두고 양쪽에 익사翼舍(날개집)를 달았으며, 앞쪽에 사랑채가 달린 ㅁ자형 평면 구성을 하고 있다. 사랑채 앞면은 낮은 기단 위에 둥근 기둥을 세우고 밖으로 돌아가면서 툇마루를 놓았다.

마을 입구에 있는 해우당海愚堂 고택은 1879년고종16 의금부도사를 지낸 해우당 김락풍金樂灃(1825~1900)이 1875년고종12에 건립한 것이다. 무섬마을에서 가장 큰 규모의 집으로서 전형적인 ㅁ자형 가옥이다. 앞의 대문을 중심으로 좌우에 큰사랑과 아랫사랑을 두었는데, 특히 우측의 큰사랑은 지반을 높여 원주에 난간을 돌려 정자처럼 누마루를 꾸몄다. 이 누마루에 '해우당'이라고 쓴 흥선대원군의 친필 현판이 걸려 있다.

무섬마을에는 이 두 건물을 포함하여 김덕진 가옥, 김뢰진 가옥 등 4채가 도

지정문화재로 지정되어 있고, 고종 때 병조참판을 지냈다는 박재연 고택, 김위진 가옥, 박덕우 가옥, 박천립 가옥, 김정규 가옥 등 5채가 도문화재자료로 잘 보존되어 있다.

또한 무섬마을은 시인 조지훈의 처가 마을로도 유명하다. 시인은 '겨먹이', '띠앗강변' 등 무섬마을과 관련된 시어를 여러 시에서 언급하기도 했다. 특히 무섬마을의 경치를 서정적으로 묘사한 「별리別離」는 아무리 시와 담쌓은 사람이라도 그 그림이 생생하게 느껴질 것이다.

푸른 기와 이끼 낀 지붕 너머로

나직이 흰 구름은 피었다 지고

두리기둥 난간에 반만 숨은 색시의

초록 저고리 다홍치마 자락에

말 없는 슬픔이 쌓여 오느니

십리라 푸른 강물은 휘돌아 가는데

밟고 간 자취는 바람이 밀어 가고

방울 소리만 아련히

끊질 듯 끊질 듯 고운 뫼아리

발 돋우고 눈 들어 아득한 연봉蓮峰을 바라보나

이미 어진 선비의 그림자는 없어

자주 고름에 소리 없이 맺히는 이슬방울

이제 임이 가시고 가을이 오면

원앙침鴛鴦枕 비인 자리를 무엇으로 가리울꼬

꾀꼬리 노래하던 실버들 가지

꺾어서 채찍 삼고 가옵신 님아

- 「별리」 전문

십리라 푸른 강물은 휘돌아 가는데 밟고 간 자취는 바람이 밀어 가고……. 저절로 탄성이 흘러 나오는 시행을 떠올리며, 시인이 바라보았을 강 어귀를 내려다본다. 낮게 흐르는 강물 위로 아까 버스가 들어왔던 수도교가 정면으로 보이고, 강 건너의 낮은 산턱도 보인다.

1983년에 세워졌다는 수도교는 전통적 마을 풍광과는 어울리지 않게 다소 육중하다. 이 수도교가 생기기 전까지는 마을에서 놓은 3개의 섶다리만이 뭍과의 유일한 통로였단다. 상여도 가마도 이 섶다리를 통해 들어오고 나갔단다.

상류에 있던 다리는 영주로 장을 보러 갈 때, 가운데 것은 아이들이 학교 갈 때, 하류에 있던 것은 농사지으러 갈 때 건너던 다리다. 장마가 지면 다리는 불어난 물에 휩쓸려 떠내려갔고, 마을 사람들은 해마다 다리를 새로 놓았다고 한다. 지금 복원해 놓은 것은 하류에 있던 외나무다리로, 30년 전 방식 그대로 통나무를 자르고 이어서 만들었다.

마을도 한 바퀴 돌고, 청퇴정에 올라 풍광 구경도 했으니 이제 외나무다리를 직접 건너보는 일만 남았다 싶었다. 청퇴정을 내려와 방죽 밑에 서 있는 새인 것 같기도 하고 말인 것 같기도 한 나무솟대를 지표 삼아 외나무다리로 행한다.

국토해양부가 선정한 〈한국의 아름다운 길 100선〉 중 한 곳으로 선정된 이 외나무다리는, 영주시에서도 〈무섬 외나무다리 축제〉를 통하여 외나무다리 건너기

138

 강물이 마을을 감싸도는 무섬마을. 아름다운 자연과 고색창연한 50여 고택이 어우러져 고즈 넉한 고향의 정취를 맛볼 수 있다.

선조의 지혜를 배우다

체험을 실시하고 있다. 총 길이는 150m인데, 통나무를 반으로 쪼갠 다리의 폭은 20~30cm 정도밖에 안 되고 흔들거리기까지 해서 걸음걸음이 조심스러웠다. 튼튼해 보여서 그냥 툭 디뎠다가는 식겁하기 십상이었다. 물론 다리에서 떨어져 봤자 강물이 무릎이나 오겠나 싶어 바지나 적시는 정도이겠으나, 이게 은근 긴장감 있다.

처음엔 한 줄로 선 다리 두어 곳에 나란히 붙어 있는 다리가 무슨 뜻인지 몰랐다. 나중에야 그것이 마주 건너던 이들이 피해가도록 배려한 '비껴다리'라는 걸 알았다. '원수는 외나무다리에서'란 말도 있지만, 여기 무섬마을 사람들은 이곳에서 서로 길을 양보하기도 하고, 때론 그곳에 선 채 한참 동안 이야기를 나누며 정을 쌓았을지도 모르겠다.

한 걸음 한 걸음이 10년인 듯 뭍에 가까워지면서 나는 조금씩 현실로 돌아온다. 다 건너서 바라본 무섬마을은 그저 다시 그림이 되어 내 머리의 액자 속으로 들어갔다.

문제는 지금부터였다. 수도교 쪽으로는 길이 나 있는 것 같지 않으니 앞쪽에 버티고 서 있는 저 언덕(?)을 일단 넘어야 할 것 같았다. 그래도 다리라고, 다시 건너고 싶진 않았기 때문이다. 언덕은 가도 가도 오르막길이었다. 그래 이건 산이 분명해, 헉헉거리면서도 말라죽은 뱀을 발견하고는 흥미진진 셔터를 눌렀다. 괜찮아, 괜찮아, 스스로를 다독이며 내리막길에 들어섰을 땐 어찌나 뿌듯하던지……

그러나 그 뿌듯함은 밭일 하시던 아주머니께 버스 편을 물어보다 절망에 빠졌다. 역시나 7시 반은 되어야 마을 어귀에 버스가 온다는 것이었다. 아직 6시도 안 된 시각이었다. 별 수 없이 일단은 그냥 걷기로 했다. 걷다 보면 지나가는 차가 있을 테니까 얻어 탈 수도 있지 않겠나 싶어서였다. 아까 아주머니 말씀으로는 지나가는 차도 거의 없다 하셨지만 말이다.

방향을 몰라 어쩔 줄 몰라 하고 있었는데, 의심쩍어 고개를 돌리는 순간 마을에서 나오는 차를 발견하고는 손을 흔들며 냅다 뛰었다. 자가용은 그냥 가버렸지만, 뒤따라 나오던 농협 트럭이 저만치 가서 길옆으로 차를 세워주었다. 언제든 트럭 아저씨들이 인심이 좋다. 막차 시간을 모르고 떠난 여행에서 늘 트럭의 도움을 받았었다. 이번엔 젊은이 둘이었지만 역시 친절히도 목적지를 물어왔다. 영주 시내에 간다고 하자, 목적지가 영주는 아니지만 근처에서 내려주겠다는 고마운 말에 넙죽 올라탔다.

트럭을 얻어 타고는 인생을 왜 새옹지마라고 하는지 알 것 같았다. 무섬마을 들어가는 버스 편을 미리 확인하지 못해서 영주 시내 구경을 할 수 있었고, 영주로 돌아가는 길의 버스 편이 너무 늦어 트럭을 얻어 타긴 했지만, 덕분에 무섬마을에 대해 전혀 모르던 정보를 얻을 수 있었으니 말이다.

천혜의 지형을 자랑하는 여기 무섬마을도 한때 사라질 위기가 있었다고 한다. 박정희 대통령 시절, 마을 뒤쪽의 은고개 부분에 물길을 직선으로 뚫으려 했기 때문이다. 물길을 돌려 농지를 더 많이 확보하겠다는 목적이었다. 기공식까지 열린 사업이었지만, 주민들이 목숨을 걸고 막아 결국 철회시켰다고 한다.

그러고 보니 무섬마을에는 논이나 밭이 없었다. 집 앞 빈터의 텃밭 말고는, 다리를 건너야 논이며 밭이 나오는 거다. 경제적 안락보다는 전통을 지키려는 무섬마을 사람들의 자부심에 경외감마저 들었다.

또 하나는 좀 믿을 수 없었던 일인데, 진짜로 물에 빠져 죽은 사람이 있다는 사실이었다. 정말 그 얕은 물에 사람이 빠져 죽을 수 있단 말인가 싶어 되물었는

선조의 지혜를 배우다

데, 두 분 중 한 명이 완전 이곳 토박이인 듯, 자기도 어린 시절 빠져 죽을 뻔한 경험이 있다고 했다. 강물은 얕아도 소용돌이치는 부분이 있어서 빠지면 위험하단다. 물론 지금보다 물이 좀 많을 때의 이야기이긴 하지만 말이다.

농협 트럭이 지나가는 것을 보고 할아버지 한 분이 논일 하다 길가로 나오셔서 차를 세우신다. 젊은이와 할아버지의 구수한 사투리 대화를 듣는데, 시골 장사는 누구네 집 숟가락이 몇 개인 줄도 알아야 한다더니, 할아버지께서 무언가 주문하시면 다음 주문을 척척 알아맞히는 젊은이에게 감탄이 절로 나왔다. 대부분 노인들만 남아 농사를 짓고 있으니, 여러 가지 편의를 봐드려야 한다는 것이 두 젊은이의 생각이었다. 아주 당연한! 영주는 그렇게 예의와 배려가 함께하는 멋진 동네다.

전통문화의 재현으로 느껴보는 조상의 숨결!

무섭 외나무다리 축제는 천혜의 아름다움과 전통 가옥의 예스러운 멋이 공존하는 수도리 전통마을에서 펼쳐지는 색다른 축제입니다. 마을 대항 씨름대회와 농악 한마당, 사또 행차, 과객 맞이하기, 전통혼례식, 장례행렬 등의 볼거리도 풍부하고, 외나무다리 건너기, 상여메기, 말 타고 장가가기, 쟁기 지고 소 몰고 가기 등 다양한 전통문화를 체험할 수 있는 행사도 마련되어 있습니다.

특히 〈한국의 아름다운 길 100선〉 중의 한 곳으로 선정된 외나무다리 길을 건너는 체험 행사는, 사라져가는 우리 전통문화를 계승 발전시키기 위하여 재현한 것입니다. 마을의 자랑거리이기도 한 외나무다리를 건너며 옛 고을의 정취를 느껴보시기 바랍니다.

괴헌 고택

괴헌 고택槐軒古宅을 찾았을 때의 첫인상은 '깔끔함'이었다. 대문 앞의 노란색 페인트가 칠해져 있는 주차장을 보면서는 슬며시 웃음도 났다. 고택과 전혀 어울리지 않는 형광의 노란색이었건만, 묘하게도 세월의 흔적이 고스란히 묻어나는 판벽板壁과 잘 어울렸다.

문을 들어서는 순간의 첫 느낌도 정갈함에서 크게 멀어지지 않았다. 이제 막 세수를 한 것 같은 말간 얼굴로 고택은 이방인을 맞아주었다. 집 한 채가 들어서도 될 만한 넓은 바깥마당에는 안채로 향하는 길과 사당으로 통하는 두 길만이 손질 잘 된 푹신한 잔디 위에 징검다리처럼 박석薄石을 놓아 연결시키고 있었다.

건물은 뒤쪽이 약간 경사진 대지에 가지런히 서 있다. 1804년순조4 식년 문과에 급제한 후 승정원부정자承政院副正字, 사헌부지평司憲府持平 등을 지낸 괴헌槐軒 김영金瑩이 1779년정조3 부친인 덕산공德山公 김경집金慶集으로부터 물려받은 살림집이다. 그 뒤 1871년고종8에 괴헌의 증손인 진사 김복연金福淵이 일부를 중수하였다고 하

괴헌 고택 경상북도 영주시 이산면 두월리에 있는 조선 후기의 주택. 경상북도 민속자료 제65호로 관리되어 오다가 2009년 10월에 국가지정문화재 중요민속자료 제262호로 승격되었다.

는데, 이때 사랑채 부분이 현재와 같이 확장된 것으로 추정하고 있다. 1972년의 수해로 인하여 현 ㅁ자 정침正寢의 앞쪽 왼쪽에 있던 월은정月隱亭과 오른쪽에 있던 행랑채가 무너져버려서, 지금은 월은정 현판만이 사랑채 처마 밑에 걸려 있다.

중문을 들어서면 왼쪽이 마구간이다. 그래서 밖에서 보면 판벽이다. 오른편은 사랑채, 사랑채에서 안채로 직행하는 통로에 바깥마당처럼 징검다리 박석이 안마당을 가로질러 놓여 있다. 안채인 정침은 원칙적으로 ㅁ자형인데, 보통이라면 사랑방이 ㅁ자 밖으로 날개를 돌출한 구성이었을 텐데, 이 집에서는 사랑방도 ㅁ자 구획 내에 포함시키고 있다. 사랑채는 밖에서 보면 팔작지붕 건물로 독립된 듯이 보이나, 실제로는 동익사東翼舍와 연계되어 있다.

정침은 정면 6칸, 측면 2칸에 겹집형이나 부엌과 안방 뒤쪽으로 2칸이 더 붙어 좌측으로는 3겹집이 된 셈이다. 안방과 대청, 건넌방 배치는 대갓집 전형을 그대로 따랐고, 안방 앞마루는 툇간이 아니라 대청인데 대청의 전체 규모는 6칸이다.

이 집에는 용도에 따라 창고 방·고방·광 등의 수납공간이 설치되었고, 안방의 피난 다락과 사랑방 다락 뒷벽에 은신처가 마련되어 있는 것이 특이하다. 사랑방 뒷벽 밖에 장독대를 만든 것도 특색의 하나다.

사당은 안채의 오른편 위쪽에 따로 일곽을 이루며 자리 잡고 있다. 안채를 나와 사랑채 옆으로 난 중문으로 들어서면 은은한 분홍빛을 뽐내며 탐스럽게 핀 작약이 담 옆에 앉아 있다. 사당으로 오르는 돌계단을 오르기 전에 후손들이 괴헌에게 바치는 시 한 수를 감상한다.

괴헌 쌍평 선조께서 이 터를 여시어

방렬한 그 자취가 오늘에 의구하네

깊은 사모의 정 더욱더 새롭게 하여

남기신 이 유업을 백세 영원 전하리

돌계단은 올라가다 V자로 갈리는데, 그대로 올라가면 사당으로 통하는 문이고, 옆길로 빠지면 옆의 덕산 고택과 연결되는 것 같았다. 담쟁이를 잔뜩 휘감은 감나무 옆을 지나 사당 문을 들어선다. 사당은 정면 3칸, 측면 1칸 반 규모로 툇간에 마루를 설치하였으나 이는 나중에 한 듯하다.

사당의 툇마루에 앉아 길 쪽을 내려다보며, 조금 전 중문 앞에 마련된 커피머신에서 뽑은 커피를 여유로운 마음으로 마신다. 이렇게 정성들여 보존하고 있는 집을 보여주시는 것만도 감사한데, 차 한 잔의 여유까지 생각해 주신 주인장에게 감격스러운 고마움을 어찌 표현할 수 있을까.

선조의 지혜를 배우다

구름을 품은 하늘 밑으로 내가 지나온 문들과 그 문들을 연결해 주고 있는 징검다리 박석이 내려다보였다. 오늘처럼 화창한 날도 좋으나 비라도 오는 날이면 더욱 운치 있는 시간이 흐를 것 같았다. 바람도 멈추어버린 고택 처마에 앉아 조용히 시간을 거슬러 올라가본다.

덕산 고택

괴헌 고택 옆으로 바로 괴헌의 아버지 집인 덕산 고택德山古宅이 있다. 통정대부通政大夫 첨지중추부사僉知中樞府事를 지낸 덕산德山 김경집金慶集이 1756년영조32 두암에서 두월로 옮겨와 지은 것으로, 애초의 당호는 덕산정德山亭이었다고 한다. 현재의 건물은 그의 후손인 의금부도사 희연禧淵이 1904년 일부를 중수하였고, 1933년 현 소유자의 부친이 현재의 형태를 완성하였다고 한다.

활짝 열어놓은 대문이 보여주는 개방성과는 달리 그 대문(문간채)을 통과하는 데는 애로사항이 좀 있었다. 문간채에 놓여 있는 빨간색 집의 주인인 흰둥이가 계속 노려보고 있었기 때문이다. 내가 도착한 아까부터 짖어댔으니 지치기도 했을 거다.

대문간채가 나중에 세워진 것인지, 대문을 통과하기 전에 보이는 본채 건물은 사선 방향으로 놓여 있었다. 바깥마당이 괴헌 고택의 절반도 안 되고 잔디도 깔려 있진 않지만, 중문간채의 문도 활짝 열어놓아서 안을 들여다볼 수 있었다.

안마당을 중심으로 안채와 사랑채, 행랑채를 연결하여 정면 6칸, 측면 6칸 규모인 전형적인 ㅁ자형 평면을 잘 보여주고 있다. 지붕은 안채와 사랑채만

덕산 고택 경상북도 영주시 이산면 두월리에 있는 조선 후기의 주택. 경상북도 문화재자료 제529호로 지정되어 있다.

팔작지붕이고 나머지는 우진각지붕(네 개의 추녀마루가 동마루에 몰려 붙은 지붕)이다. 덕산 고택은 좌측 사랑채와 마루를 설치한 곳간에 벽장과 안채로 통하는 은밀한 통로를 두었다는 것이 특이하다. 내외간의 통행을 편리하게 한 이러한 연결 동선 등이 조선 후기 사대부가의 생활을 연구하는 데 좋은 자료로 평가되고 있단다.

또한 민가건축으로서는 드물게 서당까지 잘 갖추고 있는데, 덕산은 자신의 집 왼편에 아들의 살림집을 축조하면서 뒤쪽으로는 서당을 건립하여 인근의 후학들에게 배움의 터를 제공하였다고 한다. 역시 선비의 고장다운 면모가 느껴지는 부분이다.

우금촌 두암 고택

우금촌의 두암 고택斗巖古宅을 찾은 건 네비게이션이었지만, "목적지 주변입니다."란 소릴 들었을 때 두암 고택보다 먼저 눈에 띈 것은 나무였다. 마을 입구를 들어서면서 오른쪽으로 꺾어져야 하는 목적지의 지표가 되는 것이기도 했다.

영주를 여행하면서 느끼는 것 중 하나가 '나무가 정말 멋지다'라는 거다. 문법에도 안 맞는 '너무'라는 부사를 붙이고 싶을 만큼 말이다. 오래된 나무들의 향연? 뭐 이런 촌스러운 말로도 그저 수궁이 가는, 어딜 가도 역사를 간직한 멋진 나무들을 만날 수 있었다. 학교나 거리, 심지어 밭 한가운데에서까지도 말이다. 그러니 마을 어귀나 마을의 중심이 되는 곳은 말할 필요도 없는 것이었다. 수령이 500년 된 은행나무나 200년 된 느티나무 같은 건 말 그대로 널려 있었다.

그런데 이 나무는 달랐다. 여름을 맞으며 신나게 가지치기를 당한 서울의 가로수 같은 느낌이었다. 가지 끝은 앙상한 것이 이제까지 돌아다니며 본 마을 어귀의 나무들에 비하면 턱없이 초라했다. 그래서였을까. 더 눈에 띄었고, 이상하게도 그저 마음이 끌렸다.

두암 고택은 이 나무를 정면으로 보고 있었다. 물론 본 건물인 정침正寢이 아니라, 후대에 세워졌다는 문간채를 말하는 것이긴 하지만 말이다. 문간채는 4칸이며 一자형 평면인데, 좌향坐向이 다른 건물들과 달리 어긋나 있다. 그렇게 자리 잡은 까닭은 알 수 없으나, 결과적으로는 두암 고택의 특징 중 하나가 되었다.

대문을 들어서면 바로 서쪽에 함집당咸集堂이 보인다. 홑처마 팔작지붕에 정면 3칸, 측면 2칸의 6칸 집이다. 여름맞이 보수공사라도 하려는지 함집당 앞쪽 마당에는 나무며 흙들이 잔뜩 널려 있다. 함집당은 본 건물과 달리 두암의 손자인 김

우금촌 두암 고택 영주시 이산면 신암리에 있는 조선 중기의 주택. 경상북도 유형문화재 제81호. 문간채, 함집당, 안채, 사랑채, 사당이 현존한다.

종호가 지은 것으로, 자신의 호를 따서 이름 붙인 독립된 사랑채이다.

오른쪽에 있는 ㅁ자형의 정침은, 두암 김우익^{金友益}(1571~1639)이 18세에 혼인하여 20세에 분가하면서 창건하였다고 전하므로 1590년경의 작품이다. 두암은 1571년^{선조4}에 출생하여 1612년^{광해군4} 문과에 급제하고, 영원군수·해미현감을 역임한 후 한성부윤에 이르렀고, 1639년^{인조17}에 별세한 문인이다.

정침은 24칸으로, 보통의 구성이 그렇듯 바깥쪽에 사랑채를 두었다. 특이한 것은 이곳만 별도로 독립시켜 팔작지붕으로 꾸몄다는 것이다. 튀어나온 사랑채 뒤쪽으로 하얀 동그라미를 잔뜩 만들어낸 수국이 팔작지붕과 어울려 고풍스런 화사함을 자아냈다.

정침 입구의 오른편 위쪽으로는 두암의 위패를 모시고 있는 사당이 있는데, 이 사당은 정침이나 함집당보다 훨씬 후대에 건립된 것이다.

사실 내부의 모습을 관찰할 수 있었던 건 순흥면의 〈선비촌〉 덕분이다. 아무래도 진짜 사람이 거주하고 있는 우금마을의 두암 고택을 찾았을 때는 살금살금 바깥만 살피고 정작 문이 닫힌 정침 안으로는 들여다볼 엄두를 못 냈기 때문이다.

〈선비촌〉 안에서 가장 큰 규모를 자랑했던 두암 고택의 실제를 보니 이름 모를 뿌듯함이 가슴을 채웠다. 특이했던 정침 입구의 문턱 모양이나 덧문들을 바라보며 똑같이 재현해 놓은 〈선비촌〉의 가치가 새삼 귀하게 여겨졌다. 이곳 우금마을까지는 못 온다 해도, 시내에서 가까운 〈선비촌〉에 들러 두암 고택을 꼭 한 번 둘러보았으면 하는 바람이다.

20여 호의 민가가 산재한 우금마을. 이곳에서 두암 고택은 뒤쪽으로는 나지막한 야산에 의지하고, 앞쪽으로는 내성천을 따라 넓게 펼쳐진 들판을 바라보며 언제까지고 그 자리를 지켜줄 것이다.

인동장씨 종택

인동장씨 종택宗宅은 중앙고속도로 영주 IC를 지나자마자 좌측으로 난 길을 따라 들어가면 된다. 눈에 띄는 곳에 표지판이 잘 되어 있어 쉽게 찾을 수 있다. 고속도로 톨게이트에서 우측으로 보이는 이곳 꽃계마을은 동쪽으로는 연화산, 서쪽으로는 주마산과 황구산, 남쪽으로는 멀리 학가산의 연봉이 나지막이 늘어서 있다. 마을 앞에는 동서로 길게 펼쳐진 들판이 있으며, 그 가운데로 옥계천이 흐르고 있다.

마을을 들어서면 외길 골목에서 세월의 체중을 겨우 버티고 서 있는 400년 된 느티나무를 만날 수 있는데, 그 느티나무를 지나 조금만 안쪽으로 들어가면 커다란 덩치의 고택이 모습을 드러낸다. 〈선비촌〉의 재현 가옥보다 훨씬 큰 규모이다.

대문을 향해 낮은 담장을 따라 걸어가는데, 반갑다는 것인지 성가시다는 것인지 개들의 불협화음이 쩡쩡 울려온다. 개 짖는 소리는 계속 들리는데 활짝 열린 대문 앞을 얼쩡거려도 그 모습은 보이지 않는다. 망설이고 있던 차에 마당을 가로지른 안채에서 아주머니 한 분이 나오시며 맞아주신다. 개들은 여전히 마뜩찮은 소리로 짖어댔지만, 어서 오시라는 인사와 함께 고택의 안주인은 어정쩡하게 서 있는 객을 마당으로 들이셨다. 다행히 개들은 튼튼한 울타리 안에 있었다.

밖으로 둘러친 대청마루는 물론이거니와 화단이나 마당 손질마저도 하루를 걸러 본 적이 없는 것 같은 정갈한 고택은 마치 한 장의 사진 같았다. 다만 대문에서부터 사랑채 밑으로 이어지는 까만 줄만이 고운 마당에 외길로 늘어서 있었는데, 자세히 들여다보니 개미들의 행렬이었다. 신기해 하는 내게 언제부턴가 개미들이 길을 냈다며 정감어린 얼굴로 웃으신다. 먼 길을 일부러 어찌 오셨냐며 집안을 둘러보라 하시고 친절한 설명을 해주신다.

인동장씨 종택은 인동장씨의 영주 입향조入鄕祖인 장응신의 맏손자 장언상張彦祥(1529~1609)이 16세기 중엽에 건립한 것으로 알려져 있다(최근의 문헌조사에 의해 사당의 건립 시기가 1603년으로 밝혀졌다. 따라서 본채 자체는 그 이전에 지어졌음을 알 수 있다.). 사랑채와 안채가 ㅁ자형의 구조를 이루고 있으나 실은 각각 독립된 건물로, 사랑채는 바깥쪽으로 대청을 두른 누각형 건물에 팔작지붕을 얹었다.

사랑채 마루에는 조상을 추모한다는 뜻의 '추원재追遠齋' 현판이 걸려 있는데, 추원재의 유래를 기록한 추원재기追遠齋記도 있다고 한다. 맞배지붕에 대청을 중심으로 양쪽에 방을 둔 ㄷ자 배치의 안채는 사랑채의 오른쪽으로 난 중문을 통하여 출입하도록 되어 있었다.

인동장씨 종택 영주시 장수면 화기리에 있는 조선 중기의 주택. 경상북도 민속자료 제98호. 패도를 비롯한 보물 5종(28점)이 유물관에 보존되어 있다. 영정각에 모셔진 장말손 초상은 보물 제502호로 지정되어 있다.

정침 왼쪽 뒤편의 언덕배기에는 연복군延福君 장말손張末孫의 위패를 모시는 사당이 있고, 오른편으로는 장말손의 초상을 모신 영정각이 있다. 보물 제502호로 지정되어 있는 이 초상은, 1476년성종7에 왕명으로 그린 것을 1486년성종17에 연복군이 돌아가시자 나라에서 1489년성종20에 하사한 것이라고 한다. 1984년에 건립한 영정각은 담장을 둘러 별도의 공간을 이루고 있으며, 영정각 앞쪽으로 2005년에 건립한 유물관이 놓여 있다.

일단 유물관의 주요 전시물의 주인인 장말손이란 인물에 대해 알아보자.

장말손(1431~1486)은 1459년세조5 식년 문과에 급제한 후, 1463년세조9 승문원 박사를 거쳐 한성참군·사헌부 감찰·함길도 평사評事를 역임하였다. 1467년세조13 이시애李施愛의 난 때 예조좌랑으로 진북장군鎭北將軍 강순康純을 따라 평정의 공을 세워 적개공신敵愾功臣 2등에 녹훈되고, 내섬시첨정에 임명되었다. 1470년성종1 장악원 부정을 거쳐 행부사직·첨지중추부사·행사직을 역임하고, 1479년성종10 해주목사에 임명되었으며, 1482년성종13 연복군延福君에 봉해졌다. 시호는 안양공安襄公이다.

유물관에는 보물 5종(28점)을 비롯하여 기타 고문서가 많이 전시되어 있는데, 이러한 유물들은 당시의 사회·정치·경제·제도사를 연구하는 데 중요한 자료로 평가되고 있다고 한다. 안주인이 시집 오셨을 때만 해도 정리 안 된 문서들이 어찌나 많은지 고생을 하셨다고 한다. 그리고 한 가지 귀띔! 옛날에는 이런 문서들을 모두 굴뚝 옆에 보관했단다. 그래야 벌레도 슬지 않고, 습기로 인한 곰팡이로부터 보호할 수 있다는 거다.

보물로 지정되어 있는 홍패·백패라든가 적개공신 상훈교서, 종손가 소장 고문서 등은 사실 중요한 역사적 자료임에는 분명하겠으나 읽지도 못하는 터라 크

선조의 지혜를 배우다

게 흥미를 느끼지 못했다. 다만 문서들 사이에서 유일하게 눈길을 끄는 장말손의 유품인 패도佩刀는 확실히 달랐다.

총길이 13.8cm, 너비 1.4cm의 패도는 1466년세조12에 함경도 회령에서 오랑캐를 물리친 공으로 옥피리 1정丁, 은잔 1쌍과 함께 임금에게 하사받은 것이다. 칼자루에는 용머리를 새기고 용의 비늘 등을 표현하여 금을 입혔다. 칼자루의 재질은 대나무 껍질인데, 코끼리의 상아로 장식하여 은실로 5등분해서 엮었다. 아쉬운 점은, 오랜 기간 동안 지하에 묻혀 있었던 터라 일부 부식되어 패도 당초의 모습을 잃었다는 거다.

원래 유품 중 패도와 함께 있던 은잔은 한국전쟁을 전후하여 도난당하였다고 한다. 당시 패도도 함께 분실하였다고 생각하였으나, 수년 전 장덕필 씨(현재 종손)의 선친께서 현몽現夢에 의하여 모정茅亭 안 땅 속에서 찾아내게 되었다고 한다.

한 바퀴 집안을 둘러보게 하시고 안주인은 〈인동장씨 문화재 요람〉이라는 팸플릿을 건네주시며, 실은 당신 아드님(말하자면 인동장씨의 대를 이을 종손이다)이 지금 외출중이라서 유물에 대한 깊은 설명을 해주지 못해 미안하다며 고개를 숙이셨다.

종손은 군대 제대 후 문화재 해설 자격증을 따서 이곳을 찾는 사람들에게 선조의 유물에 대해 역사적 설명을 해주고 있단다. 그 말을 듣는데, 한참 놀러 다닐 때인데 어떻게 그런 기특한 생각을 했는지, 참 자랑스러운 선조에 못지않은 자랑스러운 후손이다 싶었다.

첨 만나는 객을 대문까지 배웅하시며 안주인은 다시 한 번 들러 달라는 당부도 잊지 않으셨다. 진심에서 우러나는 따뜻한 말 한마디가 어찌나 가슴에 여운으로 남는지, 지쳐 있던 오늘 하루가 다 행복해졌다.

회헌 안양

일본 유학 시절, 한국에 대해 가장 많이 들었던 얘기가 "한국은 유교 나라니까."라는 말이었다. 가장 처음 차이를 느끼는 것은, 아무래도 학교니까 선생님에 대한 자세가 아닌가 싶다.

예부터 우리나라는 '군사부일체君師父一體'라 하여 스승을 임금이나 부모와 같은 레벨에 놓았으니, 아무리 시대가 변하고 그 정신이 희석되었다고는 해도 근본은 어쩌지 못하는 것 같다. 학기 말이 되어 종강파티라도 하게 되면 술 마시는 모습만으로 한국인을 구별해 낼 수 있으니 말이다.

게다가 〈겨울연가〉 이후, 한국 드라마의 대중적 인기는 한국인과의 접촉이 전혀 없었던 일본인들에게까지 한국의 생활문화를 엿볼 기회를 줌으로써 한국인에 대한 이해를 높였다.

그들이 이상하게도 생각하지만 관심을 갖고 좋게 보는 모습은, 일반적 상식선에서 우리가 행하고 있는 것들이다. 예를 들자면 어른들과의 술자리 모습이라든

가(특히 양손으로 공손히 받아 고개를 돌려 마시는 모습이 인상적인가 보다), 맞담배질을 안 한
다든가(일본은 며느리랑 시아버지도 맞담배를 핀다), 완전 할머니 · 할아버지가 아니더라
도 자리를 양보하는 모습이라든가(아무래도 노인 인구가 많아서인지 50~60대는 우리나라
30~40대 취급이나 마찬가지다) 하는 아주 사소한 것들이다.

드라마로 보자면, 결코 부모의 말을 거역하지 않는 자식들이라든가(한국은 왜
이리 로미오와 줄리엣이 많은지), 친구를 위해 목숨까지도 바치는 의리라든가(한국인들
의 우정을 마치 전우애처럼 느낀다) 하는, '갖은 굴곡과 시련은 있어도 언제나 정의는
승리하고 가족은 화목하다' 식의 KBS 일일드라마 같은 모습 말이다.

물론 일본인들에게 가장 큰 부러움을 사는 것은 가족들간의 끈끈한 정이다.
집안 어른에 대한 공손한 마음은 밖으로는 어른에 대한 공경으로, 형제들간의
우애는 선후배들과의 화합으로 이어지는 우리들의 생활문화를 일본인들은 '유
교문화의 덕'이라고 믿는다.

그냥 한 단어로 인정해 버리는 이 유교문화란 것이 대체 무얼까.

마치 종교처럼 이름 붙여진 이 유교라는 것이 본래는 유학이라는 학문인지라
여러 갈래가 있지만, 우리나라에서 말하는 유학이란 주로 중국 송宋 · 명明 때 학
자들에 의하여 성립된 성리학性理學으로, 송나라의 주자朱子가 완성했다 하여 흔히
'주자학'이라 부르는 학문이다.

간단히 설명하자면 이렇다. 성리학은 이理 · 기氣의 개념을 구사하면서 우주의
생성과 구조, 인간 심성의 구조, 사회에서의 인간의 자세 등에 관하여 깊이 사색
함으로써 한漢 · 당唐의 훈고학訓詁學이 다루지 못하였던 형이상학적形而上學的 · 내성
적內省的 · 실천철학적인 여러 분야에서 새로운 유학 사상을 수립하였다. 그 내용
은 크게 나누어 태극설太極說 · 이기설理氣說 · 심성론心性論 · 성경론誠敬論으로 구별할

수 있다.

이런 성리학은 고려 충렬왕 때 안향^{安珦}이 최초로 받아들였고, 충렬왕의 유학 장려로 점차 발전하였다. 인생과 우주의 근원을 형이상학적으로 해명하는 성리학은 신진 사대부들에게 뿌리를 박게 되었다. 안향의 뒤를 이어 백이정 역시 원나라에 유학하여 이를 배워왔으며, 그의 제자 이제현이 그 뒤를 이었다.

고려 말기에는 이숭인·이색·정몽주·길재 등과 정도전·권근 등이 배출되었다. 성리학의 전파는 불교 배척의 기운을 조성하였고,『주자가례^{朱子家禮}(주자가 유가儒家의 예법의장禮法儀章에 관하여 상술한 책)』에 의한 유교 의식이 점차 실시되었다.

한마디로 말하자면, 우리가 일반적 생활규범으로 여기고 있는 것은 대체로 이『주자가례』를 따른 것이라 하겠다. 이렇게 우리 생활규범의 뿌리가 되어 있는 성리학을 우리나라로 들여온 안향이 바로 흥주^{興州} (지금의 영주시 순흥면) 사람이니, 영주인의 자랑이 아닐 수 없다.

고려시대 유학자인 안향(1243~1306)은 주자를 숭배하여 주자의 호^號인 회암^{晦庵}의 회^晦자를 따서 회헌^{晦軒}이라는 자신의 호를 지었다고 한다. 이것은 주자의 저서에 심취하였음을 의미하는 것으로, 보통 그를 우리나라에 맨 처음 성리학(주자학)을 받아들인 '최초의 주자학자^{朱子學者}'라고 보고 있다.

국가의 살 길을 교육에서 찾은 안향은 탁월한 유학적 소양으로 주자학을 본격 도입하여 완성하였을 뿐만 아니라, 인재 양성을 위해 양현고^{養賢庫} 같은 국가 장학기금을 설치하는 등 평생을 통해 학문 부흥과 인재 양성에 힘쓴 인물이다.

안향의 아버지는 원래 흥주의 관리였으나 의술^{醫術}로 출세하여 밀직부사^{密直副使}

안향 초상 현존하는 고려시대 초상화 중 가장 오래된 안향 초상은 국보 제111호로 지정되어 있다.

에 이르렀다고 한다. 어릴 적부터 학문을 좋아했던 그는, 원종元宗 초인 18세에 과거 문과에 급제하여 교서랑校書郎이 되고 관직에 들어섰다. 뛰어난 문장력을 인정받아 왕의 교지나 외교문서를 작성하는 등 국사에서 중요한 업무를 담당하면서 빠르게 승진하였다.

안향이 관직에 들어선 당시 고려는, 장기간 무신 세력의 집권으로 정치적으로 불안정한 시기였고, 몽고의 침탈로 국가 주권이 상실 위협에 놓이는 등 국내외적으로 심각한 위기에 처한 상황이었다. 뿐만 아니라 고려 건국 때부터 중시되었던 불교도 부패하여 흉흉한 민심을 바로잡아주지 못하고 있던 터라 미신과 무속이 성행하고 있었다. 하여 안향은 1275년충렬왕1 상주판관尙州判官이 되어 외방으로 나갔을 때에는 미신타파에 힘썼다.

안향이 위대한 교육자로서 자신을 드러내기 시작한 것은 36세 때다. 학문 진흥과 교육을 담당하는 직무인 국자사업國子司業에 임명되면서 교육적 전환기를 맞게 된 것이다. 이 국자사업을 거쳐 좌부승지左副承旨에 올랐는데, 이 해에 원나라 황제의 명으로 정동행성征東行省의 원외랑員外郞이 되었다가 1286년충렬왕12에 정동행성의 좌우사낭중左右司郞中으로 승진하였다.

안향이 47세 되던 해인 1289년충렬왕15에 국가는 그에게 학문(유학) 진흥과 교육 부문의 명예수장인 고려유학제거高麗儒學提擧의 임무를 부여했다. 이를 계기로 왕과 공주를 호종扈從하여 원나라에 들어갔다가 이듬해 3월에 귀국하였는데, 이때 그는 우리 역사의 일대 전환을 가져올 문화적 경험을 하게 된다. 그것은 다름 아닌 주자학이었다. 조선 후기의 각종 기록에는, 안향이 이때 원의 연경燕京에서 『주자전서朱子全書』를 필사하여 돌아와 주자학朱子學을 연구하였다고 전한다.

이후 1298년충렬왕24에 집현전集賢殿 태학사太學士 · 수문전修文殿 태학사太學士 등 국가의 교육과 관련한 관직을 맡았다. 그의 나이 56세로, 이때부터 본격적으로 학문 진흥과 교육 사업을 담당했다. 특히 59세 때에는 자신의 사저를 국학의 문묘로 조정에 헌납했고, 이후 봉급과 토지 및 노비마저 국학의 진흥을 위하여 나라에 바쳤다.

안향은 일생을 통해 교육 지도자로서 국가의 학문 부흥을 꿈꾸었다. 국가의 인재 양성을 위해 교육 지도자들이 나설 것을 권유했고, 교육기관을 정비하며 국가의 건실함과 인간 삶의 질서를 도모했다. 학문을 부흥하여 국가를 건강하게 만들어야 한다는 것이 그의 유일한 바람이었던 것이다.

그리하여 1303년충렬왕29인 61세 되던 해, 안향은 교육의 진흥을 위해 국학의 섬

학전^{贍學錢}을 설치하고 양현고를 충당했다. 이 섬학전과 양현고는 일종의 장학기금에 해당하는 것이다.

안향이 63세 되던 해인 1305년^{충렬왕31}에 드디어 국학의 대성전이 준공되었다. 이제 국가 최고의 교육기관이자 인재 양성의 산실로서 국학은 새로운 교육을 꿈꿀 수 있게 된 것이다. 안향은 이산·이진 등을 시켜서 주자의 성리학 교육을 체계적으로 시행했다.

「諭國子諸生(국자학의 여러 학생에게 일러주는 글)」을 보면, 그의 학문에 대한 성향과 애착을 확인할 수 있다. 안향은 유학, 특히 성리학의 핵심을 압축적으로 설명하고, 일상의 삶에서 벗어난 불교와 당시 사상계에 대해 비판했다. 1306년^{충렬왕32}에 첨의중찬^{僉議中贊}으로 벼슬에서 물러나 9월 12일에 죽으니, 그의 나이 64세였다.

죽은 지 12년째 되는 1318년^{충숙왕5}에 충숙왕은 그의 공적을 기념하기 위하여 궁중에서 일하던 원나라 화가에게 그의 초상을 그리게 하였고, 이듬해에 문묘에 배향되었다.

현재 국보 제111호로 지정되어 있는 안향 초상은, 곤충에서 뽑은 액을 물감 원료로 하여 그린 그림으로, 현존하는 고려시대 초상화 중 가장 오래된 것이다. 이 초상화는 현재 소수서원에 보관되어 있으며, 이제현의 초상화와 더불어 매우 귀중한 가치를 지니고 있다.

🌿 신재 주세붕

비록 출신지는 다르다 하나 영주를 말할 때 꼭 짚고 넘어가야 할 인물 중 하

주세붕 선정비 주세붕의 선정을 기리고자 고을민들이 세웠다.

나가 주세붕周世鵬이 아닌가 싶다. 비록 기간은 짧았으나 풍기군수로 재직하던 당시(1541~1545) 그의 업적은 지금의 영주를 있게 한 밑거름이기도 하니까 말이다. 영주의 자랑인 소수서원은 그의 백운동서원에서 출발하였고, 풍기인삼이라는 탁월한 특산품을 갖게 된 것도 그의 업적 중 하나라 할 것이다.

풍기읍사무소에 가면 풍채 좋은 700년 된 은행나무를 볼 수 있는데, 그 은행나무를 마주하고 옛 풍기군수의 선정비 18기가 줄을 맞추어 서 있다. 그중 첫 번째가 주세붕의 선정비이다. 군수는 떠났어도 그의 선정은 길이 남아 후세의 가르침이 되고 있는 것이다. 『조선왕조실록(중종실록 편)』에 실린 짧은 글로도 그의 선정을 엿볼 수 있다. 전문을 옮겨보면 다음과 같다.

중종 36년 신축1541, 가정20 5월 22일정미 주세붕을 풍기군수豊基郡守에 제수하였다. 옛 순흥부順興府이다.

사신은 논한다. 풍기는 안향安珦의 고향인데, 주세붕이 안향의 옛집 터에 사우祠宇를 세워 봄·가을에 제사하고 이름을 백운동서원白雲洞書院이라 하였다. 좌우에 학교를 세워 유생이 거처하는 곳으로 하고, 약간의 곡식을 저축하여 밑천은 간직하고 이식을 받아서, 고을 안의 모든 백성 가운데에서 준수한 자가 모여 먹고 배우게 하였다. 당초 터를 닦을 때에 땅을 파다가 구리 그릇 3백여 근을 얻어 경사京師에서 책을 사다 두었는데, 경서經書뿐만 아니라 무릇 정程·주朱의 서적도 없는 것이 없었으며, 권과勸課도 게을리 하지 않았다.

전에 형으로서 아우를 송사訟事하여 그 재물을 빼앗으려는 백성이 있었는데, 주세붕이 그 백성을 시켜 제 아우를 업고 종일 뜰을 돌게 하되, 게을러지면 독촉하고 앉으면 꾸짖었다. 형이 몹시 지치었을 때 불러 묻기를 "너는 이 아우가 어려서 업어 기를 때에도 다투어 빼앗을 생각을 가졌었느냐?" 하니, 그 백성이 크게 깨달아 부끄럽게 여기고 물러갔다.

또 생원生員 이극온李克溫이 제 아우를 송사하여 다툰 일이 있었는데, 주세붕이 흰 종이 한 폭에 왼쪽에는 '이理' 자를 쓰고 오른쪽에는 '욕欲' 자를 써서 이극온에게 주고 찬찬히 타이르기를 "네가 곧거든 '이' 자 아래에 이름을 적고 너에게 욕심이 있었거든 '욕' 자 아래에 적으라" 하니, 이극온이 붓을 잡고 낯을 붉히며 머뭇거리고 결단하지 못하였다. 그러자 주세붕이 소리를 돋우어 "너는 생원인데 어찌 이와 욕을 분별할 줄 모르겠느냐, 빨리 적으라!" 하니, 이극온이 곧 '욕' 자 아래에 적고서 간다는 말도 없이 달아났다.

주세붕이 5년 동안 벼슬을 살았는데, 정사를 행하는 것이 이와 같았다. 처음에는

영주를 걷다

사람들이 다 헐뜯고 비웃었으나, 성신誠信이 점점 젖어들어 오래되자 교화되니, 전일 헐뜯고 비웃던 자들이 다 감복하였다.

주세붕은 유가儒家의 찌끼만을 겨우 알아서 오활迂闊하게 처사하였는데도 사람들이 감화되는 것이 이러하였으니, 풍속이 경박한 죄는 백성에게 있지 않다는 것이 분명하다.

조선 중기의 문신·학자인 주세붕(1495~1554)은 경상남도 함안군 칠원漆原면에서 출생하였다. 1522년중종17 생원 때 별시문과別試文科 을과에 급제한 뒤 정자正字가 되고, 검열檢閱·부수찬副修撰을 역임하다가 김안로의 배척을 받고 강원도도사江原道都事에 좌천되었다.

1541년중종36 풍기군수가 되자 이듬해 순흥에 안향의 사당 회헌사晦軒祠를 세우고, 1543년중종38 주자의 백록동학규白鹿洞學規를 본받아 사림 자제들의 교육기관으

선조의 지혜를 배우다

로 백운동서원을 세워 서원의 시초를 이루었다.

서원을 통하여 사림을 교육하고 사림의 중심기구로 삼아 향촌의 풍속을 교화코자 한 그는, 재정을 확보하고 서원에서 유생들과 강론講論하는 등 열성을 보였다.

직제학·도승지·대사성·호조참판을 역임하고, 1551년명종6 황해도 관찰사 때 해주海州에 수양서원首陽書院을 세워 최충崔冲을 제향하였다. 재차 대사성·성균관동지사成均館同知事를 지내고 중추부동지사中樞府同知事에 이르렀다.

「도동곡道東曲」,「육현가六賢歌」,「엄연곡儼然曲」,「태평곡太平曲」 등의 장가長歌와 「군자가君子歌」 등의 단가 8수가 전한다. 저서에『무릉잡고武陵雜稿』, 편저로는『죽계지竹溪誌』,『동국명신언행록東國名臣言行錄』,『심도이훈心圖彛訓』 등이 있다. 칠원의 덕연서원德淵書院에 배향되고, 소수서원에도 배향되었다.

현재 소수서원에 보관되어 있는 주세붕 초상(보물 제717호)은, 가로 62.5cm, 세로 134cm 크기의 상반신을 그린 초상화로, 사모관대의 정장 관복을 차려입고 왼쪽을 바라보고 있는 모습이다. 얼굴은 간략한 선으로 묘사하고, 넉넉한 몸체에 목은 거의 표현하지 않아 권위적인 기품이 엿보인다. 옷의 깃을 낮게 표현한 것은 다른 초상화에도 나타나는 것으로, 당시 유행하던 양식으로 여겨진다.

이 초상화의 정확한 제작연대는 추정하기 힘들지만, 색이 바라고 훼손된 상태나 복식·필법 등으로 미루어 조선 중기에 그린 것으로 추정하고 있다. 16세기 초상화가 대부분 공신상인데 비해 주세붕 초상은 학자의 기품이 드러난 학자상으로 매우 귀한 자료가 되고 있다.

삼봉 정도전

함경도 변방의 일개 무장인 이성계를 중앙 권력의 핵심으로 끌어들이며, 우리 역사상 최초로 혁명을 기획해 성공시킨 인물 삼봉三峰 정도전鄭道傳. 조선의 중심세력으로 나라의 기틀을 다지는 역할을 했건만, 결국 이방원에 의해 살해되면서 500년 조선사의 역적으로 인생을 마친 비운의 혁명가. 이런 정도전을 이야기할 때 빠질 수 없는 것이 동문수학同門修學한 포은 정몽주가 아닐까 싶다.

정몽주는 고려의 개혁을 위해 정도전과 함께 노력하였으나, 유교적 왕도정치를 위해서라면 고려왕조를 없애야 한다고 생각한 급진세력들과는 달리, 고려왕조를 그대로 유지하면서 순차적으로 개혁을 실시하여 사회 전반에 무리가 없도록 하는 것이 신하의 도리라고 주장하였던 것이다.

이러한 정몽주와 정도전의 정치관이 극렬한 차이를 보이는 것은 왕권에 대한 의식의 출발점 때문이다. 정도전은 왕권도 신권臣權에 의해 이루어진다고 생각한 반면, 정몽주는 신권은 충忠으로부터 출발한다는 순수한 유교정신에 입각했기 때문이다.

정도전(1342~1398)은 1342년충혜왕3 경상북도 영주에서 밀직제학 형부상서를 지낸 정운경의 장남으로 태어났다. 장성하여 목은 이색의 문하에 들어가 수학하였는데, 당시 동문으로는 정몽주·윤소종·박의중·이숭인 등이 있었다. 21살이 되던 해인 1362년공민왕11 진사시에 합격하여 벼슬길에 올랐다.

이성계의 우익으로서 조준趙浚과 함께 전제개혁론을 주장, 구세력을 몰아내고 전제개혁을 단행하여 과전법科田法을 실시하게 함으로써 조선 개국의 정치·경제적 토대를 마련하였다.

선조의 지혜를 배우다

이듬해 이성계가 군사권을 장악하여 삼군도총제부三軍都摠制府를 설치하자 우군총제사右軍摠制使가 되고, 이어 정당문학政堂文學으로 재직 중에 구세력의 역습으로 탄핵을 받아 관직을 박탈당하고 봉화로 유배된다. 1392년공민왕4 한때 풀려났으나 정몽주의 탄핵으로 투옥되었고, 정몽주가 살해된 뒤 풀려나와 조준·남은 등과 함께 이성계를 추대, 조선 건국의 주역이 된다.

핵심 실세가 된 정도전은 조선의 전반적인 문물제도와 정책의 대부분을 직접 정비해 나갔는데, 태조로 즉위한 이성계는 나랏일을 모두 정도전에게 맡길 정도였다.

그는 우선 조선이 갖춰야 할 정부 형태와 조세 제도는 물론 법률 제도의 바탕을 만들었으며, 척불숭유斥佛崇儒를 국시로 삼게 하여 유학의 발전에 공헌하였다. 또한 서울을 조선의 새 수도로 결정한 것은 물론, 서울의 도시 설계에도 중요한 역할을 담당하였다. 종묘와 사직, 궁궐의 터 등이 들어설 자리를 정했을 뿐만 아니라, 궁궐 및 각 전각의 이름도 모두 정도전이 손수 지었다고 한다.

그 밖에도 종묘의 제례법과 음악도 정도전이 제정하였고, 노비 해방에도 많은 노력을 기울였다. 또한 그는 조선의 군사제도를 만들어내고 직접 군사 훈련을 실시했던 군사 전문가이기도 했다. 학문과 글씨에도 뛰어났던 그의 저서로는 『삼봉집三峰集』, 『경제육전經濟六典』, 『경제문감經濟文鑑』, 『심기리편心氣理篇』, 『불씨잡변佛氏雜辨』, 『심문천답心問天答』, 『진법서陳法書』, 『금남잡제錦南雜題』 등이 있다. 그 밖의 작품으로는 「납씨가納氏歌」, 「정동방곡靖東方曲」, 「문덕곡」, 「신도가新都歌」 등이 있다.

정도전은 임금은 단지 상징적인 존재로만 머물고, 나라의 모든 일은 신하들이 회의를 거쳐 결정하는 것이 이상적이라고 생각했다. 백성은 나라의 근본이면서 동시에 군주의 하늘이기도 하니 권력은 오로지 백성에게서 나온다고 믿었다.

따라서 권력을 왕 마음대로 쓰게 해서는 안 될 일이라고 생각했다. 왕은 세습되는 존재이므로 매번 현군이 나온다는 보장이 없지만, 재상은 능력이 뛰어나야 발탁되는 자리이므로 세부적인 정책 집행의 실질적인 권한은 모두 재상에게 속해야 한다고 믿었다.

이러한 주장은 그의 저서『경제문감』을 통해서도 엿볼 수 있다.

대저 문을 걸어 잠그고 스스로를 지키면서

외로이 붕(朋)이 없는 것은 한 개인의 행위에 지나지 않는다.

어질고 유능한 사람들을 맞아들이고 간사한 사람들을 쫓아내어

천하의 사람들을 모아 천하의 일을 다스리는 것은 재상의 직책이다.

어찌하여 당이 없는 것을 옳다고 말하고

당을 가진 것을 그르다고 말할 수 있으랴.

🌿 무송헌 김담

역법(曆法)이란 책력을 작성하는데 필요한 천문상수 등의 자료를 총칭하는 말로, 우리나라에서도 삼국시대부터 천문 관측이 행해졌다는 것은 경주의 천문대만 보아도 알 수 있다. 단지 우리는 독자적인 역서를 만들지 못해 삼국시대 이래 중국의 역서를 도입해 사용하였는데, 고려 충선왕 때부터는 원나라의 수시력(授時曆)을 이용하였다.

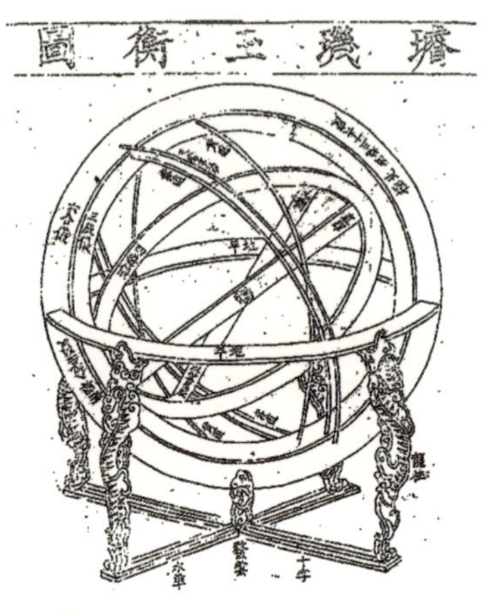

혼천의 천체의 운행과 그 위치를
측정하는 고대 관측 기구.

그러다 고려 후기부터는 명나라의 대통력大統曆을 사용해 왔는데, 조선시대에
는 이 대통력을 이용하여 서운관에서 다음 해의 책력을 만들어 동짓날에 백성들
에게 내렸다. 백성들은 이것으로 농사지을 시기와 기념일을 챙기고 바다에도 나
갔다. 그러나 중국을 기준으로 한 대통력이 우리나라와는 차이가 있어 불편함이
많았다.

그리하여 세종은 즉위하면서부터 대제학 정초를 비롯한 신하들에게 역법을
연구하여 우리의 실정에 맞는 역법 만들기를 추진하였다. 이 역법을 터득하기 위
해 혼천의渾天儀 · 간의簡儀와 같은 정밀한 천문관측 기구들을 직접 제작했으며, 이
기구로 한양의 경 · 위도와 동 · 하지점의 위치를 정확히 측정하여 새로운 역법의
바탕이 되도록 하였다.

혼의는 선기옥형璇璣玉衡 또는 혼천의라 불렀으며, 적도의·황동의·지평의도 모두 이것에서 유래한다. 혼의가 여러 층의 환으로 구성된 데 비하여, 혼상은 구체로서 구체 위에 별자리를 표시하고 측정하여 시각을 알아내는 천구의天球儀를 말한다.

이렇게 1432년세종14에 왕명으로 시작된 이순지李純之와 김담金淡의 역법서 편찬은, 10년에 걸친 대장정을 마치며 드디어 1442년세종24에 완성된다. 세종의 오랜 바람대로 1444년세종26 간행된 이 역법서가 바로 우리가 자랑스러워해야 할 세계적 수준의『칠정산七政算』이다. 그러나 세계가 감탄해 마지않는 이 역법서에 대해서 정작 우리 국민들은 잘 알지도 못하는 것 같다.

일본이 처음으로 우리의『칠정산』같은 천문학 수준을 이룩한 것은 1683년인데,『정향력貞享曆』이란 이 역법을 완성한 때 일본인들의 자긍심은 대단한 것이었다. 그러나 사실 일본의『정향력』은 조선의『칠정산』이 없었다면 태어나지도 못했다.

1643년인조21 조선통신사의 독축관讀祝官으로 일본에 간 천문학자 박안기朴安期가 일본의 천문학자인 오카노이 겐테이岡野井玄貞에게 역법을 가르쳐주었기 때문에 가능한 일이었다. 오카노이 센테이는 이 역법을 다시 제자인 시부카와 하루미澁川春海(1639~1715)에게 전수하였고, 시부카와 하루미는 이 지식을 바탕으로 1683년 일본 최초의 역법인『정향력』을 완성하게 된 것이니 말이다.

이『정향력』보다 2세기 이상을 앞선 우리의 자랑스러운『칠정산』을 탄생시킨 장본인이 바로 영주에서도 유명한 삼판서 고택(267쪽 참조)의 주인공 무송헌撫松軒 김담金淡이다.

김담(1416~1464)의 조부 김로金輅는 고려 때 좌우위보승랑장을 지낸 고려 절신이고, 아버지는 영유현령을 지낸 김소량金小良이다. 어머니는 평해황씨平海黃氏로 고려 때 공부상서를 지낸 유정의 따님이다.

어려서부터 총명하고 독서를 좋아했던 그는 1435년세종17인 그의 나이 열아홉 되던 해 형인 김증과 함께 식년문과에 급제하여 집현전의 정자(정 9품)로 임명된다. 그가 집현전에서 활동하기 시작한 것은 이때부터로, 집현전 학사 75명 중 집현전 초입 연령이 네 번째로 어렸다. 21세인 1437년세종19에 저작랑(정 8품)으로 승진한 그는, 세종이 경연經筵과 서연書筵에서 강론을 담당할 문학에 밝은 선비 10인을 선발할 때 형과 함께 선발되기도 한다. 23세인 1439년세종21에 박사(정 7품), 25세인 1441년세종23에 부수찬(종 6품), 35세인 1451년문종2에 직제학(종 3품)에 올랐다. 후에 안동부사, 예조참의, 경주부윤 등을 거쳐 이조판서에 올랐다.

집현전의 활동을 대체적으로 3기로 나누는데, 1기는 1420년세종2~1427년세종9, 2기는 1428년세종10~1436년세종18, 3기는 1437년세종19~1456년세조2으로 구분한다. 김담은 2기인 1435년세종17에 집현전에 들어가 3기까지 활동했다. 그는 집현전에서 17년간 활동했으며, 한 계급 평균 재직 기간은 1년 7개월이었다.

그러나 무엇보다 김담의 업적은, 이순지와 함께 『회회력回回曆』을 참고하여 조선을 기준으로 한 최초 역법서인 『칠정산 외편外篇』을 저술한 사실에 있다.

원래 『칠정산』은 내편 3권과 외편 5권으로 구성되어 있다. 정인지·정초·정흠지가 원의 곽수경이 만든 『수시력』을 완전히 소화해서 만든 내편은 전통적 동양식 천문 계산술을 이용하고 있고, 이순지·김담 등이 이슬람의 『회회력』을 소화해서 만든 외편은 아라비아 방식인 서양 천문학 전통을 활용한 계산법을 보여준다.

『칠정산 외편』은 『칠정산 내편』의 보조력으로 사용하여 일식과 월식의 발생

등 교식交食의 추보推步·(계산)에 활용하였다. 또한 김담과 이순지는 『중수대명력重修大明曆』과 『경오원력庚午元曆』도 교정하여 편찬하였으니, 비로소 우리나라는 완벽한 독자적인 역법을 갖추게 된 것이다. 『칠정산』의 '칠정'이란, 해와 달 그리고 수성·금성·화성·목성·토성의 움직임을 계산한 방법이라는 뜻이다.

높은 시청률을 보였던 〈선덕여왕〉이라는 텔레비전 드라마가 있는데, 이 드라마에서 '사다함의 매화'란 암호명(?)으로 불리는 책력이 나온다. 하늘의 계시를 받는다고 알려진 미실이 자신의 자리를 지키기 위해 꼭 필요한 도구가 바로 '책력'이었던 것이다.

'책력'이 무엇인지도 모르던 요즘 세대에게 사실 김담의 업적이 얼마나 위대한 것인지 아무리 떠들어봤자 이해하기 힘들었을 텐데, 이 드라마 덕분에 책력의 중요성을 알게 되어 기쁘다. 물론 재미를 위한 드라마이기에 역사적 사실과의 혼동이 악영향을 미칠 수도 있지만, 역사 자체에 관심을 갖게 하는 데는 그만한 것도 없으니 말이다.

선조의 지혜를 배우다

순흥초등학교

'선비의 마을'이라는 타이틀이 주는 분위기도 그렇지만, 역사의 고장인 영주에서 교육에 관한 이야기는 빼놓을 수가 없다. 교육을 중시 여겼던 옛 어른들의 정신을 그대로 이어받아 영주에는 역사와 전통을 자랑하는 학교가 많다. 그중 오늘 가고자 하는 곳은 순흥면에 위치한 순흥초등학교이다.

개화와 함께 인재 양성의 필요성을 절실히 느낀 순흥 사람들은 1906년에 신식 교육 기관을 설립하였고, 그것이 곧 순흥초등학교이다. 물론 그때 당시의 이름은 '사립 흥주소학교'였다고 한다.

이처럼 순흥초등학교는 영주에서 가장 오래된 학교이기도 하지만, 내가 특별한 관심을 갖게 된 것은 일제 말기 전국에서 유일하게 초등학생의 항일운동이 있었다는 기사를 보았기 때문이었다.

1944년 순흥초등학교의 6학년생 전원이 일제에 대항해 집단 등교 거부를 단행했지만, 그 사실이 제대로 알려지지 않고 역사에 묻혀버렸다고 한다. 이에 100

주년을 앞둔 2005년, 당시 등교 거부에 참가했던 생존자 19명(32회 졸업생)은 이 사건을 독립운동사로 기록해 주길 바라는 '순흥초등학생 항일의거의 역사 기록화에 관한 청원'을 냈다는 내용의 기사였다.

기사를 읽으면서 내가 떠올린 것은 광주의 한 초등학교였다. 이곳 순흥초등학교가 영주 시내에서 떨어져 있는 것만큼이나 광주 시내를 좀 벗어난 곳에 있는 그 초등학교를 방문한 것이 벌써 10년 전의 일이다.

일제강점기 당시 한국에서 소학교 교사를 지낸 아버지 덕분에 호적의 출생지가 전라남도 광주로 되어 있는 이시츠카 이타루 씨가 자신이 태어난 곳과 부친이 근무하던 학교를 보고 싶어했기 때문이다. 수소문 끝에 찾은 학교는 비록 옛자취는 남아 있지 않았지만, 마침 전해에 부임하신 교장선생님께서 "전통 있는 학교에 걸맞게 역사관을 만들자."라는 취지로 만들어놓으신 역사관에서 지난 세월을 엿볼 수 있었다.

학교의 변천사를 보여주는 사진들과 역대 교장선생님의 사진들이 걸려 있는 교실 한편에는 졸업생들이 기증한 졸업사진이 시대별로 정리되어 있었다. 그중 맨 앞에 붙어 있는 빛바랜 흑백사진에서 이타루 씨는 부친의 모습을 발견할 수 있었다.

그때의 흥분과 감격의 눈물을 나는 아직 기억한다. 다음 해 이타루 씨 부부는 부모님을 모시고 왔고, 60여 년의 세월을 넘어 스승과 제자들은 상봉했다. 일흔이 넘은 제자들과 아흔을 눈앞에 둔 스승은 단편적인 일본어와 한국어로 대화를 나누며 옛일을 회상했다. 할머니는 해방과 함께 100일도 안 된 아이를 업고 일본으로 쫓겨나야 했던 당신들에게 삶은 감자를 몰래 쥐어주었던 학부모들을 이야기하며 눈물을 훔치기도 하셨다.

선조의 지혜를 배우다

100주년 기념탑 2006년에 개교 100주년을 기념하여 동창회에서 세운 기념탑.

이런 만남들을 눈앞에서 경험하면 정말 훈훈한 인간의 정만이 남아서, 가끔 일본 정치인들의 망언을 그저 정치적인 것으로만 치부하고 넘겨버리게 된다. 그러나 정작 그 시대의 아픔을 경험한 이들에게는 일본의 망발이 어찌 가볍게 넘길 수 있는 것이겠는가.

생각해 보면, 내가 경험한 일이 아니더라도 일본과 한국의 여러 미담이 기사화되는 것은 종종 볼 수 있다. 이에 비해 시대의 갈등적 상황 자체는 그저 어둠 속에 갇혀버리는 것이 아닌가 싶다.

2차대전 말기였던 당시 학교에서는 수업이라고는 해도 가르치는 것이 없고, 학생들은 전쟁 준비를 위한 노동 착취의 희생양에 지나지 않았다고 한다. 그런 상황 속에서 1944년 순흥초등학교에서 벌어진 집단 등교 거부는, 어쩌면 역사를 지닌 학교라면 당연했을지도 모를, 일제강점기의 일본인 교사와 학생들의 갈등이 구체적 행동으로 드러난 사건이라 하겠다.

이에 순흥동창회에서는 그 정신을 기리고자 2006년에 개교 100주년을 기념하여 100주년 기념탑은 물론 항일운동 기념비를 세웠다. 학교 운동장 왼편에 자리 잡고 있는 이 항일운동 기념비의 옆면에는 32회 동창 명단이 새겨져 있는데, 기념비의 건립 시 작고하신 분과 생존하신 분을 양쪽으로 나누어놓았다. 지금은 마을을 떠나신 분도 많겠지만, 만약 그 후손들이 순흥초등학교를 다닌다면 조상의 이름이 얼마나 자랑스러울까 싶었다. 기념비 뒷면에는 52회 졸업생이신 권석창 문학박사의 글을 새겨 넣었는데, 내용은 이렇다.

이 땅에 처음으로 세워진 서원인 소수서원의 전통을 이어받아 1906년 4월 7일 사립 흥주소학교로 설립된 순흥초등학교는 수많은 인재를 배출한 신교육의 요람이요 민족정신의 산실이었다. 특히 1944년 9월에서 1945년 4월에 걸쳐 순흥초등학교 학생들에 의해 일어난 항일운동은 우리 민족사에 길이 남을 빛나는 일이었다.

일본 식민지 통치 말기에 일본인 교장은 어린 학생들을 교육보다 전쟁 물자를 모으기 위한 일에 내몰았으며, 이 나라의 기둥이 될 어린 꽃봉오리를 폭력으로 유린하였다. 이에 분개한 이석한 등 6학년 학생들은 '일본인 교장과 교사는 일본으로 돌아가라'고 외치며 농맹휴학으로 일본 식민지 통치에 맞섰다.

일본인 교사들은 온갖 협박과 회유를 하였지만, 이들은 가을 서리와 같이 외로운 기상으로 끝까지 굽히지 않았다. 한편 1945년 4월에는 4학년이던 김낙순이 일본인 교장에 맞서 일본제국주의 교육의 그릇됨을 낱낱이 비판하여 그들의 잘못을 참회토록 하였다.

일제강점기에 어린 초등학생의 몸으로 일제에 항거한 순흥초등학교의 항일운동이야말로 보기 드문 민족정신의 발로라 아니할 수 없도다. 아아, 어린 학생들의 의로

움이 어찌 이와 같을 수 있겠는가! 이에 우리는 개교 100주년을 맞아 선배님들의 이 일을 돌에 새겨 영원히 기념하노라.

무조건 미워하라는 말이 아니다. 다만 역사의 흔적을 기억해 달라는 것이다. 그날의 정신을 잊지 말라는 것이다. 바로 알고 이해하자는 것이다. 당시 12살의 소녀를 생각하면 그저 가슴이 뭉클해질 따름이다.

거슬러 올라갔던 과거의 시간에서 빠져 나와 학교 건물 쪽으로 발을 옮긴다. 개교 100주년 기념탑이 있고, 그 옆으로 책 읽는 소년소녀의 동상, 교훈이 새겨져 있는 커다란 바위가 나란히 있다. 건물의 중앙 화단에는 세종대왕이 책을 펼쳐 들고 서 있는 동상이 있고, 오른쪽 화단에는 이승복 동상이 서 있다. 언제 적 이승복이냐는 생각에 피식 웃음이 났다. 요즘 애들은 '반공'이라는 단어도 모른다던데, 이 학교 아이들은 그래도 '반공'이 무엇인지는 알겠구나 싶었다.

앞의 교사를 돌아 뒷마당으로 가보니 교사가 한 채 더 있다. 부설 유치원이 있는지 유리창에 유치원이라는 글씨와 보육실이란 글씨가 보인다. 건물 사이를 연결시킨 중간쯤에는 양쪽으로 현대식 화장실과 세면대가 마련되어 있었다.

자연학습장 같은 뒤쪽 화단을 배경으로 뜬금없이 우물이 하나 있다. 지붕을 이고 〈80년의 역사를 함께한 우물〉이라는 이름까지 붙은 이 우물은, 1930년 8월 교사 위치를 순흥면 지동리에서 현 위치로 이전할 때 만든 것이란다. '오랜 세월 동안 선배들의 식수로 사용되던 우물'이라는 설명이 덧붙여져 있는데, 우물 자체는 덮개를 덮어 굳게 봉해진 상태이다.

오후 5시가 가까운 시각이라 아이들은 한 명도 안 보이는데, 우물 위에는 가방이 하나 놓여 있다. 작은 남색 배낭이 고학년의 것은 아닌 것 같고, 혹 가방 주인은 어디서 잃어버렸는지도 몰라 마냥 울고 있는 건 아닌지 모르겠다. 어쩌면 아직 잃어버렸다는 걸 의식하지 못하고 있는 것인지도 모르지. 그러나 뛰어놀다 잊어버린 가방처럼 절대 잊어서는 안 되는 것이 있다는 걸 요즘의 아이들도 알아주었으면 좋겠다.

순흥문화마을

〈순흥마을 둘러보기〉란 오늘의 일정은 늦은 아침을 먹는 것으로 시작했다. 30분은 줄을 서야 한다는 묵집을 꼭 가보고 싶었기 때문이다. 지난번 오랜만에 고향에 간 친구는 3시간이나 기다렸다고 했다. 설마 그렇게까지야 했는데, 그게 다 관광버스 때문이란다. 가게가 수용할 수 있는 공간에 비해 너무 많은 인원들을 버스는 내려놓으니 말이다. 아니나 다를까 〈순흥 전통 묵 음식점〉은 어중간한 시간임에도 불구하고 관광버스 손님들로 북적였다.

어수선한 분위기에 발길을 돌려 나는 다른 '원조' 집을 찾는다. 내가 찾은 순흥묵집은 순흥면사무소 앞, 초암사로 들어가는 주유소 옆에 있는 자그마한 집이다. 오래전에는 가건물이었다는데, 지금은 벽돌로 지어져 있다. 여러 텔레비전 프로그램에 방영되었다는 현수막이 현관에 걸려 있고, 〈원조 순흥묵집〉이라고 쓴 거리의 입간판은 건물에 비해 유난히 커 보인다.

텔레비전뿐 아니라 '여행지 맛집' 같은 책이나 잡지에도 자주 소개될 만큼 유명한 이 집의 대표적 메뉴는 당연히 묵조밥이지만, 사람들에게 순흥묵집을 각인시키는 메뉴는 따로 있다. '태평초'라는 것이 그 주인공으로, 김치와 가늘게 썬 돼지고기를 벌겋게 볶다가 국물을 넣고 그 위에 채 썬 묵을 얹어 끓이면서 먹는 음식이다. 옛날 양반들이 더위를 물리치기 위해 먹었던 음식이라고. 지금은 등산을 마친 사람들이 막걸리와 함께하는 안주거리로 더 인기가 있는 듯하지만 말이다.

태평초 맛이 궁금하긴 했지만, 혼자서 먹을 만한 양이 아니니 다음을 기약하고 묵조밥을 주문했다. 조밥에 깍두기를 포함한 맛깔스런 짠지 두어 종류와 나물 반찬이 나오고, 묵은 냉면그릇 한가득 푸짐하게 채 썰어 넣고 김치와 김을 올린 심플한 모습이다. 늦은 아침을 잘 먹고 나와서 길을 건넌다. 봉도각으로 가기 위해서였다.

봉도각蓬島閣에 마음을 빼앗긴 것은 소수서원으로 가는 버스를 탔을 때였다. 그땐 이름도 몰랐었지만, 창밖으로 보이는 연못 위의 누각과 주변 경관이 어찌나 근사해 보이던지……. 저런 멋진 그림이 무심히 있는 '순흥'이란 마을이 무척 매력적으로 느껴졌다. 오늘 일정을 세운 계기가 된 곳이기도 하다.

봉도각은 1754년영조29 부사 조덕상이 세운 것으로 알려져 있다. 부사는 '승운루勝雲樓'라는 누각을 짓고, 그 서편 논에 네모진 연못을 판 다음 가운데 섬을 만들고 그 위에 정자를 세워 '봉도각'이라고 이름 지었다 한다. '봉도'란 이름은 신선이 산다는 봉래蓬萊에서 온 것이다. 연못 둘레에는 단을 만들고 온갖 꽃나무를 심어 매우 그윽하고 운치 있는 동산을 이루었고, 이에 관원과 아전들이 쉼터를 삼았다는 사연이 옛『순흥지(영조 때 편찬)』에도 전한다.

지금도 변함없이 연못이며 섬은 옛 모습을 지니고 있으나, 승운루의 모습은 간 데 없다. 대신 지금 그 자리에는 팔작지붕을 인 정면 3칸의 건물이 있는데, 할

선조의 지혜를 배우다

봉도각 승원루라는 누각과 함께 1754년에 연못 한가운데 세워진 정자. 현재 승원루는 자취가 없고 승원루의 자리에는 경로정이 들어서 있다.

순흥문화마을 봉도각과 연접한 면사무소 앞에 세워둔 순흥문화마을 입석.(상)

읍내리 석불입상 머리와 양손이 손상된 통일신라시대의 불상으로, 경상북도 유형문화재 제125호로 지정되어 있다.(하)

아버지 두 분이 한가로이 화투를 치고 계신다. 들어오는 문의 '봉도각'이란 나무 현판 옆에 나란히 걸려 있던 '경로정'이라 함은 이 뜻인가 보다.

이곳이 옛 순흥도호부 청사 조양각朝陽閣 뒤뜰이라더니, 여전히 그 청사 자리에는 공공청사인 면사무소가 서 있다. 연못 주변도 그렇지만, 곳곳에 나무벤치를 놓아 쉼터를 제공하고 있는 이 공간에는, 천년 노송은 물론 세월을 그대로 이겨내고 있는 나무들로 가득하다. 그중 특히 눈길을 끄는 것이 '연리송連理松'이라는 소나무 한그루이다.

영화 제목으로도 잘 알려져 있는 '연리지'란, 원래 이웃하고 있는 두 나무의 가지가 자연적으로 서로 맞닿아서 인위적으로 접목을 한 것처럼 나뭇결이 서로 이어진 것을 말한다. 이에 비해 '금슬송琴瑟松'이라고도 불리는 순흥의 연리송은, 특이하게도 한 나무에서 두 줄기가 나와 자라면서 서로 몸이 꼬여 연리된 독특한 모양의 소나무이다. 흔히 '이성지합二姓之合' 또는 '일심동체一心同體'로 비유되어 부부금슬이나 아기 낳기를 빌기도 하며, 연인들이 영원한 사랑을 기원하기도 한단다.

연리송이 마당 한복판을 차지하고 있다면, 그 맞은편에는 연리송과 전혀 다르게 한 뿌리에서 나온 두 줄기가 전혀 다른 방향으로 길을 잡아 벌어져 있는 소나무가 있다. 벌어진 몸체가 무거워 버팀목으로 자세를 잡아야 하는 소나무는, 그대로 축소시킨다면 마치 모양 잘 잡은 분재를 보는 것 같다. V자형 소나무 왼편 담 쪽으로는 비슷비슷한 비석들이 나란히 서 있고, 그 앞에 순흥에 세웠다는 척화비가 있다.

순흥척화비順興斥和碑는 원래 순흥초등학교 교정에 있었는데, 1990년 지금의 자리로 옮겨왔다고 한다. 척화비란 1866년고종3 병인양요丙寅洋擾와 신미양요辛未洋擾를

선조의 지혜를 배우다

순흥척화비 홍선대원군이 서양의 침략을 경고하기 위해 세운 척화비.

겪은 뒤 백성들에게 서양 사람들을 배척해야 함을 알리고, 그들의 침략을 경고하기 위해 세운 비석이다. 쇄국정책을 펴고 있던 홍선대원군은 1871년^{고종8}에 서울 종로를 비롯하여 전국의 주요 도로변에 척화비를 세우게 했는데, 이 비도 그중의 하나이다.

비문은 전국의 다른 척화비와 같이 "서양 오랑캐가 침범하는데 나가 싸우지 않으면 화해하는 것이고, 화해를 주장하는 것은 곧 나라를 파는 것이다. 이를 우리 자손에게 영원히 경고한다."라는 내용을 담고 있다. 형태는 장방형이지만 윗부분은 둥글게 반원형으로 처리한 비신의 높이는 120cm이다. 폭은 47cm이며, 두께가 14cm로, 잘 다듬어진 화강암 기단 위에 세워져 있다.

임오군란王午軍亂 뒤 대원군이 청나라에 납치되고 세계 각국들과의 교류가 이루어지면서 대부분의 척화비는 철거되었으나, 이처럼 몇 기의 비들이 곳곳에 남아 옛 우리 민족의 자주의식을 다시금 일깨워주고 있는 것이다. 역사의 어른들이 남기신 교훈은 어느 것 하나 소홀히 여겨 넘길 것이 없는 것 같다. V자형 소나무 오른편으로는 머리가 없는 파불破佛이 모셔져 있다.

읍내리 석불은 높이 108cm, 어깨폭 62cm, 무릎폭 54cm의 입상으로, 광배光背와 대좌臺座를 잃었을 뿐 아니라 두 팔은 거의 잘려 나간 모습이다. 목에는 삼도三道의 표현이 뚜렷하고, 법의는 통견通肩으로 처리하였다.

신체를 완전히 가린 대의帶衣가 배까지 일정한 간격의 U자형 주름을 이루며 내려간 옷자락은 입체감과 유연함이 있어 훌륭한 조각 솜씨를 보여주고 있다. 두 발 사이의 대의 하단에 나타나는 지그재그식 옷자락의 끝선 처리도 다른 불상에서 볼 수 없는 독특한 표현이다.

이러한 옷주름 표현은 인근의 석교리 석불입상이나 예천에 있는 동본동 석조여래입상 등 통일신라시대 불상에서 보이는 특징들이다. 석교리는 오늘의 마지막 목적지이니, 두 불상의 공통점은 이따 확인하기로 하고 다음 목적지로 향한다. 아까 봉도각 문 앞에서 사현정四賢井의 표지판을 확인했기 때문이다.

원래 계획에는 없었지만, 이왕 알게 된 사현정의 위치를, 게다가 400m라고 친절히 쓰어 있는 것을 보고 그냥 지나칠 수는 없는 노릇이니 말이다. 화살표가 가리키는 길을 따라 골목으로 내려가서 논을 사이에 둔 왼쪽 길로 빠져 다시 오른쪽으로 꺾어져 조금만 올라가면 바로 빨간 기둥에 단청한 비각이 보인다.

사현정은 오래전부터 순흥에 정착해 온 순흥안씨 후손들이 사용했던 우물로 알려져 있다. 고려 말 이곳에 거주한 밀직공 안석이 호장으로 제수除授(왕이 벼슬을

사현정 순흥안씨 후손들이 사용했던 우물. 안석·안축·안보·안집의 덕을 기리는 의미로 주세붕이 비를 세웠으며, 경상북도 기념물 제69호로 지정되어 있다.

내리는 일)되었으나 벼슬에 나아가지 않고 향리에 묻혀 세 아들 문정공 안축, 문경공 안보, 제주공 안집을 훌륭히 키우면서 함께 사용하였다고 한다.

처음엔 무슨 우물 하나에 그리 큰 의미를 두었는가 싶었는데, 여기에 또 등장하는 인물이 주세붕이다. 풍기군수로 온 주세붕이 이 우물의 내력을 알고, 1545년^{인종1}에 '사현정'이라는 이름의 비를 세우고 네 분의 덕을 기리게 한 것이다. 아마도 마을의 덕망을 얻은 선비의 정신을 널리 알리고 본받도록 하기 위함이 아니었을까 싶다.

이후 1636년^{인조14}에 방손 순원군 안응창이 현존하는 비각 내의 비명을 쓰고 중수하였고, 1821년^{순조21}에는 안동영장 안성연이 현 비각을 세웠다고 한다. 우물 깊이는 약 4m 정도이고, 지상에는 높이 70cm, 폭 1m의 화강암 각석을 井자형으로 3단 조립하였는데, 지금은 덮개를 두어 보존하고 있는 상태이다.

우물의 건너편에는 따로 경계를 두어 '순흥안씨 사현정 기념비'가 거북이 등 위에 올라앉아 있다. 멀리 거북이 한 마리가 더 보이고, 그림 같은 나무 한 그루가 멋진 배경으로 받쳐주고 있다. 조용한 농촌 마을 한가운데서 느끼는 평화로움이란 거, 그야말로 '무욕의 자유'라는 게 이런 기분일까 싶었다.

다시 면사무소 쪽으로 걸어나와 마을의 큰길을 따라 마을의 중심지를 두리번거리며 걷는다. 딱히 특별한 무엇이 있는 것도 아니고 그저 한가한 시골마을 그 이상도 이하도 아니지만, 그저 평화로운 이 시간들에서 마음속 깊이 잔잔한 행복의 냄새가 났다.

마을의 끄트머리에 있는 순흥초등학교를 지나면 곧 마을을 벗어나게 되고, 영주 쪽으로 가는 큰길이 나온다. 찻길이라 좀 위험한 감은 있지만, 교통량이 많은 것도 아니라 걷는 데는 크게 불편함이 없다. 다음 목적지인 봉서루^{鳳栖樓}는 일명

봉서루 고려시대 건립된 누각으로, 예부터 웅장함과 아름다움이 영남에서 으뜸이라고 일컬어졌다.

호방골인 지동3리에 있는데, 그저 길을 따라 쭉 걷다 보면 멀리 봉서루의 지붕이 보이기 때문에 쉽게 찾을 수 있다.

봉서루는 고려시대에 건립된 누각으로, 영남의 유서 깊은 누각 중 하나이다. 고을 남쪽 3리 지점에 위치하여, 고을에 오는 손님을 맞이하고 보내는 곳으로 늘 붐비었다고 한다. 안축의 「봉서루 중영기重營記」를 보면, "채상이란 사람이 고을 지사로 부임하여 낡은 누각을 중수하니 웅장함과 아름다움이 영남에서 으뜸이었다."라고 기록되어 있다.

전설에 의하면, '비봉산飛鳳山 봉황이 날아가면 고을이 쇠퇴해진다' 하여 고을 남쪽에 누각을 지어 후면에는 '영봉루迎鳳樓', 전면에는 '봉서루'라는 현판을 걸고 봉황을 맞이하여 깃들게 하였다고 한다. 그래서인지 봉서루 주변에는 봉황의 알로 여겨지는 흙봉우리가 두 개 놓여 있다.

봉서루 주변은 화단이며 나무, 출입구의 흙길까지 모든 것이 흠잡을 데 없이 깔끔하게 정리되어 있고, 저녁이면 라이트 업이 되는지 조명시설도 되어 있다. 보는 것만으로도 정감이 느껴지는 누각에 올라본다. 통나무 그대로의 천장 기둥들은 옛것을 그대로 사용한 것 같고, 지붕 천장의 나무들은 새것을 이용하여 지은 것 같다. 누각 안에는 중수기와 같은 현판과 함께 고려 공민왕의 친필로 알려진 '흥주도호부아문興州都護府衙門'이라는 현판도 걸려 있다.

선조의 지혜를 배우다

나무 바닥의 삐걱거리는 소리를 들으며 주변을 한 바퀴 둘러보고는 잠시 누각의 기둥에 기대어 푸른 하늘 밑의 멀리 소백산 산등성이를 바라본다. 소백산의 시원한 바람이 이마를 스치고 지나며 땀에 젖은 머리칼을 만진다. 걸어다닐 땐 몰랐는데 가만 서 있자니 급히 피로감이 몰려왔다. 석교리의 석불을 보러 가자면 한참을 더 걸어가야 하니 좀 쉬어야겠다는 생각에 누각을 내려와 나무벤치에 앉는다.

조용하고 아름다운 공원에 혼자 있자니 문득 혼자서 영화관에 갔던 날이 생각났다. 멀티 상영관이 된 이후 한 영화를 2~3개의 관에서 시간차로 상영하는 일이 많아졌는데, 내가 보러 간 영화도 두 개의 관에서 상영 중이었다. 10분 전쯤 도착하여 표를 사서 상영관으로 들어갔는데, 허걱! 아무도 없었다. 옛날부터 조조상영에 자주 갔었기 때문에 10명도 안 되는 사람들과 본 영화는 많았어도 아무도 없이 혼자인 건 처음이었다. 그날 나는 그렇게 영화관을 통째로 빌린 재벌처럼 으쓱한 기분으로 영화를 즐겼다. 지금이 딱 그때의 기분이다. 모든 것이 나만을 위해 존재하는 것 같은, 그런 느낌 말이다.

황홀한 만족감에서 빠져 나와 다시 길을 잡아 걷는다. 이번엔 좀 지루하다 싶을 만큼 걸어야 했다. 예전엔 송림사라는 큰 절이 있었다던 야산의 계곡에 홀로 남은 이 불상은, 아까 보았던 순흥면사무소의 석불입상과 거의 흡사한 양식으로, 8세기 후반의 동일 조각가군에 의한 것으로 추정하고 있다.

석교리 석불입상은 왼팔이 없어지고 발목 아래는 땅에 묻힌 불완전한 불상이지만, 세부묘사는 생동감을 충실히 보여주고 있는 뛰어난 작품이다. 신체는 몸에 꼭 붙은 오른팔이나 처진 어깨 등이 다소 어색하지만, 두터운 대의 표현에 비해 신체 굴곡의 표현은 좋은 편이다.

머리는 목 부위가 절단된 것을 보수한 것으로, 손상이 심하나 비교적 잘 남아 있다. 소발에 크고 넓은 육계가 보이고, 양 귀는 하단이 파손되었으나 길게 내렸던 듯 어깨 위로 귀가 닿았던 흔적이 남아 있다. 양 어깨를 감싸고 있는 옷은 자연스럽게 흘러내리고 있으며, 옷깃은 굵은 선으로 둥글게 표현하였다. 읍내리 석불입상이 보여주는 특징과 가장 닮은 부분이다.

영주에는 이외에도 많은 석불이 곳곳에 흩어져 있다. 보존 상태가 꽤 양호한 편인 백룡사 석조여래좌상이나 두월리 약사여래석불부터, 얼굴 모습은 거의 알아볼 수 없어도 전체적 형태는 남아 있는 월호리의 마애석불좌상에 이르기까지 말이다.

영주를 방문하든 영주를 지나는 길이든, 이런 불상들을 안내하는 표지판이 있다면 잠시 발길을 멈추고 들러주길 바란다. 세월과 함께 사람들을 지켜온 온화한 미소의 불상이 반겨줄 테니 말이다.

선조의 지혜를 배우다

PART 3

혼자도 좋고
함께여도 좋다

옛날에는 어떻게 고개를 넘고 어떤 길을 이용하였을까. 이 장에서는 테마가 있는 도보여행을 해보기로 한다. 과거를 보기 위해 죽령을 넘는 선비의 마음으로, 마구령을 넘는 보부상의 마음으로, 단종을 복위시키고자 한 금성대군의 마음으로, 죽계구곡의 아름다움을 노래하는 문인의 마음으로 사색의 시간을 가져보자.

구비를 돌 때마다 지명을 딴
각양각색의 장승들을 만날 수 있다.

죽령 옛길

생일을 맞는 30년지기 친구에게 "생일인데, 간만에 기차 여행 어때?" 꼬드겨 봤건만, 돌아오는 대답이란 게 "넌 생일이 좋냐?"였다. 마흔 넘어서 무슨 생일을 챙기느냐는 거였다. 나이 먹는 건 먹는 거고 생일은 생일이지 싶었지만, 어쨌든 평일은 무리라는 대답을 들을 수밖에 없었다. 하긴 직장 생활을 하는 일반인에게 평일의 기차 여행은 호사 중의 호사이긴 하다.

혼자서 느긋한 기차 여행을 만끽하고자 아침 일찍 청량리역으로 향했다. 오늘은 소백산역(희방사역이 2009년 9월 1일부터 소백산역으로 명칭이 바뀌었다)에서 내려 죽령 옛길을 왕복하고 소백산 풍기온천에서 피로를 푼 후 다시 기차로 돌아올 생각이었다. 물론 이 코스는 오늘 하루를 완벽한 기차 여행으로 마무리하기 위한 계획이었다.

내가 좀 부지런한 사람이라면 6시에 출발하는 열차를 타도 좋았겠지만, 그냥 무난하게 8시에 출발하는 열차를 타기로 한다. 소백산역에 정차하는 하행

혼자도 좋고 함께여도 좋다

선 열차는 이 두 대뿐이다.

샌드위치와 커피로 아침 요기를 하는 동안 기차는 서서히 서울을 빠져 나갔다. 어제까지 계속 내린 비 때문인지 북한강과 남한강이 만나는 양수리에도 아직 물안개가 자욱했다. 평소보다 이른 기상 탓에 설핏 잠이 들었던 모양인지, 눈을 뜨자 다음 역은 원주라는 방송이 나오고 있었다. 창밖에는 여전히 멀리 보이는 산등성이들과 키 작은 마을, 이제 제법 키가 자란 벼들의 초록 물결들로 '시골 풍경'을 그려내고 있었다.

그러나 똑같은 하루가 반복될 것만 같은 조용한 풍경은 제천역을 지나며 그 모습을 바꾸었다. 멀리 수묵화처럼 산등성이만 보이던 산은 어느새 불쑥 앞으로 다가와 푸른 곱슬머리를 자랑하듯 내밀었다. 중간 중간 민머리를 드러낸 곳에는 시멘트 공장 특유의 커다란 둥근 통들이 자리를 차지하고 있었다.

산기슭에 붙어 있는 삼천리표 시멘트, 기찻길을 따라 커다란 몸뚱이를 드러내고 있는 천마표 시멘트 공장들을 바라보며 마치 70년대로 돌아간 느낌이 들었다. 이제 논은 간 데 없고, 옥수수나 고추 같은 작물을 심은 밭들이 모습을 드러냈다 사라지고 있었다.

터널을 지나 단양을 알리는 방송이 나오고, 단양역을 지나 다시 터널을 통과하자 이제 세상은 온통 초록이었다. 이제 산은 바로 코앞으로 다가와, 곱슬머리로만 보이던 것이 한 그루 한 그루의 형태를 볼 수 있을 만큼 가까이 있었다. 그저 손을 뻗으면 닿을 것 같은 게 아니라 머리를 젖히면 그대로 숲에 빠질 것 같았다. 산을 뚫어 만든 길이라는 게 그대로 드러나듯 연달아 터널을 지나니 귀가 멍해진다. 가지가 창가를 스칠 듯 지나치는 나무들을 바라보며, 내가 이렇게 지나가는 이 길을 위해 너는 옆에 섰던 동무를 잃었겠구나 싶었다.

소백산역 하루 2번의 상하행선 열차가 정차하는 소백산역은 소백산에 둘러싸인 작은 간이역이다.(상)

죽령 옛길 소백산역에서 10분 거리에 있는 죽령 옛길의 입구.(하)

혼자도 좋고 함께여도 좋다

사과나무들이 모습을 드러낼 즈음 다시 터널이 시작되었고, 이번 건 정말 길었다. 긴 터널을 빠져 나오자 바로 소백산역을 알리는 방송이 나왔는데, 다른 역들과는 달리 바로 역에 도착한다. 이것저것 챙길 게 많다면, 혹시 아이들이라도 데리고 온다면 터널 안에서부터 내릴 준비를 하는 게 좋을 것 같다.

서둘러 짐을 챙겨 내렸는데, 이런……! 아무리 평일이라지만 내리는 사람이 나 혼자다. 기차가 떠나야 건널 수 있는 건널목에 혼자 서 있으려니 조금 뻘쭘한 감도 없지 않았지만, 주위의 경관을 돌아보며 사진을 찍어대는 것으로 혼자라는 어색함을 감출 수 있었다. 안개에 가려진 산봉우리들과 하늘에 놓인 다리 같은 중앙 고속도로, 발아래에 펼쳐지는 사과나무 밭들……, 가슴이 확 트이는 것 같았다.

소리를 내며 떠나는 열차의 꽁무니를 바라보다 소백산역을 나온다. 승차권에 소백산역 도장을 받아가면 희방사의 문화재관람료가 50% 할인된다며 역승무원 아저씨께서 꼼꼼히 챙겨주셨다. 역 앞에 세워져 있는 안내 표지판을 보며 오늘의 일정을 재점검하고, 왼쪽으로 나아가는 곳에 있는 죽령 옛길에 대한 길 안내도 열심히 읽는다.

> 장장 2천 년 유구한 세월에 걸쳐 우리나라 동남 지역 교통 대동맥의 한 토막이었던 이 길은, 근래 교통수단의 발달로 행객이 끊겨 수십 년 숲 덩굴에 묻혀 있었던 바 옛 지형을 되살려 보존하는 뜻에서 이 길을 다시 열었다.

죽령 옛길에 대한 안내 서문에 쓰여 있는 이 글이 아마 영주시의 뜻인가 보다. 영남 내륙을 이어온 죽령의 옛 자취를 되살려 보존하려는 뜻에서 1999년 영주시는 소백산역에서 죽령주막까지 약 1시간 정도(2.5km) 걸리는 길을 복원한 것이다.

밑으로는『영주향토지』의 저자인 송지향이 쓴 죽령에 대한 설명이 이어져 있는데(이후의 죽령 옛길에 나오는 설명은 모두 송지향의 글에서 발췌한 것이다), 간단히 요약하면 이렇다.

소백산 도솔봉과 제2연화봉 사이에 있는 해발 689m의 죽령을 넘는 옛길은, 문경새재·추풍령 등과 더불어 과거 영남에서 기호지방으로 가는 3대 통로 중 하나이다.

『삼국사기』에는 "아사달왕阿達羅王 5년158년 3월에 비로소 죽령길이 열리다."라고 했고,『동국여지승람』에는 "죽죽竹竹이 길을 개척하고 지쳐서 순사했고, 고갯마루에는 죽죽을 제사하는 사당竹竹祠을 만들었다."라고 나와 있다고 한다.

죽령은 군사적 요충지로, 고구려는 장수왕470년경 때, 신라는 진흥왕12년551년에 죽령을 차지했다.『삼국사기』에는, 영양왕 1년590년에 고구려의 온달 장군이 왕께

장승들 구비를 돌 때마다 지명을 딴 각양각색의 장승들을 만날 수 있다.

혼자도 좋고 함께여도 좋다

자청하여 군사를 이끌고 나가면서 "죽령 이북의 잃은 땅을 회복하지 못하면 돌아오지 않겠다!"는 이야기가 기록으로 전해질 정도이니, 과연 당시 죽령이 얼마나 막중한 요충지이었음을 짐작할 수 있다.

게다가 이렇게 기록으로 개척 연대가 분명히 전하는 길은 오직 죽령뿐이라니, 역사의 기억 속에 묻혀 잊혀진 옛길을 이제 내가 가볼 차례였다.

길을 나서는데, 산중턱에 껑충 올라앉은 노란색 건물이 보인다. 푸른 나무들 사이에서 노란색은 유난히 눈에 띈다. 그것도 저렇게 높은 위치에 있는 3층짜리 건물이라면 더욱 말이다. 죽령 옛길 표지판과 함께 거리에 있는 안내 표지를 보고 그것이 백룡사인 걸 알았다. 길은 하나밖에 없는데, 자꾸 의심이 가는 길을 한참 따라 올라가다 보면 안개가 자욱한 산등성이 사이로 걸어 들어가는 느낌이다.

중앙고속도로 밑을 지나 포장된 도로가 끝나는 지점에 드디어 소백산 국립공원 죽령 옛길 표지판이 나온다. '자연관찰로'라는 이름과 함께 지금부터 올라가면서 무엇을 볼 수 있는지도 안내되어 있다. 옆에는 '명인의 자취'란 제목으로 이 고갯길에 얽힌 인물들에 대한 이야기가 나오는데, 특히 이현보와 주세붕의 시가時歌로 그 풍취를 더한다.

1542년中宗37 7월 풍기군수 주세붕이 나귀에 술을 싣고 죽령에 와서, 예안으로 귀향하는 선배 이현보를 마중했다. 이현보는 연달아 사직을 간절히 원했으나 임금의 극진한 만류로 뜻을 이루지 못하다가, 73세 되는 이 해에 드디어 병을 핑계로 낙향하는 길이었다. 높은 학식과 행덕으로 사림의 우러름을 모은 이들은 30여 년 선후배였으며 뜻을 같이 하는 특별한 사이로, 여기 고갯길에서 자리를 베풀어 회포를 나누었다고 한다.

이현보가 한 수 읊으니,

草草行裝白首郞　초라한 행장을 한 머리 센 사나이가

秋風匹馬嶺途長　가을바람 불 때 죽령 먼 길을 말 타고 가는데

莫言林下稀相見　나무 밑에 모처럼 만난 사람과 말하지 말라

落葉歸根自是常　낙엽이 떨어져 뿌리로 가는 것이 자연의 이치다.

주세붕도 이에 답한다.

飄飄歸興趁漁郞　나부끼며 돌아가는 어부같이

直沂驪江玉帶長　바로 긴 한강을 거슬러 왔네

今日竹嶺回首意　오늘 죽령으로 돌아온 뜻은

乾坤萬古是綱常　천고 만고의 강상이 아니랴!

여기서 강상綱常이란 삼강三綱과 오상五常을 아울러 이르는 말로, 곧 사람이 지켜야 할 도리를 말하는 것이다. 두 학자의 세상을 바라보는 시선이 그대로 전해지는 시가 아닌가 싶다.

본격적인 옛길로 들어섰지만 처음엔 그저 완만한 오솔길이 이어지고, 굽이를 돌면 태백대장군·홍주대장군 등 지역 이름들을 새긴 장승들이 반겨준다. 오르막이 좀 있다가도 다시 완만한 경사로 이어지며 사과밭이 시작되고, 주변의 사과나무가 사라지면서 숲은 점점 깊어만 간다.

완연한 숲길로 들어서면 거리낌 없이 내리쬐던 햇빛은 사라지고, 나뭇잎 사이를 뚫고서야 겨우 내 얼굴에 부딪힌다. 조용한 숲길에 산새소리만 들려오는데, 발밑으로 무언가 급히 지나가며 내는 풀잎 스치는 소리에 깜짝 놀란다. 내 인기

혼자도 좋고 함께여도 좋다

척에 놀라 달아나는 도마뱀의 기척이었던 거다. 하긴 여긴 네가 주인인데, 나 같은 외지인의 발소리가 반가울 리는 없겠지 싶었다.

숲길은 두 사람이 겨우 나란히 걸을 수 있을 정도지만, 그보다 조금이라도 넓은 공간이 나오면 대부분 쉬어가는 공간을 만들어놓았다. 나무의자가 놓여 있기도 하고, 그 옆에 꽃 이름과 사진들이 세워져 있기도 하다. 죽령 옛길에 피어 있는 야생화 중에 아기똥풀이라는 게 있었는데, 작고 노란 앙증맞은 그 꽃을 보며 어느 아파트 광고가 생각났다. "연예인 이름보다 꽃 이름을 더 많이 아는 아이로 키우고 싶어서."라는 아빠의 내레이션이 인상적이었던 광고였다. 그때 아빠가 아이에게 가르쳐주는 꽃 이름이 아기똥풀이었는데…….

봄을 알리는 제비꽃의 다른 이름들에 대한 이야기라든가, 뱀은 왜 혀를 날름거리는지에 대한 설명이라든가, 달팽이 이야기, 버섯과 식물의 차이, 박새 이야기, 소나무와 잣나무의 구별법 등등 정말 아이들과 함께 거닐며 자연을 공부하는 학습장이 될 성 싶었다.

나 또한 자연을 배우며 걷는 사이 이끼 긴 돌담만이 예전의 흔적을 겨우 유지하는 곳에 〈느티정〉 주막거리 터가 나온다.

경상도 동북지역 여러 고을에서 서울로 통하는 이 길은 청운靑雲의 뜻을 품고 서울로 오르는 과거科擧 선비들, 공무를 띤 관원官員들, 부임赴任·귀성歸省·퇴임退任 길의 여러 고을 수령들, 해륙海陸의 온갖 물화物貨를 유통하는 장사꾼들, 숱하게 넘나드는 민간 나그네들, 사시사철 행객의 발길이 줄을 잇는 대로大路였기에 이 고갯길 굽이굽이에는 길손들이 목을 축이고 허기를 달래는 술집, 떡집에 짚신가게며, 먹고 자고 하는 객점客店·마방馬房이 늘어서 있는 주막거리가 있었다고 한다.

그중에서 가장 큰 곳이 지금 소백산역이 있는 마을 어귀의 〈무쇠다리〉 주막거리였고, 그 다음이 〈고갯마루〉 주막거리, 〈느티정〉은 그 다음이었으며, 가장 작은 곳이 고갯마루 밑의 〈주점〉이라는 주막거리란다.

1934년경 5번국도가 열리고, 1940년대 초에 중앙선 철도가 개통되면서 행객이 끊어진 길은 숲 덩굴에 묻혀버리고 주막거리도 폐허가 되어버렸다. 무너져내린 토담이며 우거진 잡초 속에 뒹구는 방아돌 등만이 황량한 옛터에 남아 세월의 흔적을 보여주고 있는 것이다.

양쪽으로 늘어선 나무들만 보다 계곡이 보이는 곳에 이르자 반가운 마음이 먼저 든다. 햇살에 반짝이는 물들을 바라보며 잠시 배낭을 내리고 물 한 모금으로 숨을 골랐다. 큰 경사는 없다고 해도 결코 만만한 길도 아니었다. 발밑의 돌들을 생각해서 등산화도 꼭 챙기고, 물도 얼려 가는 게 좋겠다. 편도 한 시간 거리라고 무시했다간 큰 코 다칠 테니 말이다.

경사가 져 꺾어지는 길 밖으로 밀려난 표지판에 잔운대棧雲臺와 촉령대矗泠臺의 이야기가 실려 있다. 잔운대와 촉령대란 1548년명종3 풍기군수 이황이 그 중형仲兄을 마중하고 배웅하던 자리다.

충청감사로 있던 퇴계의 형 온계가 말미를 얻어 고향인 예안에 다녀가는 길에 퇴계가 여기 죽령에서 마중하고 배웅했다고 한다. 퇴계는 이 고갯길 경치 있는 한 굽이를 다듬어 형제의 우애를 즐길 자리로 동·서 두 대臺를 쌓고, 동쪽을 잔운대棧雲臺, 서쪽을 촉령대矗泠臺라 이름 짓는다. '잔운'은 성종 때의 학자 유호인의 시 '竹嶺行百盤 棧道浮雲邊(서리서리 죽령길 높기도 해라. 가파른 사다리길 구름에 닿네)'에서 취한 것이고, '촉령'은 같은 때의 학자 김종직의 '雲根水矗矗泠泠(구름은 삐죽삐죽 물소리 시원)'에서 취한 것이다.

퇴계의 한 수에,

爲破天荒作一臺	자연을 다듬어서 대를 꾸미니
鶺領原常芰送迎來	감사 형님 마중 배웅 위함이로세
冷冷恰似歡情溢	기쁘고 정겨워라 물소리 졸졸
矗矗眞如別恨堆	이별이 아쉬운 양 멧부린 우뚝
鴈影峽中分影日	안영협 냇가에서 나넌 그림자
銷魂橋上斷魂時	소혼교 다리에서 애끓는데
好經嶺路千盤險	평안히 넘으소서 험한 고갯길
莫負明年再到期	명년 다시 오실 기약 지키옵소서

온계가 답을 한다.

西日奄奄苦不遲	어느덧 서산에 해는 지는데
躑躅橋上酒束時	술 끝나도 다리가에 서성거리네
雲山聽我丁口寧說	구름 산도 분명 내 말 들었으려니
好待明年來有期	내년에 다시 오리 기다리게나

비록 충심을 가진 어진 신하의 삶을 살고 있으나 자주 볼 수 없는 가족에 대한 정이 어찌 그립지 아니하였겠는가. 시가로 형제간의 우애를 다지는 모습이라니…… 자연에 취하고, 술에 취하고, 정에 취하는 옛 선인들의 모습에 그저 뭉클할 따름이다.

돌길이 조금 가팔라지는 것 같더니 헉헉대며 한 고비 넘기자 길은 다시 완만해지며 시원하게 쭉쭉 뻗은 키 큰 소나무 숲이 나온다. 소나무 숲이라고는 해도 올라오면서 본 우리나라 토종이 아니라 일본잎갈나무이다. 1904년에 들어와 우리나라의 주요 조림 수종으로 정착하였다고 하는데, 높이가 30m에 이른단다. 소나무들은 겨울에 잎을 떨구지 않지만, 이 나무는 가을이 되면 노랗게 물들어 떨어져서 '잎이 지는 소나무'란 뜻으로 일명 '낙엽송'이라고 불린다.

원래는 소나무가 울창했던 자리였는데, 일본인들이 철도 침목으로 사용하느라 마구 베어내고 대신 낙엽송을 심었단다. 우리나라 어디를 가도 만나는 뼈아픈 과거에 마음이 쓸쓸했다. 현재 남아 있는 낙엽송은 1970년대쯤 조성한 것이라고 한다. 낙엽송 숲길을 지나자 〈주점〉 주막거리 터가 나온다.

주막거리 터를 지나면 길은 다시 햇빛이 뚫고 들어오느라 애쓰는 나무 숲길로 돌아와 마치 비밀의 화원에라도 들어가는 듯 은밀한 느낌을 준다. 어쩌면 하늘도 보여주지 않는, 끝없이 이어진 이 숲의 터널을 지나면 다른 세계가 펼쳐 있을지도 모를 일이었다. 그런 동화적 환상에 기운을 내어 보이지 않는 빛을 향해 전진한다.

나를 기다리고 있던 다음 이야깃거리는 신라의 명신 죽지竹旨에 관한 것이었다. 죽지라는 이름만으로는 생소할 수도 있으나 우리가 국어시간에 배웠던 향가, 「모죽지랑가慕竹旨郎歌」의 주인공 되시겠다. 죽지의 구원으로 죽음을 면한 득오가 죽지를 사모하여 지은 것으로, 『삼국유사』에 전한나.

去隱春皆理米	가는 봄이 그리워
毛冬居叱沙哭屋尸以憂音	모든 것이 서러워 우네
阿冬音乃叱好支賜烏隱皃史	아담한 얼굴에
年數就音墮支行齊	주름살 지는 것을

혼자도 좋고 함께여도 좋다

回煙廻於尸七史伊衣	잠시 사이나마
逢烏支惡知作乎下是	만나 뵙게 되었으면
郎也慕理尸心未行乎尸道尸	님이여 그리운 마음으로 가시는 길
逢次叱巷中宿尸夜音有叱下是	쑥대마을 자고 갈 밤 있으실까

이 죽지가 바로 죽령에서의 기연奇緣으로 태어났다고 하는 이야기이다.

신라가 한창 삼국통일의 꿈을 펼쳐갈 무렵, 명신 술종述宗이 삭주도독사朔州都督使가 되어 기병 3천을 거느리고 부임하는 길이었다. 이곳 죽지령竹旨嶺(죽령의 옛이름)을 넘던 술종은 고갯마루에서 길을 닦고 있는 한 거사居士를 만나 이야기를 나누었는데, 그분과 뜻이 잘 통했다.

부임해서 한 달쯤 지난 어느 날 술종은 그 거사가 방으로 들어오는 꿈을 꾸었는데, 그의 부인도 같은 꿈을 꾸었다. 이상히 여긴 술종은 곧 죽령으로 사람을 보내어 거사의 안부를 물었으나 거사는 이미 죽었다는 보고를 접한다. 이에 술종은 죽령마루 언덕에 거사를 장사 지내고 돌미륵을 조성하여 무덤 앞에 세웠다.

거사가 죽은 날이 바로 술종이 꿈을 꾼 그날이기에 술종은 '거사가 아마 우리집에 태어나려는가 보다'고 생각하였는데, 과연 그 부인이 태기가 있어 아들을 낳았다. 죽지竹旨라고 이름 지어진 그 아이는 자라서 화랑이 되어 김유신과 더불어 통일대업에 큰 공을 이룬다. 후에 재상이 된 죽지는 진덕여왕眞德女王에서 무열왕武烈王·문무왕文武王·신문왕神文王에 이르기까지 4대에 걸쳐 신라의 흥륭興隆과 안정에 크게 이바지했다는 이야기다.

시험에 나올까 「모죽지랑가」나 외울 줄 알았지, 그 주인공에 큰 관심을 두지 않았던 옛날을 생각하니 문득 웃음이 난다. 만약 국어선생님이 영주 분이셨더라

낙엽송 숲길 하늘 높은 줄 모르고 솟아 있는 이 소나무들은, 가을이면 잎을 떨군다고 하여 일명 '낙엽송'으로 불린다.

죽령옛길 걷기 선비문화축제 기간 중에는 죽령길을 넘던 선비와 보부상의 모습을 만날 수 있다.

면 분명 죽지의 탄생 비화(?)를 알려주시지 않았을까 싶었기 때문이다. 그럼 아마도 훨씬 더 오래 「모죽지랑가」를 기억할 텐데 말이다. 그런 거 보면 역사가 서린 고장에 산다는 것이 얼마나 자랑스러운 일인가 싶다.

길은 이제 점점 가팔라지는 게 보였다. 저거 45도도 더 되는 거 아냐 싶은 각도를 앞에 두고 한숨 돌린다. 배낭을 내려놓고 물을 들이킨 다음 다시 배낭을 드는데, 아이고 깜짝이야! 이건 무슨 벌레지? 갑자기 어디서 나타났을까 싶었다. 아는 게 송충이밖에 없어서 거기에 비한다면 한 10배는 크고 두꺼웠다. 온몸의 하얀 털을 곤두세운 노란 몸체가 열 쌍도 훨씬 넘어 보이는 발들로 움직이고 있었다.

혼자 걷는 내내 잠자리가 주변을 맴돌고, 나무 사이를 날아다니는 박새는 보았어도, 이렇게 하마터면 만졌을지도 모르는 거리에 무언가 있다는 것이 놀라웠다. 사실은 이렇게 울창한 숲에서 이 벌레 한 마리만이 내 손이 미치는 부분에 있다는 게 오히려 놀랍지만 말이다. 놀란 마음을 진정시키고 가파른 언덕을 오른다. 어두운 언덕 중간에 또 무언가 이야깃거리가 실려 있었다. 이번엔 안동에서 오대산 상원사上元寺로 옮겨지던 동종銅鐘이 죽령에서 일으킨 놀라운 사건에 관한 이야기다.

『영가지永嘉誌』에 "무게 3,379근, 우렁차고 맑아 멀리 100리에 들린다."라고 전하는 국내 최고最古 최미最美의 범종梵鐘인 이 종은, 본래 안동의 어느 절에 있다가 안동부安東府 남문루에 옮겨져 시각을 알리는 구실을 맡고 있었다고 한다.

세조가 상원사를 원당사찰願堂寺刹로 정하고, 국내에서 가장 좋은 종을 구하는데 이 종이 뽑히게 된다. 1469년예종1 가을에 수백 명의 군졸과 100여 필의 우마를 동원하여 안동에서 상원사로 운반 도중, 죽령에 다다르자 종을 실은 수레가 갑자기 땅에 붙어 움직이질 않았다. 감독관원은 백방으로 궁리한 끝에 "이 종이 옛 고장을 떠나기가 서러워서인가." 여겨, 종의 젖꼭지鐘乳 하나를 떼어 안동에 보내자 마침내 종이 움직였다고 한다. 이 종은 36개의 젖꼭지에서 그 한 개를 떼어낸 자리가 지금도 남아 있단다.

사실 이 이야기를 읽고 처음 떠오른 생각은, 나 같아도 이 길에선 절대 못 움직일 것 같다는 거였다. 이렇게 가파른 길에 그 엄청난 무게의 수레를 끌었다고 생각하면, 수레가 안 움직인 것이 저절로 이해된다. 종이 고향을 떠나기 싫었다기보다 운반하는 이들이 조금 쉬었어야 된 것이 아닐까 싶다. 물론 너무 현실적인 발상에 스스로도 화가 나지만, 이 경사를 바라보는 것만으로 저절로 현실을 직시하게 된다.

이제 마지막 고비인 듯 하늘도 보이고 주변의 산등성이도 보이기 시작했다. 아무래도 안 되겠는지, 막판의 경사에는 목침을 박아 계단을 만들어두었다. 혹여 잘못 미끄러지기라도 하는 날이면 큰 부상으로 이어질 수도 있는 길이니 당연한 처사인지도 모르겠다. 천국에 이르는 계단이라도 되는 양 한 계단 한 계단이 그렇게 기쁠 수가 없다. 그러나 마침내 다 올라섰을 때는, '어라?' 하는 심정이 된다.

산 정상을 올랐을 때와는 전혀 다른 느낌이다. 차들이 지나가는 도로에 불쑥 튀어나와 있는 자신이 왠지 쑥스럽게까지 느껴지니 말이다. 하긴 한 시간 남짓한 시간을 설렁설렁 걸어왔으면서 무슨 산 정상에 올랐을 때의 기분을 만끽할 수 있겠는가. 그래도 내려다보이는 산등성이가 있어 제법 으쓱한 기분이 들긴 한다.

길 건너 고개엔 '백두대간 죽령'이라는 석비가 보이고, 충청도와 경상도의 갈림길이란 것을 확연히 알 수 있는 표지판도 보인다. 옹기가 한가득인 장독대 옆으로 죽령주막의 초가지붕도 보인다. 갑자기 시장기가 확 돈다. 지나는 차량은 별로 없지만 그래도 좌우를 잘 살피고 길을 건너 주막 안으로 들어섰다. 주막은

죽령주막 죽령 옛길의 마지막 고비를 올라 죽령고개에서 만나는 죽령주막.

안보다 밖이 훨씬 좋다. 너른 평상에 자리를 잡고 앉아 곤드레나물밥을 시켜 먹으며, 혼자인 탓에 못 마시는 인삼동동주가 내내 아쉬웠다.

조금 많다 싶은 양으로 든든히 배를 채우고 내려가는 길을 잡는다. 올라왔던 길을 다시 돌아갈까 싶기도 했지만, 나는 그냥 하늘이 보이는 아스팔트 길을 택한다. 찻길이라고는 해도 교통량도 별로 없고, 모든 것을 내려다보며 내려가고 싶은 마음이 들었기 때문이다. 게다가 큰길로 가는 것이 풍기온천을 찾기도 더 쉬울 것 같았다.

아스팔트 길이 좀 지루하긴 했지만, 올라오는 내내 하늘을 덮고 있던 나무들을 내려다보며 걷는 기분도 쏠쏠했다. 희방사로 들어가는 표지를 지나고, 희방사 집단시설지구를 지나면 길은 더 넓어진다. 이제 내려다보면서 걷는 재미도 없어져 버스라도 지나가면 타고 싶었지만, 어째 단 한 대도 지나가질 않는다. 꾸역꾸역 걸어서 풍기온천으로 향한다. 간판이 보여 다 왔다 싶었는데, 입구로 들어서 오르막길을 오르려니 힘이 들었다. 안 보일 때보다 다 왔다 싶을 때가 더 힘든 모양이다.

소백산 풍기온천은 알칼리성 유황온천수로, 유황·불소·중탄산 등 우리 몸에 좋은 물질이 온천수에 용해되어 있다고 한다. 영주시는 소백산국립공원·부석사·소수서원 등 빼어난 관광자원에 비해 상대적으로 취약한 휴양자원 확충을 위해, 1996년 물리탐사 및 지질조사를 시작으로 온천 개발에 착수하여, 2002년 드디어 550명이 동시 입욕이 가능한 대형 시욕장을 개장하기에 이른다.

소백산 풍기온천의 물은 지하 800m 심층에서 끌어올린 100% 천연 원수로, 산성화된 피부를 중화시켜주어 피부가 먼저 그 효능에 반응한다고들 한다. 물론 피부미용만으로 어찌 이 온천수의 효과를 말할 수 있겠는가.

연골이나 근육·피부 등에는 유황분이 포함되어 있는데, 만성관절질환이나 만성피부질환 등은 이들 유황대사를 활성화시키므로 유황 온천 목욕법이 치료에 많은 도움을 준다. 요산의 배설을 항진시키고, 항알레르기 작용도 인정되고 있으며, 음용하면 장의 유동이 촉진되어서 변비를 없애주고 담즙 분비를 도와 간 기능을 개선시켜 준다고 한다.

또한 말초 모세혈관·관상동맥·뇌동맥 등을 확장시켜주는 작용을 하며, 피부 각질을 부드럽게 하고, 항기생충 작용으로 피부질환 치료에도 도움을 준다. 만성기관지염에도 좋으며, 혈당을 낮추기 때문에 당뇨병에도 효과가 있는 것으로 알려져 있다.

소백산 풍기온천은 온천이라고는 해도 아직은 동네 찜질방보다 더 단순한 구조를 하고 있다. 온천수의 효과를 생각지 않는다면, 그저 커다란 대중목욕탕에 지나지 않는다. 풍기인삼 및 천궁·계피·당귀로 만들어진 습식 사우나가 특이하기는 하지만, 황토방의 건식 사우나나 원적외선 사우나는 큰 차이가 없다. 다

혼자도 좋고 함께여도 좋다

만 좀 온천 느낌이 나는 것은 중앙에 위치한 탕으로, 미온탕·온탕·열탕으로 나누어져 있어 자신에게 맞는 온도를 선택할 수 있게 했다는 점이다.

영주시는 종합온천장 외에도 숙박시설과 상가시설은 물론, 골프연습장과 수영장에 이르기까지 종합온천관광단지 조성을 계획하고 있으니, 가까운 미래에는 단순한 목욕시설이 아닌 즐길 수 있는 공간으로써의 소백산 풍기온천을 기대해 본다.

이왕 한 목욕인데 다시 소백산역으로 올라가느라 땀 빼는 게 싫어진 나는 풍기역으로 가기로 마음먹고는, 버스를 기다리느라 나무 테이블들이 놓여 있는 곳으로 가 앉았다. 어르신 한 분이 앞에 앉아 계셨는데, 버스 시간을 확인하는 내게 어디로 가냐고 물으신다. 서울로 간다 하였더니 당신도 서울 사람이라며, 지금은 희방사에 올라간 친구들을 기다린다고 하신다. 당신은 무릎이 안 좋아 먼저 온천을 하고 밑에서 기다리기로 하셨다는 거다.

어르신과 이런저런 얘기를 나누는데 우리 앞으로 택시가 들어온다. 택시에서 내린 어르신의 일행 중 한 분이 나를 알아보고 말을 거신다. 아까 소백산역에서 혼자 내리는 것을 봤다며, 왜 거기서 내렸냐고 물으시는 거다. 죽령 옛길을 가느라 그랬다고 말씀드리자, 당신들은 오늘 풍기장을 구경 오신 거라 풍기에서 내렸다고 하신다.

그 말씀을 들으니, 시골장을 가본 지도 한참 되었다는 생각이 들었다. 일본 친구들과 함께 정선장에 간 것도 벌써 2년 전의 일이다. 다음엔 장날에 맞춰 한 번 와야지, 오랜만에 옛 추억을 되새겨볼 수도 있으리란 생각에 벌써 마음이 두근거렸다.

희방사 옛길

옛날 경상도의 북부지방 사람들은 어떻게 한양으로 갔을까? 영주·안동·봉화·예천 지역에 살던 백성들과 과거를 보기 위해 상경하던 선비들, 장사를 하던 상인들은 주로 순흥도호부 창락면 관촌리(현 풍기읍 창락리)에 있던 역에 모여서 죽령竹嶺고개를 넘었다.

죽령이 시작되는 풍기읍 창락리에는 영남 북부에서 가장 큰 역驛이 있었다. 현재도 창락리에는 옛 역의 규모를 알 수 있는 유적들이 있는데, 역의 주춧돌과 당시 역장(찰방)의 선정비가 그것이다.

신라 소지왕 때(487년) 역참제驛站制가 시작되어, 조선시대에 와서는 전국을 권역별로 나누어 40개의 중심역과 500여 개의 간이역을 두었는데, 창락역은 바로 그 중심역 중의 하나였다. 요즘으로 말하자면 한국철도공사 경북본부쯤 된다. 창락역 산하에는 순흥, 영주, 봉화, 안동, 예안, 예천 등의 간이역이 있었다.

역장은 종6품의 벼슬을 받았고, 찰방 아래 사무를 담당하는 역리, 사령, 역리 보조, 노비 등을 합하면 80~100여 명의 역원이 일했다. 역마 역시 15~20필이 있었다. 주요 업무는 통신 및 운송기관으로 공문서 전달, 마필 공급, 관리와 사신의 숙박, 공물과 관물 수송 등이었다.

경북 북부지방 백성들은 풍기읍의 창락역을 시작으로 현재 중앙선 소백산역이 있는 무쇠다리 주막거리~느티정 주막거리~주점 주막거리~고갯마루 주막거리 순으로 이어지는 죽령 길을 넘나들었다. 불과 80년 전까지만 해도 오로지 말이나 가마를 타고, 혹은 도보로 이 죽령 길을 오른 것이다.

〈죽령 옛길〉을 둘러 본 이후, 〈희방사 옛길〉도 2008년 새롭게 복원된 출발점에서 첫눈을 밟듯이 걸어봐야겠다는 욕심이 났다. 복원된 희방사 옛길은 중앙선 소백산역에서 국도 5호선과 만나는 희방사 집단시설지구까지 길이 1.5km에 폭 3~4m의 흙길로, 아직은 안내판만 2~3개 세워져 있는 정도이다.

아침 10시, 시내버스를 타고 창락역이 있던 풍기읍 창락리에 있는 〈영주 소백산 풍기온천〉 정거장에 도착했다. 산삼배양근 원료 및 제품 등을 만드는 〈비트로시스〉와 2008년 조성된 풍기인삼 및 특산물 판매장 〈풍기 소백산 인삼시장〉, 지식경제부 산하 우정사업본부가 운영하는 〈풍기 우정교육센터〉 등이 주변에 있어 누구나 쉽게 찾을 수 있는 곳이다. 길을 찾기도 쉽지만, 풍기온천은 주차장이 넓어 자가용을 이용하거나 단체로 버스를 타고 갔을 때 이용하기 편리하다는 장점도 있다.

이곳을 출발점으로 하여 소백산역까지는 도보로 1시간 정도 거리이다. 옛 사람들이 걸어다닌 농로를 중심으로 길을 잡는다. 풍기온천에서 길을 건너면 바로 소백산 역전 무쇠다리 주막거리에 있는 〈용바위산장식당〉이나 〈소백산 희방 전통된장〉을 알리는 입간판이 보인다. 안내판을 기준으로 소백산을 보면서 길을 잡으면 헤매는 일이 없다.

이정표를 따라서 과수원 길을 200~300m 가다 보면 수령이 300년은 넘어보이는 큰 느티나무가 있고, 소백산에서 내려오는 남원천이 나온다. 느티나무를 기준으로 계속 전진하면, 도솔봉 아래에 고려의 왕건과 후백제의 견훤이 큰 전투를 벌였다는 둥광성터가 있다.

남원천을 따라 아래로 50m 정도 내려가면 역의 주춧돌과 역장의 선정비를 모아둔 작은 공원이 있다. 안내판도 있어 읽어볼 만하다. 안내문을 읽고 나서는 다시 길을 돌려 남원천을 따라 오른다.

남원천을 가운데 두고 양쪽은 대부분 과수원이다. 여름 · 가을에는 농로를 걸으며 익어가는 사과와 함께 시골의 정취에 흠뻑 취해 볼 수 있다. 남원천을 따라서 서북쪽 길을 30~40분 정도 걸어올라가면 용바위산장식당이 나온다. 용바위산장식당의 이정표는 길을 가면서 3~4개는 더 발견할 수 있어 갈림길이 있어도 길을 가는데 불편은 없다.

연화봉과 도솔봉 사이를 따라서 흘러 내려오는 남원천 물줄기가 참 깨끗하다. 더운 여름이면 물에 발을 담그고 20~30분 정도 담소를 나누며, 참외를 갈라먹거나 시원한 냉커피를 한잔하면서 잠시 시간을 보내는 것도 좋을 것 같다.

중간에 간이 화장실도 하나 있고, 남원천을 끼고 왔다 갔다 하는 길이 성겁다. 창락교 위에서 사진을 한 장 찍거나 냇가의 너럭바위에 앉아 포즈를 잡아보는 것도 좋을 것 같다. 주변의 사과나무와 함께 소나무와 잎갈나무도 정취를 더해준다.

풍경에 취해 거닐다 보면 순식간에 용바위산장식당에 다다르게 된다. 산책하는 기분으로 대략 한 시간 정도 걸어야 하는 거리지만, 경사가 거의 없는

혼자도 좋고 함께여도 좋다

길이어서인지 멀게 느껴지지 않는다. 10여 년 전에 생긴 〈용바위산장식당〉은 한우갈비와 오리탕을 주로 하는 곳으로, 계곡 옆에 지어진 건물이라 물소리도 좋고 음식도 맛있는 곳으로 알려져 있다. 방갈로에서는 민박도 가능하다.

잠시 물을 한잔 마시고 산장을 지나면, 바로 〈무쇠다리 주막거리〉를 알리는 돌비석이 나온다. 신라시대 희방사를 창건한 두운조사에게 도움을 받은 경주 호장이 희방사 가는 길목에 있는 이 마을에 무쇠다리를 놓아준 것이 유래가 되어 '무쇠다리 주막거리'라는 명칭이 생겨났다고 한다. 이제 무쇠다리는 없어지고 이름만 남았는데, 행정상 풍기읍 수철리水鐵里라고 불리는 곳이다.

역전 마을인 수철리는 요즘은 쇠락한 농촌마을이라는 느낌이 들지만, 100년 전만 해도 상당히 번창했던 곳이다. 죽령과 소백산, 희방사를 오르내리는 사람들로 늘 북적였고, 물산도 넘쳐났다. 하지만 지금은 농사를 짓는 농가가 대부분이고, 민박과 식당을 하는 집이 네댓, 나머지는 〈소백산 희방 전통된장〉과 농가주택을 개량한 별장 등으로 구성된 농촌마을이다.

등산을 할 때 길을 잡는 방법은 크게 두 가지가 있다. 하나는 능선을 따라서 길을 잡는 것이다. 소백산의 경우, 차를 타고 죽령 정상에 오른 다음 능선을 따라 연화봉과 비로봉을 오르면 쉽게 종주하는 것이 가능하다.

또 다른 방법은 물길을 따라 길을 잡는 것이다. 봉우리와 봉우리 사이를 흐르는 물길을 따라 계곡을 오르면 틀림없이 정상이 나온다. 창락리에서 출발하여 무쇠다리 주막거리까지의 길은 남원천을 따라서 오르면 된다.

이후 무쇠다리 주막거리에서 제2연화봉과 도솔봉 사이를 흐르는 물줄기와 제2연화봉과 제1연화봉 사이를 흐르는 물줄기로 갈린다. 전자를 따라가면 죽령 옛길이 되고, 후자를 따르면 희방사 옛길이 된다. 희방사 옛길을 택한 오늘은 제2연화봉과 제1연화봉 사이를 흐르는 물줄기를 따라 오르게 된다.

소백산 역전을 기준으로 정면으로 난 길이 새롭게 조성된 〈희방사 옛길〉이다. 도로가 생기고는 그 쓰임이 거의 없던 길을 새롭게 등산로 및 생태로로 복원한 것은, 한국철도공사가 기존의 자동차 혹은 버스 중심의 소백산·희방사 여행코스를 철도와 연계한 등산관광 프로그램으로 만들어보기 위한 노력의 결과물이다.

본격적인 희방사 옛길이 시작되는 길목에는 〈소백산 희방 전통된장〉 공장이 있다. 냇물을 끼고 우측에 위치한 공장은 400~500평 정도의 대지에 집과 공장이 한 채씩 있고, 된장독은 300개쯤 되어 보였다. 맛있는 토종 된장이 잘 익어가는 느낌이다.

소백산의 맑은 공기와 깨끗한 청정수를 이용한 〈소백산 희방 전통된장〉에서는 국산 콩과 고추를 이용하여 우리식 전통된장과 함께 찹쌀고추장, 청국장, 간장 등을 만들고 있다. 지난 2006년에는 경상북도에서 우수 농특산물 명품 브랜드 인증서와 인증패를 받았다.

된장 공장을 지나면 별장용으로 지은 듯 예쁜 집들이 서너 채 보인다. 시냇가에 지어진 집이라 장마철에는 큰 물소리가 귀에 거슬리기도 하겠지만, 산세가 빼어나고 공기와 물이 좋아 휴양지로 제격일 것 같다.

새롭게 조성된 길이라 아직 크게 정비가 되지 않아서인지, 희방사 옛길은 나름 옛 정취가 있다. 안내표지판 2~3개를 제외하곤 아무런 인공물이 없을 정도로 다듬어지지 않았지만, 다듬어지지 않았기에 그냥 고향의 앞마당이나 시골길을 걷는 느낌이 든다. 길옆에 과수원들이 있고, 물길을 따라 두세 번씩 개천을 넘기도 한다.

전혀 손이 가지 않은 산길이 도리어 좋다. 물 옆에 있는 바위 위에 앉아 쉴 수도 있고, 물소리를 들으면서 풍경을 감상하는 것도 느낌이 좋다. 간간이 양봉을 하는 농가가 있는지 벌통이 보이기도 하고, 비석 없는 무덤들도 여러 개 있다. 30분 정도 걸으면 복원된 길은 끝나지만, 사랑하는 여인과 찰나의 만남이 도리어 오랜 기쁨으로 남는 것처럼, 가슴 한켠은 아쉬운 행복감에 젖는다.

소백산 능선길

소백산 능선길인 죽령에서 연화봉까지는 국내 최대의 우주관측소인 국립천문대가 자리 잡고 있어서인지, 길은 완만하고 도로는 콘크리트 포장이 되어 있어 걷기에 편했다.

중간 중간 안내판과 쉼터가 마련되어 있고, 길섶의 나무, 풀, 꽃들이 아름답고 보기 좋다. 민들레와 질경이가 부쩍 눈에 띈다. 소백산에는 관다발식물 1천여 종이 자생한다고 하니 과연 식물의 보고寶庫라는 생각이 들었다. 당귀와 같은 약초도 많이 보였다.

두 시간을 걸으니 제2연화봉에 다다른다. KT의 중계소가 너무 웅장하게 봉우리에 자리를 잡고 있어 짜증이 나기는 했지만, 정상에 오를 필요 없이 능선을 돌아 연화봉으로 가는 길이 있어 그쪽으로 길을 잡는다. 이 구간은 포장이 되어 있지 않아 흙길을 걷는 느낌이 좋다.

이른 시간이라 등반객이 많지는 않았지만, 간간이 오가는 사람이 있어 눈인사

소백산 비로봉 소백산 주봉인 비로봉은 어머니의 품과 같은 푸근함과 넉넉함으로 등산객들을 맞이한다.

를 나눈다. 모퉁이를 돌아서니 어르신 한 분이 길바닥에서 식사를 하고 계신다. 인사를 했더니 같이 식사를 하고 가잔다. 거절을 못하고 옆에 앉아서 괜시리 물만 들이켰다.

경기도 안양에서 공구상을 한다며 자신을 소개한 그분은, 한 달에 한두 번은 약초 채취를 위해 전국의 명산을 둘러본다고 했다. 국립공원에서 약초 채취는 불법이라고 했더니, "올 때마다 한두 뿌리를 캐가는 정도이고, 약초 공부를 하고 있다."라고 대답했다.

그는 "전국의 산에 좋은 약초가 정말 많은데, 사람들이 너무 일찍 많이 캐가는 것이 아쉽다."며, 자신은 주로 늦가을 열매가 떨어지거나 씨가 전부 날린 다음 한두 뿌리 필요한 것만 캔다고 했다. 그러면서 산약초에 대한 자신의 철학과 약초와 독초의 구분법 등을 차근차근 설명했다. 특히 "산삼 5뿌리를 먹어서 예순이 넘은 요즘도 힘이 좋다."라는 말에는 웃음이 나왔다.

식사를 마친 후, 약초 아저씨와 함께 길을 재촉하여 연화봉 방향으로 간다. 1시간 30분을 더 걸으니 국립천문대가 나온다. 예전에 둘러본 적이 있지만, 담장 안으로 들어가 구경을 하기는 처음이다.

원래 있던 천문대 옆에 새롭게 신축한 천문대와 숙소가 아주 깨끗해 보였다. 물이 귀한 곳이라 그런지 문 앞

혼자도 좋고 함께여도 좋다

소백산 천문대 소백산 연화봉 정상부에 있는 소백산 천문대는, 순수한 연구관측 이외에도 일반인들에게 과학에 대한 이해를 위해 폭넓은 기회를 제공하고 있다.

에 내어놓은 물통에는 '식수가 부족하니 드시고만 가시고, 물병에 담아가지는 말아주세요.'라고 애절형으로 적혀 있어서 웃음을 자아냈다.

시원한 물을 한잔 마시고, 천문대를 둘러본 후 밖으로 나왔다. 담장 곁 풀밭에 박하가 피어 있기에 한입 물었더니 향이 진동을 한다. 약초를 잘 아시는 아저씨랑 동반을 하여 온갖 약초 구경을 하게 생겼다.

늘 찾던 연화봉이라 애써 오르지 않고, 자연탐방로를 따라 비로봉 방향으로 길을 잡았다. 연화봉 주변은 매년 5월말~6월초에 철쭉제가 열리는 곳이라 그런지 곳곳에 철쭉군락지가 보였다. 지난 5월말에 왔을 때보다 녹음이 더 짙어서 좋았다.

장마가 북상을 하고 있다더니 구름이 많은 날씨라 다행히 그다지 덥지는 않았다. 물론 통상 6월말의 낮 시간에 9시간 넘게 산행하는 것이 무리라는 것을 알고 출발했지만, 연화봉을 지나니 힘이 들었다.

이제부터는 정말 산길을 걷는 것이다. 도로를 걷는 것보다 무릎에 무리를 주지는 않지만, 계속하여 오르락내리락하며 가는 길이 쉽지만은 않았다. 연거푸 물을 마시고, 중간 중간 계속 쉬어보지만, 무릎과 허리가 아프다. 하지만 아저씨의 약초 설명이 힘을 돋워주었다.

자주 등산을 다니고 약초를 많이 먹어서인지 약초 아저씨는 아주 편하게 길을 걸었다. 그에 비해 평소의 운동 부족 탓인지 마흔을 갓 넘긴 나는 대화를 나누며 아저씨와 보조를 맞추기가 힘들고 피곤했다.

한 시간을 넘게 걸으니 비로봉이 보이기 시작했고, 중간에 산장과 주목군락지 등이 보기 좋게 펼쳐져 있다. 길옆에 당귀와 에델바이스(외솜다리)가 즐비하다. 아직 꽃이 피지 않은 에델바이스가 예뻐 사진을 한두 장 찍어본다.

여성스러운 산이라고 표현되는 소백산은 정상 부근이 아주 평탄하다. 그래도 해발 1,400m 내외의 고지라 바람이 심하게 불어서인서 큰 나무는 거의 없고, 잔목과 풀밭이 펼쳐져 있다. 대관령의 목장지대를 옮겨놓은 것 같은 분위기에, 산장의 외관과 주목군락지는 장관이다.

주목군락지 부근에서 점심을 먹기로 했다. 아저씨와 약초에 관한 이야기며, 산과 건강에 관한 담화를 나누다보니 시간은 정오를 넘기고 있었다. 나는 죽령휴게소에서 사온 도시락으로 아저씨는 안양 집에서 준비해 온 도시락으로 행복한 식사를 마쳤다. 아저씨가 오던 길에 채취한 표고버섯을 비롯한 약초 반찬과 총각김치가 무척이나 맛있었다. 아저씨는 단양으로 간다며 천동계곡 방향으로 하산을 했고, 나는 길을 서둘러 비로봉에 올랐다.

경북 영주시와 충북 단양군의 경계에 위치한 소백산의 주봉 비로봉(1,439m)은 경관이 좋았다. 사방이 확 트여 시야가 넓었고, 멀리 영주와 단양 일부가 보였다. 구름이 많고 날씨가 흐렸지만, 정상에 오르니 청명한 하늘과 시원한 바람을 맛

혼자도 좋고 함께여도 좋다

소백산 비로봉 주목군락 살아 있는 화석 주목군락이 장관이다.

볼 수 있었다. 오히려 햇살이 뜨거워 반팔을 입은 팔이 붉게 익어가고 있었다.

덥고 힘들었지만 생각보다 몸이 좋아, 길을 조금 더 늘려 국망봉에 올라 돼지바위를 보고 초암사 방향으로 하산을 해야겠다고 마음먹는다. 1시간 정도 더 걸리는 길이지만, 비는 저녁 늦은 시간부터나 온다고 하니 큰 걱정은 없었다. 길은 대체로 평탄하고 아이들과 동행할 수 있을 정도로 편했다.

30~40분 정도 걸었을까? 중간에 길을 물어보는 사람이 있어 발목이 잡힌다. 자신은 "초암사에서 월전리 방향으로 길을 잡아 달밭폭포를 지나 월전계곡 길을 올라왔다."면서 국망봉과 비로봉 중 어느 쪽이 가깝냐고 물어왔다. 비로봉 쪽이 아직은 가까운 것 같다고 대답하자, 그는 "초암사 방향으로 가려면 내가 올라온 길을 따라가면 된다."며 길을 알려주었다.

국망봉에 올라 멸망한 신라와 마의태자를 생각하면서 묵념을 한 후, 하산 길에 돼지바위를 보고 석류암골을 지나는 등산로를 따라 내려가려고 하였지만, 그분은 샛길을 알려주며 자신도 하산을 하겠다고 한다. 결국 나도 같이 월전계곡을 가로지르는 하산 길을 택했다. 국망봉과 돼지바위는 나중에 초암사에서 시작하는 등산을 한 번 더 하는 것으로 일단 미루어둔다.

자신을 영주시청 문화관광과 김영섭 계장이라고 소개한 동반자는, 최근 문화체육관광부가 지정한 소백산 산책로를 답사하기 위해 혼자 등산을 왔다고 했다. 나도 신문에서 본 적이 있다고 했더니 "영주시의 경우 소수서원에서 출발하여 달밭골과 비로사를 거쳐 풍기온천, 죽령 옛길을 넘는 코스가 선정되어, 3개 구역으로 나눠 산책로를 개발하는 중."이라고 했다.

참 대단하다는 생각이 들었다. 휴일에 관광코스 개발을 위해 공무원이 혼자서 산책길을 둘러보고 있다니, 그동안 내가 생각하고 있었던 공무원의 모습과 너무

혼자도 좋고 함께여도 좋다

다른 느낌이었다. 아무튼 김계장과 하산을 하면서 많은 이야기를 나누었다. 영주시의 관광 발전 계획이나, 농축특산물 홍보 전략 등에 대해 고민이 많은 공무원의 모습을 느낄 수 있었다.

죽계천을 따라 내려가는 하산 길은 그늘이 많아 시원하고, 이어지는 폭포와 계곡을 따라 물소리와 함께하는 길이라 걷기에 좋았다. 중간 쯤 달밭폭포에서 잠시 쉬기도 하고, 달밭골에 있는 외딴 농가에 들러 물을 한잔 마시며 이야기도 나누었다. 농가에 혼자 사시는 노인은 마당에 벼락 맞은 참나무를 보여주기도 하셨다. 자연을 벗삼아 사는 모습이 좋아 보여, 잠시 나도 이런 곳에서 농사일을 거들며 자연을 벗삼고 싶다는 생각이 들 정도였다.

소백산 국립공원에서 매년 봄에 열리는 철쭉제는 그야말로 자연의 신비로운 예술입니다. 아름다운 연분홍 철쭉의 물결을 따라 높은 하늘과 맑은 공기를 벗 삼아 거닐다 보면 자연의 위대함에 절로 탄성이 나올 것입니다.

철쭉제 행사 중 하나인 장승제는 우리 것, 우리 전통을 보존하고, 나라의 번영과 국민의 안녕을 기원하는 엄숙한 자리이자 소망성취를 축원하는 자리이기도 합니다. 장승 깎기, 장승 그리기, 통일기원제 등의 행사를 통해 가족들과 함께하는 소중한 추억의 시간을 가져보는 것이 어떠실지요.

아름다운 계절 5월에는, 진한 철쭉꽃 향기와 함께 가슴속에 간직될 아름다운 풍경을 색다른 감동으로 느껴보시기 바랍니다.

금성대군 길

경북 영주시에서 충북 단양군으로 넘어가는 고갯길은 크게 3개로 나뉜다. 첫 번째가 죽령이요, 죽령에서 동쪽으로 조금 더 이동을 하면 두 번째 고치령이 나오고, 세 번째가 가장 동쪽에 위치한 마구령이다.

영주에서 가장 알리고 싶은 관광지가 '죽령 옛길'이라면, 가장 숨기고 싶은 관광지가 바로 오늘 오르는 고치령古峙嶺일 게다. 고치령 고갯마루나 마락리 인근에 있는 빈집을 얻어 한 달 쯤 살았으면 좋겠다는 생각이 고개를 넘는 내내 들었다.

통상 강원도와 충청도, 경상도를 오가던 상인들이 넘던 이 고갯길은 영주시 단산면 좌석리에 위치한 좌석교회 앞에서 출발하여 해발 760m 고치령을 넘어 산 아래 마을인 단산면 마석리의 옥대초등학교의 마락 분교가 있던 마락청소년 야영장까지 가면 끝이 난다.

하지만 이번 고치령 도보여행 길은 순흥면 내죽리에 위치한 금성대군 위리안치지錦城大君 圍離安置地에서 시작을 하고자 한다. 위리안치는 중죄인의 거주지를 제한

혼자도 좋고 함께여도 좋다

하기 위해 집이나 움막의 둘레에 탱자나무 울타리를 치거나 가시덤불로 에워싸서 외인의 출입을 금한 형벌로, 요즘으로 말하자면 가택연금이라고 할 수 있다.

금성대군 위리안치지는 바로 금성대군이 순흥면 내죽리에 안치되어 있던 장소이다. 물론 현재의 위리안치지는 최근에 고증을 통하여 원래의 자리에서 30~40미터 뒤쪽에 복원을 한 것으로, 원래의 위리안치지에는 금성대군신단이 들어서 있다. 나는 이 길을 내 나름대로 ‘금성대군 길’이라고 이름을 정했다.

세종대왕의 아들이며, 수양대군의 동생인 금성대군은 사육신들의 단종복위운동에 연루되어 유배지를 떠돌다가 마침내 흥주도호부(순흥의 옛 이름)로 옮겨 오게 된다.

당시 폐위된 단종은 노산군으로 강등되어 소백산 너머 영월군 청령포 적소에 안치되어 있었다. 금성대군은 조카인 단종의 복위를 위해 순흥부사 이보흠 등과 함께 고을의 군사들과 선비를 모으고, 영남의 선비들에게 격문을 돌려 단종의 복위를 꾀하게 된다.

그러나 밀고로 발각되어 죽임을 당하면서 그에게 동조하던 흥주도호부 지역의 수백 명 선비들과 가족은 물론, 흥주 30리 안에는 사람의 모습을 볼 수 없을 정도로 모두가 죽음을 당했다. 이 사건이 바로 정축지변丁丑之變이며, 이후 흥주도호부는 폐부가 된다.

당시 죽음이 얼마나 처참했던지 사람들이 죽고서 흘린 피가 죽계竹溪를 타고 10여 리를 흘러 이웃한 안정면 동촌리에 이르러서야 끊어졌다 하여 현재도 이 마을을 사람들은 ‘피끝 마을’이라고 부른다.

정축지변 이후 200년이 지나 숙종때 순흥도호부는 환복이 되었고, 이후 매년 봄·가을(음력 2월. 8월)향사가 열리는 금성대군신단, 조선 유학의 중심이자 선비를

사천 계곡 고치령 고갯길에서 만나는 사천 계곡은 물이 깊고 차다.

훈육하던 민족교육의 산실인 백운동서원(소수서원) 등이 만들어져 과거의 영화를 어느 정도 회복했다.

고치령을 논하면서 금성대군과 단종복위운동에 대한 이야기를 하게 된 이유는, 바로 복위운동의 중심에 순흥이 있었고, 그 순흥의 군관민이 금성대군의 밀사가 되어 단종이 있던 영월 청령포까지 오가던 길에 이 고치령이 있기 때문이다.

고치령은 단순히 부보상들이 물류를 위해 넘던 고개를 넘어, '단종애사'의 슬픔을 간직한 한恨 많은 길이기 때문이다. 그 한 많은 길을 오늘 다시 걷는 것은 금성대군의 충절, 의기, 반골정신, 기개를 생각해 보기 위함이다.

혼자도 좋고 함께여도 좋다

또 하나의 이유는, 태백산과 소백산을 가르는 기준이 되는 곳이 바로 고치령이기 때문이다. 영주사람들은 북쪽 영월에서 죽은 단종을 '태백산 신령이 되었다'고 믿고 남쪽 순흥으로 유배되었다가 안동에서 죽은 금성대군을 '소백산 신령이 되었다'고 믿는다. 그들 조카와 삼촌 사이에는 죽어서야 만날 수 있었던, 육신은 넘을 수 없었던 고개 고치령이 자리하고 있다.

사람들은 소백과 태백 사이의 양백지간兩白之間에 산신각을 짓고 금성대군과 단종이 영혼이 되어 만나는 자리를 마련해 주었다. 아담한 산신각에는 태백산 신령인 단종과 소백산 신령인 금성대군이 함께 모셔져 있다. 요즘도 영주인들은 정월 열나흗날이면 어김없이 산신제를 지내니 그들의 넋을 달래기 위함이다.

금성대군신단 옆에는 순흥의 흥망과 정권의 성쇠를 지켜본 한 그루의 성황목城隍木 은행나무가 있다. 역모의 죄로 흥주도호부가 폐부가 될 것을 예견하여 문종 1년1451년에 고사한 이 나무는 인조 21년1643년에 되살아났으며, 그 기운 때문인지는 알 수 없지만, 숙종 8년1682년에 순흥부로 환복되었다.

이 신목神木 은행나무 압각수(鴨脚樹-사람들은 오리를 신령하고 상서로운 새로 여기는데, 날기도 하고 걷기도 하고 자맥질도 하는 수륙양서의 동물이며, 한반도에서 가장 긴 강인 압록강鴨綠江 푸른 물에 오래도록 물갈퀴로 헤엄치고 사는 오리처럼 영원하라는 뜻에서 붙인 이름)는 지금도 금성단을 바라보며 묵묵히 서 있다.

새롭게 조성된 위리안치지와 원래 위리안치지가 있던 금성대군신단을 둘러보고 나서 배점, 덕현리 방향으로 길을 잡은 나는 새롭게 조성된 〈소백산자락길 12자락〉을 역으로 걷는다. 이 길은 국립공원지역으로 생태자원이 잘 보존되어 있으며, 매년 정월 대보름에 거행되는 서낭제를 볼 수 있는 곳이다.

나는 계속 전진하여 덕현리를 살핀 다음, 점마까지 간다. 이어 성재를 넘어서

 오르막은 대부분이 포장도로인 데 비해 내리막은 대부분 비포장인 고치령 고갯길은 운치가 있어 걷기 좋은 길이다.

금성대군을 모시는 두레골서낭당을 살펴본다. 원래 이곳은 순흥부의 산신령만 모시던 산신각이 있던 자리였다.

조선 후기 순흥부가 복설된 후 마을 노인의 꿈에 금성대군이 현몽하여 '냇가에 버려진 나의 피 묻은 돌을 거두어 달라'고 하여 북바우에 모시고 제사를 지냈다고 한다. 구한말 일본인들이 들어와 제사를 방해하자 다시 금성대군이 꿈에 나타나 '두레골로 옮겨 달라'고 하였다 한다. 이리하여 두레골서낭당에 혈석을 봉안하고 현재까지 순흥초군청에서 매년 정월 보름에 제사를 올려오고 있다.

잠시 장안사를 둘러 본 다음, 자작자작 걸어 넘을 수 있는 자작재를 넘어서 시거리까지 간다. 이곳까지는 배점에서 대략 2시간 반 정도 걸리는 거리다. 인적이 드물어 단종과 금성대군을 생각하면서 걸어도 좋고, 명상을 하면서 걸어도 좋다. 무엇보다 자연경관이 무척 아름다워 심신을 단련하기에도 멋진 산책길이다.

이곳에서부터 상좌석과 연화동으로 갈라지는 길이 있기는 하지만, 안내판과 사천 물길을 따라 계속 전진하면 고치령이다. 고치령 정상까지는 대략 도보로 2시간 정도 걸린다. 마락리의 청소년수련장까지 족히 3시간은 걸어야 하는 길이다.

이제부터는 오르막을 오르다 피바위약수를 지나면, 화장실도, 가게도, 식당도 하나 없는 고갯길이다. 물론 도보로 가는 사람이나 차를 타고 넘는 사람도 만나기 힘들다. 산은 깊고, 숲도 하늘을 가리고 있어 무섭기까지 하다. 숨이 차고 힘이 들지만, 묵묵히 앞을 향해 걷는다. 중간에 빵도 하나 먹고 물도 마셔보지만 후회가 될 정도로 힘이 든다.

어렵게 고치령 정상에 올랐다. 우측 태백산 측 도로 옆에 자그만 산신각이 보인다. 산신각 안에는 금성대군과 단종의 위패가 모셔져 있고, 작은 인물화도 있다. 도로를 가운데 두고 좌측에는 포도대장군과 단산대장군이 소백지장 장승을 모시고 있고, 우측에는 태백천장을 가운데 두고 양백대장과 항락 장승이 둘러 서 있다.

고치령에서는 매년 정월에 단산면 기관단체협의회 주관으로 지역 발전과 번영을 기원하는 '소·태백 양백지간 시산제'가 열리고 있다.

잠시 쉰 다음 하산을 한다. 좌석부터는 외길에 포장과 비포장을 반복하고 있지만, 폭이 3m 정도는 되어 걸어다니기에는 편하다. 정상 바로 아래 왼쪽에 있는 맑은 샘터는 백두대간 종주자들을 위한 멋진 휴게소 역할을 한다. 마락리까지 내려가는 길에는 간간이 폐가가 보이기도 하고, 독농가가 보이기도 한다.

고치령을 넘어서 내리는 비는 단양군의 맨 우측에 위치한 의풍리로 흘러서 남한강으로 들어간다. 마락리는 경상북도에서도 몇 안 되는 한강수계이다. 이웃한 부석면 남대리와 봉화군 춘양면 우구치리, 저 멀리 속리산 넘어 상주군 화북면 운흥리와 함께 경상도 땅에 한강물이 흐르는 지방이다. 능선을 따라 시도의 경계를 구분하지 않기 때문이다.

고치령에서 한 시간 정도 내려오니 조그만 마을 마락리가 보인다. 집은 몇 채 없다. 조그만 분교가 있던 곳은 27년 간 운영을 하다가 지난 1991년 졸업생 147명을 배출하고는 문을 닫고, 현재 마락청소년수련장으로 탈바꿈했다. 하지만 작고 초라한 것이 그 쓰임새가 있을까 하는 생각이 들 정도로 빈약해 보였다.

집들이 많지 않은 산촌이지만, 그나마 있는 집도 하나같이 낡은 옛집이고, 골짜기 논밭들도 많이 묵었다. 물이 많지 않아서인지 밭이 대부분이다.

마락리馬落里는 영남의 절해고도로 "마을 입구 마지 바위에서 순흥, 단산과 단양, 영월을 오가던 부보상 행렬의 말들이 자주 떨어져 죽었다." 하여 붙여진 이름이라 한다.

골짜기를 따라 마락리 서낭당을 지나 30분 정도 북쪽을 향해 더 걸으면, 길은

혼자도 좋고 함께여도 좋다

고치령 산신각 단종과 금성대군의 신위가 모셔져 있는 산신각과 고갯길을 지켜주고 있는 주변의 장승들.

마침내 충북 단양군 영춘면 의풍리로 들어서니 이곳이 바로 『정감록』의 십승지 중 하나인 의풍이다. 의풍은 사방 어느 길을 가든 큰 고개를 넘어야 하는 오지 마을이다. 의풍리의 학교와 교회, 보건소 등을 잠시 둘러본다. 김삿갓의 무덤과 문학관이 있는 영월군 노루목까지는 북쪽으로 30분 정도를 더 걸으면 닿을 수 있다.

도보여행 길은 여기에서 끝을 낸다. 단종이 있던 영월군 청령포까지 길은 더 있지만, 도로가 잘 되어 있어 도보여행의 의미가 없고, 고치령을 넘어 금성대군과 단종이 만나려 했던 마음만을 받아서 고개를 도보로 무사히 답사한 것만으로 만족하며 여행을 끝낸다. 장정 걸음으로도 7시간 이상 걸리는 거리를 걷는 일은 쉽지 않지만, 역사와 함께하는 '금성대군 길'을 더듬어 보는 것은 사회 문화적으로 좋은 의미가 될 것 같아 추천한다.

의상대사 길

공중에서 보면 전체의 건물들이 '빛날 화華'자 모양으로 배치되어 있는 부석사는, 고요함 속에 수행이 가능한 정진도량 그대로의 모습을 가장 잘 갖춘 절이다. 유홍준 교수는 그의 저서 『나의 문화유산 답사기』에서 부석사를 두고 "무량수전 앞에 서서 바라보는 산세와 풍광을 나는 국보 제로라고 부르고 싶다."라며 극찬을 하지 않았던가!

기독교 장로였지민 문화재를 사랑한 이승만 초대 대통령이 1956년 쓴 '부석사'라는 현판이 걸려 있는 안양루에는, 방랑시인 김삿갓이 쓴 「부석사」리는 제목의 시詩가 작게 판액되어 걸려 있다.

平生未暇踏名區 평생에 여가 없어 이름난 곳 못 왔더니
白首今登安養樓 백발이 다된 오늘에야 안양루에 올랐구나
江山似畵東南列 그림 같은 강산은 동남으로 펼쳐 있고

天地如萍日夜浮	천지는 부평같이 밤낮으로 떠 있구나
風塵萬事忽忽馬	지나간 모든 일이 말 타고 달려오듯
宇宙一身泛泛鳧	우주에 내 한 몸이 오리마냥 헤엄치네
百年幾得看勝景	백 년 삶에 몇 번이나 이런 경관 보겠는가
歲月無情老丈夫	세월이 무정하네, 나는 벌써 늙어 있네

한편, 영주시와 이웃한 봉화군 물야면 개단리 문수산文殊山에 있는 축서사鷲棲寺도 673년문무왕13 의상대사가 창건한 절이다. 창건 설화에 의하면, 당시 인근 지림사智林寺 주지가 산 쪽에서 상서로운 빛이 나오는 것을 보고 의상에게 알렸고, 의상이 그곳으로 가보니 비로자나불이 광채를 발하고 있어 그 자리에 절을 짓고 불상을 모셨다고 한다.

867년경문왕7에 부처 사리 10과를 가져와 사리탑을 조성하여, 현재 우리나라에서 부처의 진신사리가 가장 많은 사찰 중의 하나이다. 축서사는 또한 참선 수행 도량으로 유명하다.

축서사란 이름은 독수리 축鷲(부처님께서 설법을 하시던 영축산의 '축')과 깃들 서棲 (즉 '독수리 사는 절'이라는 뜻으로, 독수리는 지혜를 뜻하며, 지혜는 바로 큰 지혜를 가진 문수보살을 뜻함)에서 따왔다는 설이 있고, 한편으로는 험준한 산세가 풍수지리학적으로 독수리 형국이므로 '축서'라 명명했다고 보는 이도 있다.

축서사를 창건한 의상은 3년 뒤 축서사에서 40여 리 떨어진 봉황산 중턱에 대찰을 세웠으니, 이 절이 바로 동국화엄제일도량인 부석사이다.

구한말 을사보호조약(1905년)과 정미 7조약(1907년)으로 일제가 조선 침략 야욕을 드러내자, 백성들은 분개하여 의병으로 뭉쳐 무장 투쟁을 하였는데, 이때 일본군들이 의병 토벌을 위해 축서사를 방화하여 대웅전만 남기고 전소시켰다. 이 때문에 1,300년을 넘게 이어오던 축서사는 하루아침에 잿더미가 되었고, 오랫동안 전해 내려오던 수많은 유물들이 없어지고 말았다.

그 후 한동안 폐사로 있었는데, 일제강점기 말에 삼성각을 세우고 한국전쟁 직후 요사채를 신축하여 사찰의 체모體貌를 유지하다가, 1980년 전후에 요사채와 토굴 2동을 신축하면서 조금씩 중축重築하였다. 이후 제대로 된 절의 모습을 갖춘 것은 최근의 일이다.

문화재급 보물로는 대웅전의 석조비로자나불이 있다. 높이 108cm의 이 석불은 창건 당시 의상이 봉안한 것으로, 통일신라 말기의 불상 연구에 귀중한 자료로 평가된다. 이외에도 석등 및 석탑이 있고, 잘 다듬었던 흔적이 보이는 맷돌·주춧돌·석축 등 석재들이 사찰 주변 곳곳에 흩어져 있다.

축서사의 또 하나의 자랑거리는 괘불이다. 1768년에 점안한 괘불로서 크기는 가로 550cm, 세로 880cm, 면적 48.4m²로 대형이다. 입상 아미타불로서 성스러운 존안尊顔과 특이한 육계, 풍만한 가슴과 부처상으로 보기 드물게 화려한 의상 및 특이한 후광배는 불자들을 놀라게 한다. 큰 회화이면서도 적당한 구도와 섬세하고 뛰어난 솜씨는 관람자를 감탄케 한다.

실제로 축서사를 가보면 부석사를 방문했을 때의 감단사 이상의 경단사가 나온다. 독수리를 닮은 절 뒤의 산세도 놀랍고, 대웅전 앞에서 바라본 정면의 풍광도 부석사와 비등하다. 봉화군을 찾는 많은 관광객들이 청량산과 청량사를 주로 방문하지만, 사실 문수산의 축서사를 찾지 않고 봉화를 보았다고 말하는 데는 무리가 있다는 생각이 들 정도다.

이번에 부석사에서 축서사까지 가는 길을 '의상대사 길'이라고 이름을 정한

혼자도 좋고 함께여도 좋다

축서사에서 바라본 풍광 축서사 앞쪽의 산세도 국보로 지정하고 싶을 만큼 훌륭하다.

이유는, 두 절이 의상대사가 창건한 절이며, 부석사를 창건할 당시 "축서사의 스님들이 부석사를 오가며 절 창건을 도왔고, 축서사에서 밥을 해와 인부들에게 먹였다."라는 기록이 남아 있기 때문이다.

실제로 의상대사는 부석사를 창건할 당시 두 절을 수백 번 왔다 갔다 하면서 공을 들였을 것이다. 따라서 이번 도보여행은 의상대사를 생각하면서 부석사에서 축서사로 가는 길을 택했다. 부석사에서 출발하여 의상대사가 걸었던 길을 걸으며 그의 철학·사상·불심, 특히 '천지만물에 부처님이 숨어 있다'는 화엄종의 가르침을 되새겨보고자 한다.

부석사를 창건한 의상대사는 신라시대의 승려로 화엄종華嚴宗의 개조開祖이다. 644년선덕여왕13 황복사皇福寺에서 승려가 되었고, 661년문무왕1 당나라에 가서 지엄智儼의 문하에서 현수와 더불어 화엄종을 연구하다 670년문무왕10 귀국했다.

676년문무왕16 왕명에 따라 부석사를 짓고 화엄종을 강론, 해동海東화엄종의 창시자가 되었다. 전국에 10여 개의 화엄종 사찰을 건립하며, 화엄의 교종을 확립하는 일에 힘썼다. 그의 문하에서 오진悟眞, 지통知通 등 '의상십철義湘十哲'이라 일컫는 10대덕大德의 고승이 배출되었다.

고려 숙종으로부터 해동화엄시조海東華嚴始祖 원교국사圓敎國師라는 시호를 받았다. 저서에 『화엄일승법계도華嚴一勝法界圖』, 『십문간법관』, 『백화도량발원문白花道場發願文』, 『입법계품초기入法界品鈔記』, 『소아미타경의기小阿彌陀經義記』 등이 있다.

화엄종의 교리는 '하나가 곧 전체이고, 전체가 곧 하나이다'라고 하는 '일즉일체一卽一切 일체즉일一切卽一'의 연기적 세계관과 깨달음을 기초로, 모든 법의 이치가 완전히 하나로 융합하여 구별 없이 원만하며 막힘없는 상태인 원융무애圓融無礙를 꿈꾼다. 따라서 화엄종은 일체의 천지만물을 석가의 진신眞身인 비로자나불의 현

혼자도 좋고 함께여도 좋다

현顯現으로 보며, 부처의 깨달음의 경지에서 전 우주를 절대적으로 긍정하는 통일적 입장에 서 있다.

이번에 걷는 의상대사 길은 1,400년 전의 길과 분명한 차이가 있다. 당시에는 산길이 있었을 것이고, 수레를 이용하여 간다고 해도 지금과 약간은 달랐을 것이다. 하지만 기본적으로 부석에서 물야까지 가는 길의 생명과 지혜는 동일하다고 보고, 현재의 도로를 중심으로 길을 잡는다.

부석사 주차장을 나서면 바로 봉화, 물야 방면을 알리는 안내판이 나온다. 이내 방동을 지나 다시 좌회전을 하면 봉화군 물야면에 들어서게 되고, 931번 지방도(소백로)를 따라서 계속 가면 물야면 소재지가 나온다. 중간에 당골의 운부암이 멀리 보이고, 압작골이라 불리는 압동리를 지나면 양지마, 음지마, 사골이 나오고, 이내 면 소재지다.

작은 시골마을인 이곳에는 초·중학교가 있고, 면사무소, 주유소, 농협 등이 보인다. 사실 면 소재지까지 가지 않고 직전에 우회도로를 따라가면 되지만, 둘러보는 재미에 면 소재지를 보고 간다. 이곳에서 길을 북쪽으로 잡으면 그 유명한 오전약수터가 나오고, 남쪽으로 길을 잡으면 봉화읍과 축서사로 가는 길이다. 면 소재지까지는 부석사에서 1시간이 조금 넘게 걸리는 거리다.

조금 빠른 길을 택한다면, 면 소재지 직전에서 915번 지방도 방향으로 우회전하면서 길을 틀어 서리까지 가면 된다. 서리 버스정거장이 보이면 좌측에 축서사 안내판이 보인다. 이곳에서 좌회전을 하여 내성천을 건너면 바로 다시 축서사를 가리키는 안내판이 보인다.

여기서부터는 계속 직진을 하면 된다. 이곳까지도 대략 1시간 정도가 걸린다. 이곳에서는 내성천 물길을 따라 문수산 방향으로 계속 가면 된다. 중간에 옛 축서사 사하촌寺下村의 맨 아래에 위치한 개단리, 물야초등학교 개단분교가 나온다.

학교를 잠시 둘러보고 길을 다시 나서면 결단교와 개단보건소 등이 눈에 들어온다. 사실 이곳까지는 포장도로에 평지를 걷는 길이라 지루함만 있지 힘이 들지는 않는다. 하지만 이제부터는 가파른 길이 시작된다.

삼거리가 나오고, 월계교회가 보이는 길을 따라 계속 올라가면 되는데, 길이 가파르고 힘이 든다. 길옆에는 간간이 집과 과수원들이 있고, 송이버섯과 산양삼 재배를 하는 곳이 많은지 곳곳에 출입금지 안내판이 보인다. 숨이 차도록 가파른 산길을 오르다 보면 문수산 정상부에 축서사가 보인다. 어떻게 이런 깊은 산골에 절을 세울 수 있었을까? 인부들은 엄청나게 고생을 했겠다는 생각이 들었다. 그래도 높고 험한 길을 힘들게 올라온 보람은 금방 느낄 수 있었다.

절이 자리를 잡고 있는 문수산의 풍광이 가히 장관이다. 독수리를 닮은 형상도 형상이지만, 소나무들이 너무 좋다. 방문객을 반기듯이 고개를 숙여 인사하고 있다. 대부분 최근에 지어진 건물들이라 부석사와 같은 고풍스러운 맛은 없지만, 나름대로 웅장하고 산세와 지형에 어울리는 배치도 뛰어나다.

대웅전 앞에 서서 풍광을 바라보니 감탄이 절로 난다. 새롭게 조성된 석탑도 예스러움은 없지만 느낌은 좋다. 경내를 이리저리 둘러본다. 공양간 앞에 놓인 장독대도 좋고, 좌우 산에 위치한 소나무들은 더욱 좋다. 산에서 내려오는 물을 모아서 만들어놓은 샘터에서 물을 한잔 마시며 잠시 쉰다.

오래되어 보이는 것은 석탑과 석축 정도지만, 운치가 있는 것이 가족들과 다시 한 번 찾고 싶은 절이다. 의상대사를 생각하면서 대웅전에 들어가 큰절을 한 번 하고서 다시 '의상대사 길'을 되돌아온다. 다음에 올 때는 불교서적과 의상대사에 관한 책을 여러 권 더 읽고 와야겠다는 다짐을 하면서 말이다.

🍃 마구령 철학자의 길

부석사에서 마구령^{馬駒嶺}을 넘어 현정사^{現靜寺}까지 걸어갔다. 4시간 정도 걸리는 길이지만, 800m를 넘는 고개를 넘어야 하고, 사람도 차도 거의 다니지 않는 길이라 외롭기만 하다.

이번에 부석사에서 마구령을 넘어 현정사 가는 길을 내 나름대로 '사색과 명상이 있는 마구령 철학자의 길'이라고 정한 것은, 이 길이 1,400년의 시간을 뛰어넘어 의상대사와 숭산·현각 스님이 공간적으로 만날 수 있는 길이며, 4시간 동안 사색과 명상만으로 편안하게 넘을 수 있는 산책로이기 때문이다.

마구령(820m)은 부석면 남대리와 임곡리를 이어주는 고개다. 보부상들이 말을 몰고 다녔던 길이라고 하여 마구령이라 불렀다고 한다. 상인들이 말을 몰고 다녔던 고개지만, 이곳 또한 순흥과 고치령처럼 단종과 금성대군의 슬픈 이야기가 전해지고 있다.

부석사를 돌아보고 내려와 10분 정도 걸으면 임곡리로 가는 길목인 두봉교가 나온다. 이곳부터는 935번 지방도로를 따라 임곡천을 보면서 천천히 길을 나서면 된다.

10분 정도 올라가면 왼쪽에 폐교된 부석북부초등학교 터에 자리 잡은 〈영주 소백산 예술촌〉이 보인다. 영주에서 연극연출과 그림을 하면서 지역의 각종 문화 행사와 예술촌 운영을 책임지고 있는 조재현 씨가 촌장을 맡고 있고, 마을 주민들과 공동으로 운영하고 있다. 영주 출신의 홍익대 미대 이두식 교수, 88올림픽 문화예술축전 한강축제 총감독과 2002월드컵 개막식 총감독 등으로 활약한 극단 미추의 손진책 감독 등이 작업실과 연구실로 쓰고 있는 곳이기도 하다.

매년 여름 밤, 전국의 예술인들을 초청하여 〈달빛 별빛 공연이야기〉 행사를 치르고 있다. 여기부터 길을 따라 한밤실마을을 거쳐 임곡리 보건소를 지나 임곡교를 건너면 바로 마구령 초입에 다다른다. 부석사에서 도보로 1시간 정도의 거리이다.

이곳부터 '사색과 명상이 있는 마구령 철학자의 길'을 넘게 된다. 친구나 가족과 함께 넘어도 좋고, 혼자 생각을 하면서 천천히 걸어도 좋은 길이다. 인적이 드물고 차량 통행도 거의 없어 걷는 데 불편함은 없다. 폭 3m 정도의 좁은 길은 포장과 비포장을 반복하고 있지만, 평지보다 여유를 가지고 넘으면 2시간 정도면 산 너머 남대리에 닿을 수 있다.

옛날 나무꾼들과 보부상들을 생각하며 걷기도 하고, '천지만물에 부처가 숨어있다'는 의상대사와 '매 순간 자신의 본분을 다하자'는 숭산스님, '만행'의 현각스님을 떠올리며 걷기도 한다. 시나 소설의 한 구절이나 명언을 떠올리며 혼잣말을 하면서 고개를 넘는다. 힘이 들기는 하지만, 1시간 정도면 충분히 마구령 정

혼자도 좋고 함께여도 좋다

상에 도달한다.

다시 아래로 길을 잡으면 이내 남대리 주막거리가 보인다. 우측의 농가는 노인들만 사는지 옛날 집 그대로이고, 주막거리 표지석이 있는 좌측의 농가는 지은 지 얼마 되지 않아 보인다. 바로 다리 아래 냇물이 단양까지 흘러가는 마포천이다. 남대리의 시냇물도 이웃한 단산면 마락리의 냇물처럼 경상도에서 남한강으로 흘러드는 한강수계이다.

남대리南大里는 『정감록』에 나오는 길지吉地이며, 소백과 태백을 가르는 양백지간兩白之間에 숨겨진 명당이다. 주민들은 옛날부터 산 너머 마을에 장이 서는 날이면 이웃의 단양군 의풍리, 영월군 노루목 사람들과 나무·약초 등을 지게에 지고 고치령을 넘어 순흥장·단산장을, 마구령을 넘어 부석장을 다녔다.

아울러 남대리는 순흥에 유배 와 있던 금성대군이 단종 복위를 주도할 때 병사를 양성하던 곳이라는 이야기도 전한다. 남대리에는 단종이 잠시 머물렀다는 빗적거리에 〈단종 쉼터〉가 조성되어 있다. 이곳은 2008년에 석축을 쌓았으며, 사방 6m의 피쪽집을 짓고 단종대왕비와 장승 2개를 세웠다. 〈단종 쉼터〉를 두고 사람들은 "이 터는 집 안에서 말하는 소리가 밖으로 새어나가지 않는다 하여 '생방터'로 불리고 있으며, 영월에 유배되어 있

혼자도 좋고 함께여도 좋다

던 단종의 수하와 순흥의 금성대군 간의 밀지가 오간 곳이라는 말이 있다. 영월에 유배된 단종이나 순흥에 안치된 금성대군의 한이 서린 유적임에 틀림없다."라고 한다.

〈단종 쉼터〉에서 길을 조금 더 가면 현정사現靜寺가 위치한 어래산御來山(1,063m)이 나온다. 어래산은 경북 영주와 충북 단양, 강원도 영월이 만나는 '삼도봉'이 있는 곳이다. 따라서 현정사는, 경상도 · 강원도 · 충청도가 만나는 어래산 아래에서도 가장 길지로 알려진 남대리에 터를 잡은 산자수명山紫水明한 절이다.

남대리의 주민들은 현정사가 지어질 당시, 단종임금이 찾아왔다고 하여 붙여진 이름 어래산에 "이제 임금님보다 더 훌륭한 부처님이 오셨다."며 기뻐했다고 한다.

지난 2001년 경북 영주시 부석면 남대리에 국제선원國際仙院으로 창건된 현정사는 현각玄覺스님이 잠시 주지로 있던 곳이다. 현각스님은 미국 예일대에서 문학과 철학을 전공했고, 하버드대 대학원에서 비교종교학을 전공하던 중 1989년 숭산스님을 만나 이듬해 출가하셨다.

현각스님을 이야기하자면, 그의 스승인 숭산스님에 대하여 먼저 알아보는 것이 좋을 것 같다. 숭산崇山스님은 1927년 평남 순천시에서 태어났다. 본명은 이덕인李德仁, 호는 행원行願이다. 순천공립학교와 평양의 평안공립학교에서 공부했고, 1944년 독립운동에 참여하다가 일본 헌병대에 붙잡혀 옥고를 치렀다. 1945년 동국대학교 철학과에 입학했고, 절대 진리에 대한 탐구를 위하여 1947년 마곡사에서 출가했다.

1949년 수덕사에서 고봉古峰에게 비구계를 받은 뒤, 1951년 마곡사 강원 사교과를 졸업했다. 1958년 대한불교조계종회 의원, 화계사 주지가 되었으며, 1960

년 대한불교신문사를 설립하여 초대 사장에 취임했다. 1961년 대한불교조계종 총무부장, 1964년 동국학원 이사로 재직했다.

그 뒤 한국 선불교의 보급을 위하여 해외 포교에 나서, 1966년 일본 동경에 홍법원, 1969년 홍콩 , 1972년 미국 등 세계 32개국에 120여 개의 선원을 개설하여 한국 불교를 해외에 알리는 데 선구적 역할을 한 분이다.

1985년 세계평화문화인대회에서 세계평화상을 수상했고, 1996년 만해사상 선양회가 수여하는 만해포교상을 수상했다. 1999년부터 화계사 조실로 일했으며, 2004년 11월 30일 입적했다.

저서로는 『천강에 비친 달』, 『세계일화 1·2·3』, 『선의 나침반 1·2』, 『부처를 쏴라』, 『허공의 뼈를 타고』, 『바람이냐 깃발이냐』, 『도화집』, 『부처님께 재를 털면』, 『온 세상은 한 송이 꽃』 등이 있다.

숭산스님의 주요한 가르침은 '우리는 오직 모를 뿐, 오직 ~할 뿐'이다. 밥 먹을 때는 오직 먹을 뿐, 수행할 때는 오직 수행할 뿐이라며 순간순간에 집중할 것을 강조했다. 즉 매 순간 본분本分을 다할 것을 주장했다. 곧 "본분을 다하지 않기에 위기를 불러온다."며 "언제나 이 순간밖에 없다, 아무것에도 집착하지 말라."고 설법했다.

현정사는 불심이 돈독한 정광명자(법명) 씨가 평생 동안 어렵게 모은 사재를 털어 스님들의 참선수행을 돕기 위해 만든 사찰로, 평소 외부 활동을 자제해 온 현각스님은 정씨의 각별한 요청과 숭산스님의 허락을 받아 주지를 맡았었다.

현각스님은 그동안 『바로보인 증도가』, 『날마다 좋은 날』, 『공부하다 죽어라』, 『만행 1·2』, 『선학강의』, 『오직 모를 뿐』 등의 책을 출간했다. 그의 책 『만행 1·2』는 '하버드에서 화계사까지'라는 부제로 발표되어 대단한 화제가 되기도 했다.

혼자도 좋고 함께여도 좋다

사실 현각스님에게 만행은 남다른 것도, 아주 특별한 것도, 어려운 것도 아니다. 그에게 만행은 순간순간 우리의 마음을 열어주는 것일 뿐이다.

걷고 얘기하고 먹고 차를 마시고
사람을 만나고 시장에 가는 모든 것.
뺨에 스치는 바람을 느끼고
질주하는 차를 바라보는 것,
친구와 악수하며 감촉을 전하는 것,
이 모든 것이 수행이며 만행이다.
순간순간 우리의 마음을 열어주는 모든 것,
이것이 바로 만행이다.

'이판사판理判事判'이라는 말이 있다. '막다른 궁지' 혹은 '끝장'을 뜻하는 말로, 뾰족한 묘안이 없어 어찌할 수 없게 된 사태를 뜻하는 말이다. 한자말 이판理判과 사판事判이 하나가 된 말이다. 이때의 이판과 사판은 사실 불교 용어로, 조선시대에 생성된 말이다.

이성계가 세운 조선은 건국이념으로 불교를 억압하고 유학을 섬기는 것을 정책 기조로 잡았다. 이것은 고려 말 '연등회'나 '팔관회' 등의 불교 폐해가 극에 달했기 때문이며, 한편으로는 조선의 건국에 정도전과 같은 신흥사대부 세력이 대거 참여했기 때문이기도 했다.

어쨌든 불교는 고려에서 조선으로 이어진 정권교체와 함께 한순간에 숭배에서 탄압의 대상으로 변했다. 하층민으로 전락한 승려들은 새로운 활로를 모색해

현정사 임금이 찾아왔다고 하여 이름 붙여진 어래산에 세워진 현정사.

야만 했다. 그 하나는 사찰을 유지 존속시키는 것이었으며, 다른 하나는 불교의 역사와 맥을 잇는 것이었다.

그래서 일부 스님들은 절이 없어지는 것을 온몸으로 막아보기 위해 기름·종이·신발 등을 만드는 잡역에 종사하면서 사찰의 살림을 유지했다. 한편, 산간오지로 숨어들어 은둔하면서 사색과 명상, 참선 등을 통한 수행으로 불법佛法을 잇는 승려들도 있었다. 이렇게 잡역에 종사하는 스님들을 사판승, 은둔하면서 참선을 주로 하는 스님들을 이판승이라 부르게 되었다.

혼자도 좋고 함께여도 좋다

암울했던 조선시대를 거쳐 현대의 불교가 융성하게 된 것도, 이 두 종류의 승려들이 자신들의 소임을 다했기 때문이리라. 다만 원래의 이판사판의 뜻을 넘어 부정적 의미로 쓰이게 된 데에는 시대적 상황이 크게 작용한 것으로 보인다.

조선의 억불정책은 불교의 입장에서 보면 최악의 정책이었다. 승려는 최하계층으로 전락하였으며, 성 안으로의 출입 자체가 금지되어 있었다. 당연히 승려가 된다는 것은 인생의 막다른 마지막 선택이었다. 그래서 이판이나 사판은 그 자체로 끝장을 의미하는 말이 된 것이다.

조선뿐만 아니라 일제와 해방 직후, 정권 차원에서 불교를 정치적으로 이용하면서 더욱 부정적 이미지로 몰아갔다. 이 두 부류를 정치적으로 이용, 서로 반목과 분열을 조장하여 이판사판의 잘못된 모습을 국민들에게 심어준 것이다. 그래서 이러한 어원을 모르는 대중은 뾰족한 대안이 없을 때 무의식으로 '이판사판'이라는 말을 쓴다.

갑자기 이판사판에 대한 근원을 설명한 이유는, 현각스님은 본래 사색과 명상을 통한 참선수행을 주로 하는 은둔형 이판승이다. 그런데 지난 2001년 사판승이 하는 절의 주지 일을 맡았다. 이판승에게 사판승이 하는 일을 맡겼으니, 현정사에는 손님들이 들끓었고 조용한 남대리가 차분할 날이 없었다. 그래서인지 그는 정진수행을 위해 이내 주지를 그만두고, 다시 구도자의 길을 나섰다.

하지만 그의 정신은 아직도 현정사에 남아 있는 듯하다. 어래산 아래 현정사를 찾는 많은 불자들은 아직도 현각스님에 대한 생각을 하고 있고, 나 또한 그의 『만행』이라는 책에 감동하여 절을 찾지 않았는가.

엄청나게 큰 절은 아니지만, 아래에서 고개를 쳐들고 봐야 하기 때문인지 앞에서 보기에는 위용이 대단하다. 입구에서 물을 한잔 마시고 경내를 둘러본다. 대웅전과 경내 경관도 좋지만, 절을 품고 있는 어래산의 소나무와 숲이 더 좋았다.

현정사는 사실 건축기법이나 석축·석탑·석물 등을 다루는 데 있어서는 당대 최고의 명인들의 도움을 받아, 부석사를 옮겨놓은 것 같은 모습으로 불사를 완공했다. 절의 중심인 대웅전은 맞배집 형태로 중요 무형문화재인 도목수[都木手] 신응수 옹이 솜씨를 발휘했다.

그는 평소 "나에게 기회가 주어진다면 부석사의 무량수전 같은 건물을 한번 지어보는 게 마지막 소원."이라고 말했지만, 현정사 대웅전을 짓는 것으로 반쯤은 뜻을 이룬 듯하다. 한편, 탱화 작업은 중요 무형문화재인 통도사 석정스님이 참여했다.

통일신라시대 석탑의 형태를 그대로 복원한 3층석탑은 균형이 잘 잡힌 신라식 석탑으로, 무형문화재인 석장 이재순 옹이 손을 더했다. 아울러 경내의 모든 석축 작업도 이재순 옹의 지도 아래 많은 일꾼들이 힘을 보탰다.

부석사처럼 대웅전 앞에 서서 정면의 산을 바라보는 것도 정겹다. 산이 중첩되어 있지는 않지만, 큰 산이 시야를 반쯤 가리고 있는 것이 보기에 좋았다. 요사채 뒤편 수돗가의 작은 돌부처도 좋았고, 절 입구의 대나무도 좋았다. 석축과 절 입구의 샘물 또한 최고다.

죽계구곡

고려 말 근재 안축安軸이 남긴 경기체가 「죽계별곡竹溪別曲」, 조선 중엽 신재 주세붕周世鵬이 남긴 『소백산 유산록遊山綠』 안의 「죽계수竹溪水」, 퇴계 이황李滉이 죽계를 거슬러 올라 '초암사~봉두암~돼지바위~석름봉~국망봉'을 둘러보던 길을 나도 따라 걸었다.

「죽계별곡」을 지은 안축(1282~1348)은 고려 말의 문신으로, 본관과 고향은 순흥이다. 해동주자학의 시조인 회헌 안향의 삼종손이다. 신흥유학자 중 한 사람으로, 탁월한 재질로 학문에 힘써서 글을 잘 지었다. 문과에 급제하여 단양부 주부를 거쳐, 1324년충숙왕11 원나라 제과에 급제하여 요양로개주판관에 임명되었으나 나가지 않았다.

이후 고려에 돌아와서 우사의대부를 거쳐, 충혜왕 때 강릉도안렴사가 되어 이때 문집 『관동와주』를 지었다. 1332년충숙왕 복위1 판전교지전법사에서 파면되었다가 전법판서典法判書로 복직되고, 그 뒤 내시와의 불화로 파직되었다.

1344년^{충혜왕 복위5} 밀직사지사에 이어 첨의찬성사, 1347년^{충목왕4} 정치도감판사로 양전^{量田}에 관여하였다. 뒤에 민지가 만든 『편년강목』을 개찬^{改撰}, 충렬왕·충선왕·충숙왕의 실록 편찬에 참여하였으며, 경기체가인 「관동별곡」, 「죽계별곡」을 남겨 대문장가로 이름을 날렸다.

풍기군수 시절, 죽계수를 둘러본 후 『소백산 유산록』을 남긴 주세붕(1495~1554)은 풍기의 역사와 뗄 수 없는 대학자로, 조선 중기의 문신이다.

그는 참다운 목민관으로서, 풍기군수로 재직 시 풍기의 기후·토양 등을 면밀히 조사하여 소백산 산삼을 논밭에 심어서 조선 땅에 처음으로 인삼재배를 성공시킨다. 이후 풍기인삼은 조선왕조 내내 궁궐에 진상되었으며, 오늘날 '풍기인삼'의 뿌리가 되었다.

마지막으로 역시 풍기군수 시절, 죽계를 따라 국망봉에 올라 『유소백산록^{遊小白山錄}』을 남긴 이황(1501~1570)은 예안 출생이며, 조선 중기의 문신이다.

1523년^{중종18} 성균관에 입학, 1528년^{중종23} 진사가 되고, 1534년^{중종29} 식년문과에 을과로 급제하였다. 1542년^{중종37} 충청도 암행어사로 나갔다가 장령^{掌令}을 거쳐 이듬해 대사성이 되었다. 1545년^{명종1} 을사사화 때 삭직^{削職}되었다가 풍기군수를 거쳐 1552년^{명종7} 대사성에 재임되었다.

1554년^{명종9} 형조·병조의 참의에 이어 1556년^{명종11} 부제학, 2년 후 공소참판이 되었다. 이어 예조판서, 1568년^{선조1} 우찬성을 거쳐 양관대제학을 지내고, 이듬해 고향으로 은퇴하여 학문과 교육에 전심하였다.

그는 '인간의 순수이성은 절대선^善'이며 여기에 따르는 것을 최고의 덕으로 보았다. 그의 학풍은 유성룡·김성일 등에게 계승되어 영남학파를 이루었고, 율곡 이이의 제자들로 이루어진 기호학파와 대립, 동서 당쟁과도 관련되었다. 그의 학

죽계교 초암사 가는 길에서 만나는 죽계1교.(상)

낙동 원류 죽계천 소백산에서 흘러 내려오는 죽계천은 낙동강의 원류
이다.(하)

설은 임진왜란 후 일본과 대만에 소개되어 그곳 유학계에 큰 영향을 끼쳤다.

스스로 도산서당陶山書堂을 설립하여 후진 양성과 학문 연구에 힘썼고, 현실 생활과 학문의 세계를 구분하여 끝까지 학자의 태도로 일관했다. 그의 사후 인 1574년선조7에 도산서원이 창설되었고, 1575년선조8에 사액서원이 되었다.

단양의 단암서원, 괴산의 화암서원, 예안의 도산서원 등 전국의 수십 개 서원 에 배향되었다. 저서에 『퇴계전서』가 있고, 작품으로는 시조에 「도산십이곡」, 글 씨에 「퇴계필적」이 있다.

전체 5장으로 이루어져 있는 안축의 「죽계별곡」을 잠시 감상해 보자.

一章

竹嶺南 永嘉北 小白山前千載興亡 一樣風流 順政城裏他代無隱 翠華峯 天 子藏胎爲釀作中興 景幾何如淸風杜閣 兩國頭御爲 山水淸高 景幾何如

1장

죽령의 남쪽과 영가의 북쪽, 그리고 소백산 앞에 천 년을 두고 고려와 신라의 흥망 속에도 한결같은 풍류를 지닌 순흥에, 다른 곳 아닌 취화봉에, 임금의 태를 묻었 네! 이 고을을 중흥시킨 모습, 그 어떠합니까? 청렴한 정사를 베풀어 고려와 원나 라의 관직을 맡았네, 아! 소백산 높고 죽계수 맑은 풍경, 그 어떠합니까?

二章

宿水樓 福田臺 僧林亭子草菴洞 郁錦溪 聚遠樓上半醉半醒 紅白花開 山雨 裏良爲 遊寺 景幾何如高陽酒徒 珠履三千爲 携手相從 景幾何如

2장

혼자도 좋고 함께여도 좋다

숙수사의 누각과 복전대 누대, 승림사의 정자, 초암사, 욱금계, 부석사 취원루 위에서, 반쯤은 취하고 반쯤은 깨어, 붉고 흰 꽃이 피는, 비 내리는 산속을 아! 흥이 나서 노니는 모습, 그 어떠합니까? 풍류를 즐기는 술꾼들이 떼 지어 아! 손잡고 노니는 모습, 그 어떠합니까?

안축은 「죽계별곡」을 통하여 고향인 풍기 땅 순흥을 관통하는 죽계의 경치를 읊었다. 1장은 죽계의 지역적 위치와 경관을 담고 있고, 2장은 사찰의 누각·정자 등을 찾아서 기녀들과 어울려 노는 광경을 다루었다. 3장은 향교에서 글을 배워 유학을 익히고, 철 따라 시를 읊고 음률을 즐기는 광경을 자랑하고, 향교의 스승을 보내고 맞는 광경도 거기 곁들였다. 4장에서는 기녀들과 어울려 놀다가 헤어져서 멀리 두고 생각하는 심정을 읊었으며, 5장에서는 성대를 중흥하여 태평을 길이 즐기는 모습을 묘사했다.

안축·주세붕·이황이 걸었던 죽계 길은 조금씩 달랐지만, 기본적으로 죽계를 따라 올라가면서 즐기는 계곡의 정취를 노래한 것이고, 글로 담은 것이다. 오늘은 안축의 문재文才와 주세붕의 구세제민救世濟民, 이황의 '순수이성은 절대선'이라는 철학사상을 생각하면서 세 사람이 걸었던 길을 되짚어보고자 한다.

소수서원을 돌아보고 배점리 쪽으로 물길을 따라 오르다 보면 죽계호(순흥배점저수지)가 보인다. 호수 옆에는 대원종합건설에서 '친환경 목조주택'이란 이름을 걸고 건축한 통나무집 20여 채가 보인다. 이제는 순흥 지역의 명소가 된 〈한스빌〉이다. 「죽계별곡」이 새겨져 있는 바위가 있고, 호수 건너편에는 민박을 겸한 펜션이 여러 채 보이며, 길을 따라 올라가면서 식당과 찻집도 있다. 장승을 조각해 둔 곳도 있고, 통나무로 잘 지어진 별장형 펜션도 있다.

죽계별곡 배점리 저수지 옆 바위에는 안축의 「죽계별곡」이 새겨져 있다.

길을 더 가면 폐교된 순흥초등학교 배점분교와 보건소 등이 있는 배점리에 다다른다. 학교 옆에는 삼괴정三槐亭 정자 터가 있고, 바로 옆에는 삼정승 같은 큰 인물이 태어나라고 심은 세 그루의 느티나무가 있다. 퇴계의 제자였던 배순을 기리는 〈배순정려각〉도 서 있다.

배점(초암동)에 사는 무쇠장이였던 배순裵純은 퇴계가 소수서원에서 강학할 때 뜰아래에 와서 자주 청강을 하였다. 이에 퇴계가 친히 불러 시험을 보았더니 능히 이해하기에, 이를 기특하게 여긴 퇴계가 제자들과 함께 그를 가르쳤다.

그는 퇴계가 돌아가셨다는 소식을 듣고 3년 상을 지내며 매일같이 제사를 지냈는데, 3년 동안 소식小食을 하면서 벌레도 함부로 죽이지 않았다고 한다. 그는 퇴계에게서 배운 제자의 도리대로 유교의 이념을 실천한 것이다.

혼자도 좋고 함께여도 좋다

효자에 행실까지 반듯했던 배순은 선조임금의 3년 상 동안은 매일같이 나막신을 신고 국망봉에 올라 한양을 향해 곡을 하였으며, 그 곡소리가 한양 대궐까지 들렸다고 전한다. 정려각은 후일 그의 손자들이 세웠다고 전해지며, 마을 사람들은 그를 기리기 위해 그의 이름을 따서 마을 이름을 초암에서 '배점'으로 바꾸었다.

배점마을을 지나면 이내 좌측은 초암사와 국망봉으로 가는 길이고, 우측은 성혈사로 가는 길이라는 표지판이 보인다. 갈림길에서 왼쪽으로 조금만 가면 초암사 매표소가 나온다.

이제는 폐쇄된 매표소를 지나면 〈죽계구곡〉을 알리는 안내와 설명을 겸한 표지판이 나온다. 죽계구곡의 거리는 금당반석을 1곡으로 시작하여 9곡까지 약 2km에 달하는데, 9곡에서 8곡에 이르는 완만한 길이 대부분의 거리인 1.7km를 차지하고 있다. 현재는 1곡인 금당반석金堂盤石 외에 2곡을 청운대靑雲臺, 4곡을 용추비폭龍湫飛瀑, 5곡을 목욕담沐浴潭, 9곡을 이화동梨花洞이라고 부르는 이름만 전해지고 있다.

이렇게 1곡~9곡에 대한 설명이 있기는 하지만, 정확한 위치와 구체적인 설명을 담은 안내판은 길을 가면서도 발견할 수 없어 아쉬웠다. 원래 계곡을 따라 올라가는 길이 있었지만, 소백산이 국립공원으로 지정을 받은 이후 등산로가 정비되면서, 계곡을 위에서 바라보면서 걷는 길을 내어 죽계를 바라보기만 하면서 올라야 하는 것이 안타깝다.

안축·주세붕·이황 등이 극찬했던 죽계의 옛 절경은 많이 퇴색되어 집이 들어서고, 과수원이 계곡의 또 다른 주인이 되어가고 있지만, 안축의 「죽계별곡」이 남아 있어 그나마 위안이다.

영남의 진산 소백산의 주봉인 비로봉과 국망봉에서 흘러내린 물이 만나는 이수지합二水之合의 터인 중봉합류中峯合流는, 초암사를 지나 300m 정도 올라가면 볼 수 있다. 이곳이 죽계구곡의 끝이다. 이 물줄기는 나중에 강원도 태백에서 내려오는 물과 만나 낙동강의 주류를 이룬다.

『조선왕조실록』「세종실록지리지」 경상도편에 의하면 "대천大川이 셋이니, 첫째가 낙동강洛東江이다. 그 근원根源이 셋인데, 하나는 봉화현奉化縣 북쪽 태백산太伯山 황지黃池에서 나오고, 하나는 문경현聞慶縣 북쪽 초점草岾에서 나오고, 하나는 순흥順興 소백산小白山에서 나와서, 물이 합하여 상주尙州에 이르러 낙동강이 된다."라고 전하고 있어, 이곳 죽계구곡을 흐르는 죽계수가 곧 낙동 원류源流임을 말해 준다. 초암사까지는 소수서원에서 2시간 거리다. 길이 완만하여 어린이도 걸어 오를 수 있을 정도로 편안한 산책길이며 등산로이다.

퇴계는 초암사를 지나 국망봉까지 자주 오르내렸다고 한다. 48세의 퇴계는 죽계를 거슬러 오르는 것이 힘이 들었던지 초암사에서 하룻밤 유숙을 하고, 이튿날은 가마를 타고 국망봉에 올랐다는 기록이 남아 있다.

국망봉國望峰은 소백산에서 비로봉 다음으로 높은 봉우리로, 가을 풍경이 특히 아름답다. 신라 멸망 후, 신라의 마지막 왕인 경순왕의 아들 마의태자가 한동안 이곳에 은거하면서 산봉우리에 올라 옛 도읍 경주(서라벌)를 보면서 하염없이 눈물을 흘렸다고 하여 이름 지어진 곳이다.

풍기팔경

중앙선 기차 타고 죽령터널 빠져 나올 때면
인삼 내음 사과 향기 꿈결 같은 내 고향 풍기
밤낮없이 흘러내려도 희방폭포 마르지 않듯
날이 갈수록 그리워지는 풍기로 가고 싶어라

소백산 철쭉꽃이 울긋불긋 피어날 때면
인삼밭도 사과밭도 춤을 추는 내 고향 풍기
온천물에 몸을 씻으면 하늘처럼 푸르른 마음
인견 옷 입고 뛰놀던 그곳 풍기로 가고 싶어라

풍기 출신의 시인이며 수필가, 작사가인 김하리 선생이 작곡가 안치행 선생과 함께 만든 「풍기연가」라고 하는 노래의 가사이다. 풍기가 고향인 사람이나 〈사과 향기 풍기는〉이라는, 씨알이 굵고 단맛이 강한 풍기사과를 팔고 있는 풍기농협 판매장에 가면 쉽게 들을 수 있는 노래이다. 〈사과 향기 풍기는〉이라는 풍기와 사과를 절묘하게 섞어놓은 이름이 재미있다.

경북 영주시 풍기읍을 대표할 수 있는 볼거리는 단연 소백산이지만, 풍기인들이 가장 자주 찾는 명소는 삼가동·욱금동 가는 옛길 가운데 있는 금선정錦仙亭이 아닐까 싶다.

요즘이야 비로사와 비로봉으로 가는 길목의 삼가동 길이 새롭게 생겨서 금선정으로 갈 일이 줄었지만, 아직 삼가저수지가 생기기 전인 불과 30년 전까지만 해도 비로봉 가는 길엔 반드시 금선정을 둘러보고 가야 했다.

풍기읍 금계2리 장선마을은 옛날엔 지형이 긴 배 모양 같다고 하여 '장선長船마을'로 불리다가, 지금은 착한 사람이 많이 나고 번성하라는 의미에서 '장선長善마을' 혹은 효자가 많이 나서 '효孝마을'이라고도 불린다.

마을을 안고 약 1.5km에 걸쳐 형성된 금선계곡은 소백산 비로봉과 연화봉에서 발원한 정안동靜安洞계곡과 욱금동천郁錦洞天이 만나는 곳으로, 500년 넘는 수령의 소나무와 기암괴석, 맑은 물이 속세의 찌든 때를 씻어주는 역할을 하는 곳이다.

계곡 중간 지점의 물가 절벽인 금선대錦仙臺 위에 금선정이 위치하고 있다. 금선대라는 이름은, 조선 인조 때의 인물로 풍기를 대표하는 유학자인 금계錦溪 황준량黃俊良이 정한 것이다. 황준량은 공조좌랑, 호조좌랑 겸 춘추관 기사관, 단양군수, 성주목사 등을 지낸 청빈한 학자이다. 청백리 목민관이었던 그는, 젊은 시절 이곳을 자주 찾아 쉬기도 하고 공부를 하기도 했단다.

이후 황준량의 후손들이 정자를 지어 '금선정'이라 칭하였고, 이 계곡을 '금선

혼자도 좋고 함께여도 좋다

계곡'이라 부르는 것도 여기에서 유래되었다고 한다. 금선정 서쪽 산 중턱에는 황준량이 학문을 연마하면서 만년의 장수처로 삼고자 짓던 금양정사錦陽精舍가 있지만, 그는 생전에 집의 완성을 보지는 못했다.

금계는 대학자 농암 이현보의 손자사위로, 처가에서 퇴계를 처음 만났다고 한다. 퇴계보다 17살이나 어렸지만, 퇴계와 금계는 오랜 세월 동안 스승과 수제자 혹은 학문적 동지로 남다른 정을 나누었다.

금계는 어린시절부터 먹고 자는 것도 잊은 채 독서삼매경에 빠지곤 해서 책상에서 밤을 새는 일도 많았다고 한다. 그래서 늘 주변에서는 그가 병이 날까 염려했는데, 아니나 다를까, 병을 얻어 한양에서 낙향하던 금계는 퇴계보다 앞서 47세에 예천에서 숨을 거둔다.

이 소식을 들은 퇴계는, "실성한 듯 길게 부르짖으며 물을 짜내듯이 늙은이는 눈물을 흘렸다오. 하늘이 이 사람을 빼앗음이 어찌 이다지도 빠른가. 참인가. 꿈인가. 놀랍고 아득하여 목이 메는구나. 그대가 물러나서 돌아오면, 실로 오가면서 옛 우의를 다시 회복하자는 언약이 있었는데, 그대 늘 내가 늙고 병들어 견디기 어려울 것을 근심하더니, 어찌 짐작인들 했으랴, 오늘 늙고 병든 내가 살아 있어 도리어 한창 나이인 그대를 곡하게 될 줄이야."라며 그의 죽음을 애통해 했다.

금계 황준량이 금선계곡을 유독 사랑한 이유는, 그가 자연회귀적인 심성과 함께 은둔의 여유와 즐거움을 익히 아는 사람이었기 때문이다. 그는 대자연 속에서 도道가 생성, 존재하고 있다고 믿었다. 그래서 금선계곡을 사랑했다. 저서로는 『금계집錦溪集』이 있다. 후세 사람들은 "풍기에는 금계 선생이 있고, 영주에는 소고 박승임 선생이 있다."고 말을 할 정도로 금계를 기리고 있다.

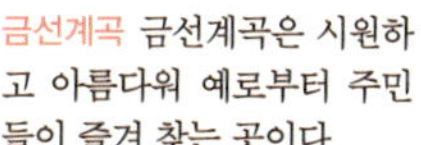

금선정 금선대 위에 세워진 금선정.

금선계곡 금선계곡은 시원하고 아름다워 예로부터 주민들이 즐겨 찾는 곳이다.

금계는 금선계곡에 대해 다음과 같은 시를 남겼다.

흥망은 하늘에 달려 있는 것 부질없이 헛되이 꾀할 수 없고

한번 꾼 한단지몽邯鄲之夢[1]엔 아직 머리가 세지 않았다네

성품을 온전히 보전하려면 차라리 욕심을 조금 줄일 것이요

마음이 고요하니 다시 무엇을 구하리요

원헌原憲[2]은 가난이 병이 아니라 스스로 믿었고

범희문范希文[3]은 물러나서도 근심을 했네

거문고와 책을 물리쳐 버리면 다른 일이 없으니

하늘에 노는 만물의 조종은 참으로 아름답네

이황도 금계 생전에 이곳을 즐겨 찾으며 시를 한 편 남겼다.

신선 될 재주 없어 삼신산을 못 찾고

구름 경치 찾아 시냇물을 마셔 보네

얼시구 풍류 찾아 떠도는 손客들아

여기 자주 와서 세상 시름 씻어 보세

---

1 한단지몽邯鄲之夢 노생(盧生)이 한단의 장터에서 도사 여옹(呂翁)의 베개를 베고 잠들어 있는 동안 일생의 경력을 모두 꿈꾼 고사에서 나온 말로, 인간 일생의 영화는 한바탕 꿈에 지나지 않음을 비유한 말.
2 원헌原憲 공자의 제자. 청빈의 대명사적인 인물.
3 범희문范希文 「악양루기」에서 나라를 생각하는 지사(志士)는 반드시 '천하의 걱정을 먼저 앞서 걱정하고 천하의 즐거움은 맨 마지막에 즐기라'라는 뜻으로 '선우후락(先憂後樂)'이란 말을 남겼다.

금선정을 뒤로 하고 욱금동 삼가저수지를 지나 삼가동을 둘러본 후 비로사[毘盧寺]로 향한다. 비로사는 통일신라시대에 창건한(의상대사가 창건했다는 설과 승려 진정이 창건했다는 설이 있다.) 화엄종 사찰로, 진정은 의상대사가 태백산에서 많은 사람들을 교화한다는 소문을 듣고 출가하여 의상의 문하에서 공부한 제자이다.

비로사의 모습은 고려의 건축 양식을 그대로 재현한 듯하다. 언덕 위에 지어져 있고, 아래에서 보면 거대해 보이지만 실제로 올라가 보면 그다지 크지 않은 모습이 고려 왕궁의 모습과 흡사하다.

고려의 통일국가 건립에 큰 기여를 한 진공대사 때문인지, 안동과 영주 지역의 사람들이 고려를 많이 도와주어서인지, 풍기가 『정감록』에 나오는 조선 최고의 길지[吉地]여서인지는 알 수 없지만, 고려왕조는 비로사 인근에 『고려왕조실록』을 보관하는 사고[史庫]를 만들게 한다.

비로사 옆에 있는 달밭골을 지나서 비로봉 오르는 등산로를 따라 10~15분 정도 올라가다 보면 『고려왕조실록』을 보관했다고 추정되는 300~400평 정도의 사고터가 나온다. 정규 등산로 옆에 있는 이곳은 주춧돌과 몇 개의 기단석 정도만 남아 있지만, 인근 사람들은 모두 이곳을 '사고터'라고 부르고 있다. 그러나 어떤 안내표지판[表識板]이 없어서 알고 가지 않으면 쉽게 분간을 할 수 없어 아쉽다. 달밭골 옆 태봉산에는 고려 충목왕의 태를 묻은 태실이 있기도 하다.

또한 소백산 삼가지구에는 2009년 봄부터 국내 최초로 '자연감성지구(Green Trail)'를 조성하여 운영하고 있다. 소백산국립공원은 지금까지의 정상 등정 위주 탐방에서 벗어나, 국민이 자연과 호흡하며 녹색 성장을 위한 다양한 체험을 할 수 있도록 전국 유일의 감성지구를 지정했다.

비로사와 비로봉 구간 천혜 비경의 기존 등산로를 이용한 약 400m의 자연

혼자도 좋고 함께여도 좋다

관찰코스와, 각각 독립된 3개의 공간인 '숲속의 공간(Forest & Nature Area)', '사색의 공간(thinking & Reading Area)', '명상의 공간(Meditation Area)'으로 구분했다.

〈숲속의 공간〉에서는 고즈넉하게 숲과 하나 되는 오감체험과 심신의 건강을 위한 요가, 자연호흡법 등을 익히고 체험할 수 있고, 〈사색의 공간〉에서는 '숲속의 시인마을'이라는 주제로 자연에서 한 편의 시를 읽으며 문학작품을 만끽할 수 있는 '사색의 벤치', '무인 시집함' 등을, 〈명상의 공간〉에서는 아늑하고 조용한 곳에 평상을 설치해 스스로 자신을 찾아가는 평정심을 체험할 수 있게 했다.

산을 내려와 다시 금계1리로 향한다. 마을 입구에는 우리나라 최초로 인삼을 재배하기 시작했다는 '풍기인삼 시발지始發地'와 십승지 중에 최고의 길지임을 알리는 표지석이 보인다. 그 때문인지 풍기는 구한말부터 『정감록』을 보고 찾아온 이들이 많은 곳이다. 현재도 풍기읍 인구의 1/4 정도는 그들의 후손이라고 한다.

용암산 바위공원

영주시 안정면 용산리 대룡산^{大龍山} 마을. 원래 500년 전 '단종 복위 운동'에 연루된 순흥안씨들이 몰래 숨어 들어와 마을을 이루고 살던 터에 창원황씨, 공주이씨, 경주김씨들이 연이어 들어와 지내게 된 작은 시골마을이다.

옛부터 사람이 많이 살았는지, 산 중턱 고촌^{高村} 들녘에는 곳곳에 고려장들이 있다. 산기슭과 정상 부근에도 100여 개의 고분과 성터가 남아 있는 것을 보면, 마을의 역사 자체는 오래된 듯하다. 하지만 마을이 커지게 된 것은 대략 500년 전부터라고 한다.

마을 뒤에는 용암산^{龍岩山}(637m)이라고 불리는 산이 있고, 낙동강 최상류라 물이 귀한 곳이다. 용암산은 이름이 말하는 대로 '용' 혹은 '지네'가 살았다고 전해지는 곳으로, 온통 바위와 소나무가 산 전체를 덮고 있는 야트막한 산이다.

소나무가 많아 송이버섯이 많이 나고, 인삼과 사과 등이 유명하며, 마을 내에 〈경북 풍기인삼 시험장〉이 있다. 또 인근 묵리마을에는 〈경북 축산기술연구소〉

가 위치하고 있는 등 축산에 종사하는 농가도 많은 편이다.

2000년 중앙고속도로가 마을을 관통하고 지나가자 마을이 이상하게 갈리고, 노령화로 인구는 점점 줄고 있지만, 몇몇 뜻있는 사람들이 힘을 모아 마을을 살기 좋은 농촌으로 바꾸기 위해 애쓰고 있다. 야생화 심기, 게이트 볼 연습장 조성, 버스정거장에 그림 그리기, 풍물패 창단, 한과공장 건립 등을 통하여 건강하게 장수하는 농촌마을을 만들어가는 데 일조하고 있는 것이다.

또한 2~3년 전부터는 영주시와 경상북도의 지원을 받아 마을 뒷산인 용암산에 〈용암산 바위공원〉이라는 등산로를 개발하여 지역의 새로운 등산 관광지로 이름을 알리는 데 성공했다. 뿐만 아니라 매년 1월 1일 산 정상에서 〈해맞이 축제〉를 거행하여, 지역의 다른 면들의 벤치마킹 대상이 되기도 하였다.

이웃 마을 봉암리에서는 미나리 청정재배를 하고 있기도 하고, 다른 마을에서는 안정농협의 주도하에 쌀을 특화하여 〈명품 안정쌀〉이라는 브랜드로 팔고 있기도 하다.

2년 전 신년에 해맞이 행사에 참여하고는 한동안 고향마을 뒷산을 오를 일이 없었지만, 이번에 크게 마음을 먹고 안정면 봉암리에서 시작하는 용암산 바위공원 등산에 도전했다.

전체가 3시간 정도 걸리는 등산코스지만, 나는 용산2리 마을 뒷산에서 내려오는 2시간 30분 코스를 택했다. 먼저 출발지인 봉암리 봉황사 앞에 섰다. 7~8년 전에 조성된 봉황사라는 절은 규모는 작지만, 8~9m 높이로 큰 돌을 쌓고 그 위에 부처의 머리를 올려놓은 부처상이 있어 이미 지역에서는 잘 알려진 절이다. 누구나 처음 보면 "어쩜! 저런 부처가 다 있어!"라는 말이 절로 튀어나온다.

봉황사를 끼고 돌면 〈용암산 바위공원 등반로〉라는 표지판이 나온다. 조성된 지 오래되지는 않았지만, 워낙 지역민들이 신경을 많이 써서 그런지, 곳곳에 안내판과 설명판이 잘 되어 있어 길을 헤매는 일도 없다. 야트막한 산이라 힘이 들지도 않고, 이름 없는 바위들이 많아 볼거리도 상당하다. 아직 이름이 정해지지 않은 바위들을 현재 영주시와 마을 관계자들이 이름을 공모중에 있다고 한다. 가족등반을 하기에 최고라는 생각이 든다.

등산로를 들어서 채 10분도 걷지 않았는데, 눈앞에 큰 터를 잡고 있는 너럭바위가 보인다. 나는 큰 터를 잡고 있다고 해서 이 바위를 '큰 터 바위'라고 이름을 짓는다. 바위를 보고 있다가 다시 길을 잡으니 성터 표지판이 보인다. 신라시대에 조성된 성터로, 지금은 약간의 기와 조각과 터를 알려주는 주춧돌 정도만 남아 있어 쉽게 성터라는 것을 알기는 어려웠다.

길을 더 가보니 곳곳에 소나무 그루터기가 보인다. 겨울이 지나고 봄이 오면서 간벌間伐을 한 듯하다. 산불 예방과 나무들간의 간격 조정을 위해 간간이 간벌을 한다고 하는데, 곳곳에 간벌한 흔적이 보인다. 작지만 아름다운 그루터기의 모습을 카메라에 담았다.

길을 조금 더 가면 신라시대의 고분에 관한 설명과 고분 10여 기가 보인다. 일부는 도굴이 되었는지 탁 트여 있고, 일부는 입구가 막혀 있어 자세히 보는 것조차 힘이 든다.

고분군을 보고 나면 이내 '말 바위'가 나온다. 용암산에서 이름이 정해져 있는 몇 안 되는 바위로, 머리와 상체가 말의 모습을 닮아 있다. 이어 조금 더 가면 두 개의 바위가 입을 맞대고 있는 듯 보이는 바위가 눈에 띈다. 나는 '사랑 바위'라고 이름을 정한다. 어쩌면 저렇게 다정한 연인처럼 보일까?

다음은 바위 8개가 어깨를 맞대고 의좋게 서 있는 모습이다. 나는 이 바위를

'8형제 바위'라고 정한다. 비록 나 혼자만 부르는 이름일지라도 작명하는 재미에 등산을 계속한다.

조금 더 길을 가니 무덤 위에 그루터기가 보인다. 관리가 안 된 묘지 위에 나무가 자라난 것을 나중에 누군가가 잘라버려 그루터기만 남은 것이다. 무덤 주인이 가련하기도 하고 슬프기도 하다.

산의 뒤편인 봉현면 히티재로 가는 길목을 알리는 바위라고 하여 '히티바위'라고 불리는 큰 바위를 보고서 고개를 넘으니, 무덤 뒤에 큰 바위가 여러 개 보인다. 우선 무덤 바로 뒤편에 있는 바위는 거북이를 닮은 것 같아 '거북 바위'라고 정한다. 그 약간 옆쪽 아래에 있는 '자라 바위'는 이미 이름이 정해져 있다고 한다.

조금 더 길을 가면 양쪽에 조금 큰 바위가 두 개 있고, 가운데 작은 바위가 두 개 있다. 전체를 가족이 모인 것 같다고 해서 '가족 바위'라고 정하고, 좌측의 큰 바위를 '희망 바위', 우측의 큰 바위를 희망 바위와 인연을 맺은 바위라는 의미에서 '연緣 바위'라고 정한다. 가운데 작은 바위 두 개는 각각 큰아들 '대大', 작은아들 '소小 바위'라고 정해 본다.

이어 조금 더 가면 설악산의 흔들바위처럼 바위 위에 바위가 올라 있는 것이 보인다. 흔들바위가 안정감이 있는 반면, 이 바위는 언제 떨어질지 모를 정도로 자세가 불안하다. 그래서 내 마음이 출렁거려 '출렁 바위'라고 정해 본다.

수영을 하고 있는 두 마리의 고래를 연상시키는 바위가 있어 '두 고래 바위', 세상 일에 입을 다물고 있는 선비의 모습을 연상시켜 '침묵 바위', 돌 조각을 하나하나 모아둔 것 같아 보여 '조각 바위'라고 각각 이름을 정한다.

마지막으로 하산 길 아래에서 위를 보니 마치 중국의 적벽을 연상시키는

영주를 걷다

용암산 바위공원 등산길에서 만나는 온갖 형태의 바위들. 네가 나의 이름을 불러주기 전에는 난 그저 땅에 뿌리 박은 바윗덩이에 지나지 않았다. 네가 나의 이름을 불러주었을 때 난 너에게로 가 '추억'이 된다.

큰 바위가 있어, '이곳에 오른 사람들에게 큰 기상을 품게 하라'는 의미에서 '용암적벽'이라고 이름을 정한다.

길을 내려오다 보니 작은 샘터가 있고, 샘터 옆에는 옛 무덤으로 보이는 바위가 있어 '무덤 바위'라고 불러본다. 이어 절 아래에 있는 용수사에 닿는다. 오래된 대웅전과 삼성각만 있는 작은 절이다.

대웅전 앞에 큰 바위가 있고, 바위의 옆과 뒤에는 벌통이 보인다. 그 앞에는 연못이 있는데, 연못 옆 작은 바위 위에는 거북상과 작은 연꽃 조각이 재미있고 귀엽다.

산 아랫마을인 안정면 용산2리에 닿았다. 우측에 〈풍기인삼 시험장〉이 있고, 마을 저 멀리에는 새롭게 조성된 〈월은사〉라는 절도 보인다. 마을로 들어서면 옛날 학교 터에 들어선 된장공장 〈만포농산〉이 보인다. '무량수'라는 브랜드로 된장·고추장·간장 등을 만들어, 대리점 하나 없이 인맥과 홈페이지 활용만으로 판매를 하는 곳이다.

만포농산의 정대수 사장은 영주 출신으로 경기중·고·고려대에서 공부한 인재다. 음악과 미술에 조예가 깊은 탓인지 혼자 힘으로 '무량수'라고 하는 브랜드를 만들고, 박스·포장지·통 등을 도안하여 상품을 시판하고 있다. 동문 인맥을 적극적으로 활용하여 연 매출 30억을 자랑하는 중소기업으로 키웠다.

공장 내부에는 수백 개의 된장독이 보이고, 입구 좌측에는 2~3년 전에 구미에서 옮겨와 복원한 정자가 있다. 공장 뒤편에 지은 초가집과 살림 집 등은 자연환경과 잘 어우러져, 공장 구경과 집을 보기 위해 오는 사람들이 끊이지 않는다.

된장 공장 구경을 마친 후 창원황씨들의 귀암龜巖 종택·귀서龜西 고택·농고 종택·농고정사를 구경하고서, 순흥안씨들의 서파 종택·죽림사·서파정·만지정·우우정 등을 둘러보았다. 창원황씨들의 고택은 잘 보존되어 있었고, 최근에 보수를 해서인지 깨끗하고 좋았다. 하지만 순흥안씨들의 고택과 정자는 관리가 잘 안 되고 있는 것처럼 보였다.

순흥안씨들의 정자 가운데 만지정에는 경상북도 유형문화재 제237호인 '회헌 안향의 개모改模초상'이 있었다고 한다. 소수서원에 있는 안향의 초상을 조선 후기에 그대로 옮겨 그린 것으로, 57.3cm×93cm의 초상은 현재 종가에 보관되어 있다고 한다.

고가와 종택들을 둘러본 후, '단군 성전(生化道德 氣化院)'이 있는 용암산 중턱으로 올라가 둘러본다. 성전 옆에 있는 고려장들까지 살펴보고서 아래로 향했다.

용암산 바위공원 등반에서 아쉬웠던 점은 중간에 화장실이 하나도 없다는 것이다. 그리고 등산이 끝난 후 출발지로 돌아가는 것이 너무 힘들다. 버스를 이용하면 되지만, 2시간마다 한 번씩 있는 버스를 이용하기는 힘이 든다. 자가용을 이용하는 경우에는, 등산을 하는 것보다 도로를 1시간 이상 걸어서 돌아가야 하는 것이 더 힘들다.

마을에서는 등반객을 위한 공용 자전거와 마차 이용을 고민하고 있다는데, 그냥 주말이나 휴일만이라도 시내버스의 배차를 늘리면 어떨까 싶다. 30분에 한 대 정도로 버스가 다니면 쉽게 산에 오를 수 있고, 등산이 끝나고도 잠시 쉬었다가 버스를 타고 돌아가면 될 테니 말이다.

혼자도 좋고 함께여도 좋다

이몽룡의 흔적들

조선 최고의 로맨스 소설이자 4대 국문 소설 가운데 하나인 『춘향전』은 어떻게 탄생했을까? 『춘향전』의 주인공 이몽룡의 고향은 어디일까? 일반적인 학설에 따르면, 초반부는 당시 유행하던 판소리나 민간설화에서 따온 것이고, 후반부는 성이성의 스승인 산서 조경남이 쓴 『계서溪西 성이성 어사』를 모델로 글을 쓴 것이라고 한다.

경상도 영주와 봉화에 살았던 성이성이 이몽룡이라는 학설은 『춘향전의 형성과 계통』, 『춘향전 비교연구』 등의 굵직한 저서를 출간한 연세대 국문학과 설성경 교수의 30년 넘는 『춘향전』 연구의 결과물이다. 설교수는 이미 지난 1999년 국내는 물론 일본에서도 「이몽룡의 러브스토리」라는 주제의 연구논문을 발표한 바 있다.

설교수의 주장에 따르면, "성이성 본인의 일기 따위를 후손이 편집해 낸 『계서선생일고』와 선생의 4대손 성섭이 지은 『필원산어』, 남원 광한루에 있는 부친 성안의의 송덕비는 이몽룡이 실존인물임을 증명하는 중요한 자료가 된다. 아울러 『조선왕조실록』 등 각종 사료는 물론, 민간에서 구전된 설화를 면밀히 대조·분석하여 내린 결론."이라고 한다.

또한 "『춘향전』의 남자 주인공인 이몽룡의 실제 이름은 성이 성씨이며, 여주인공인 성춘향은 성이 이씨라는 사실을 숨겼는데, 양반 신분인 데다가 당시에는 구체적인 실명을 공개할 수 없는 사회였기에 작자가 임의로 남녀의 성을 바꾸어 쓴 것."이라는 주장이다.

특히 "『춘향전』은 신분에 구애 받지 아니한 파격적인 최초의 러브스토리라는 점이 구전되어 내려오면서 몇 가지 설화 형식을 갖추어 현재에 이르렀다고 여겨진다. 그러므로 『춘향전』은 실존인물인 성이성의 역사적 사실과 구전 설화 등 허구를 반반씩 접목하여 창작한 작품이라 생각된다."고 하였다.

봉화읍에서 물야면 소재지로 가는 도중 가평리에 위치한 계서당溪西堂은 지난 1984년 국가지정문화재 민속자료 제 171호로 지정되었다. 계서당의 원 주인은 성이성(1595~1664)으로, 평생 청렴결백하며 검소하게 살았던 인물이다. 사후 홍문관 부제학에 추서되었고, 1695년숙종21 청백리(청백리는 조선시대 청렴한 관리에게 국가가 내리던 녹. 조선시대를 통털어 청백리로 선정된 사람은 215명에 불과했다.)에 녹선錄選되었으며, 1786년정조10 오천梧川서원에 배향되었다.

계서당은 광해군 때 남원부사를 지낸 부용당芙蓉堂 성안의成安義(1561~1629)의 아들 성이성이 1613년광해군5에 건립한 것으로 알려져 있다. 이곳에는 그가 과거에 장원 급제해 어사로 부임할 당시 임금이 직접 내린 어사화, 어사 출두시 얼굴을 가리고 직분을 행할 때 쓰는 얼굴가리개인 사선紗扇 및 창녕성씨 족보 등 수십여 점의 유물이 보관돼 있다.

혼자도 좋고 함께여도 좋다

계서당 봉화군 물야면 가평리에 있는 성이성(이몽룡)의 생가.

건물은 정면 7칸, 측면 6칸의 ㅁ자형으로 되어 있고, 팔작지붕으로 정면 3칸, 측면 3칸의 계서당과 중문으로 연이어 있다. 건물 우측에는 계서를 추모하는 사당이 자리 잡고 있다. 또한 계서당에서 우측으로 500m 정도 떨어진 곳에는 부친 성안의의 공을 기리는 부용당 사당도 있다.

실제 『춘향전』에 나오는 이몽룡의 시 "금동이의 아름다운 술은 일만 백성의 피요, 옥소리반의 아름다운 안주는 일만 백성의 기름이라. 촛불의 눈물 떨어질 때 백성의 눈물 떨어지고, 노래 소리 높은 곳에 원망 소리 높았더라(金樽美酒千人血, 玉盤嘉肴萬姓膏, 燭淚落時民淚落, 歌聲高處怨聲高)."는 성이성이 쓴 시로, 4대 후손 성섭이 지은 『교와문고』 3권에 그대로 기록되어 있다. 이외에도 계서공파 문중에서 보관하고 있는 『계서선생일고』, 『암행록』 등의 문헌에는 이몽룡과 흡사한 성이성의 행적 내용이 기록되어 있다.

그의 부친 부용당 성안의는 1561년^{명종16} 경남 창녕 출신이다. 고려 말의 충신인 두문동 72현 중 한 분인 성만용의 7대손이다. 1591년^{선조24} 문과에 급제하여 이듬해 32세 때 임진왜란이 일어나자 소모관이 되었다.

퇴계의 수제자 가운데 한 사람이며, 퇴계의 아들과 사돈이었던 영주 출신의 경상우도관찰사 백암 김륵의 막하에서 활약하였다. 백암은 당시 홀아비였던 성안의의 학문의 깊이와 사람 됨됨이를 믿고 자신의 종손녀(김계선의 딸)와 혼인을 주선한다. 성안의는 재혼 직후, 부모와 형제 전부를 고향 창녕에서 처가인 영주시 이산면으로 피난시켰다.

그가 가족 모두를 이주시킨 이유는 창녕이 전쟁의 피해가 컸던 이유도 있었지만, "영주 최고의 명문가인 선성김씨 처가에서 많은 토지와 재산을 물려받았기 때문인 것 같다."고 계서당 종가에서는 밝히고 있다.

혼자도 좋고 함께여도 좋다

이후 창녕으로 돌아가 1천여 명의 의병을 모아 활동하였으며, 곽재우와도 많은 전공을 세웠다. 1595년선조28 아들 성이성이 출생했고, 형조·예조·병조 좌랑을 거쳤다.

전쟁 후 영해부사, 남원부사에 제수際授되어 3년을 재직하고(이때 성이성의 나이 13~16세로 『춘향전』과 연관된다.) 광주목사로 승진하였으나, 얼마 후 영주로 돌아가 10여 년간 후학을 가르쳤다. 1614년광해군6에는 처가 인근에 있는 이산서원 원장으로 재임하기도 했다.

봉화의 계서당이 1613년광해군5에 지어졌다고 하니, 이 시기 정도까지는 처가나 처가 인근인 영주시 이산면 석포리·신암리 지역에 터를 잡고 살았을 것으로 추측된다.

혹은 아들 성이성은 결혼 후 분가하여 봉화군 물야로 가고, 부친 성안의는 영주시 이산면에 계속 살았던 것 같다. 영주시 이산면에서 봉화군 물야면까지는 대략 20~30리 길로, 집을 두 채 정도 소유하지 않고는 왔다 갔다 하면서 생활하는 것이 불가능한 거리이기 때문이다.

부용당은 이후 제주목사를 지낸 후 영주로 돌아왔다. 나중에 우부승지 겸 경연참찬관, 춘추관편수관을 제수받았으나 병으로 부임치 못하였다. 1629년인조7 69세의 나이로 슬하에 5남5녀를 두고 봉화의 계서당에서 돌아가시자, 처가 인근인 영주시 이산면 석포1리 뒷산에 장사하였다.

당시 성안의의 아들 일부는 출가 이후 고향 창녕으로 돌아갔고, 나머지는 봉화 물야와 영주 이산에 나뉘어 살았던 것 같다. 현재 그의 자손들은 그렇게 분포되어 있다고 전한다.

계서 성이성은 1595년선조28 임진왜란 중 영주시 동면 문단리에 있는 선성김씨

성이성의 묘 영주시 이산면 신암리에 위치한 성이성(이몽룡)의 묘. 인근에 성이성이 말년에 머물렀던 계서정이 있다.

집성촌인 외가에서 태어났다. 1607년^{선조40}부터 3년여 동안 남원부사를 지낸 부친과 함께 남원에서 생활하였다.

1627년^{인조5} 식년 문과에 급제하여 승문원부정자, 홍문관 교리, 응교를 역임하였다. 35세 때 부친상을 당하였으며, 39세에는 사헌부 감찰, 예조좌랑, 사간원 정언에 제수되었다. 이후 부수찬, 부교리에서 수찬, 문학 등을 두루 거치다가 병자호란이 일어나자 귀향하여 수찬^{修撰}으로 지내다가 경상감사의 참모로 활약하였다.

혼자도 좋고 함께여도 좋다

43세에 경상도 진휼어사, 호서 암행어사로 나섰으며, 45세에는 병조정랑, 교리, 사간 등으로 배명받았다. 46세와 53세에 호남 암행어사 등 네 차례에 걸쳐 어사를 지냈으며, 46세에 합천현감, 54세에 담양부사, 59세에 창원부사, 60세에 봉화로 돌아왔다. 61세에 진주목사, 66세에 강계부사 등, 다섯 고을에 대한 선정을 베풀자 고을민들은 송덕비로 답례하였고, 평안감사 임의백은 '관서지방의 살아 있는 부처'라고 극찬을 아끼지 않았다.

1664년현종5 슬하에 6남3녀를 두고 70세의 나이로 계서당에서 눈을 감았다. 말년에는 영주시 이산면 신암3리에 있는 계서정에서 한동안 생활을 했다고 한다. 부엌이 없고 방2칸과 툇마루만 있는 계서정은 공부와 손님의 숙박 정도만 해결이 가능한 관계로, 이때도 외가나 외가 인근에 있던 부친의 옛집에서 생활했던 것으로 짐작된다.

계서의 묘는 외가 인근이며, 부친의 묘와도 가까운 영주시 이산면 신암3리 손향원巽向原에 있다. 특히 계서의 다섯째아들 문하文夏는 젊은 나이에 도산서원 원장을 역임하는 등 학문이 뛰어난 집안이다.

현재 성이성 관련 유적으로는 봉화군 물야면의 계서당을 비롯하여, 영주시 이산면의 묘 및 석물과 비석이 있다. 또한 말년에 그가 머물며 공부했다는 계서정에는 당대의 문사 채제공이 쓰신 기문記文이 전해지고 있다.

그가 복직했던 담양·창원·강계 등지에는 청백리 인정비문의 기록이 남아 있고, 진주비는 현존하고 있다. 또한 이산면 석포1리에는 부친 부용당 성안의의 신도비와 묘 등이 남아 있다.

현재 봉화군에서는 『춘향전』과 성이성에 대한 홍보를 적극적으로 하고 있으며, 계서당을 중심으로 한 1천여 평 부지에 이몽룡 테마파크를 조성할 계획이다.

　이도령 박물관, 춘향 예술문화관, 전통마을, 가족 체험관, 연못, 문화광장 등을 조성해 고전 『춘향전』을 새롭게 향수(享受)하는 명소로 꾸밀 예정이다. 아울러 암행어사 축제를 열거나 암행어사 스토리텔링 관련 문화콘텐츠 개발, 청백리정신을 표상하는 정신교육 프로그램 운영 등 소프트웨어도 발굴하고 있다.

　반면 영주시에서는 성이성의 외가에 대한 구체적인 기록을 분석하면서 성안의·성이성 부자가 살던 영주시 이산면의 집터를 찾고 있다. 또한 부자의 묘소와 비석, 성이성이 말년에 지내던 계서정에 대한 유지·관리를 위한 준비를 계획하고 있는 상태이다.

혼자도 좋고 함께여도 좋다

PART 4

비상을
꿈꾸다

영주는 어떤 모습을 하고 있을까. 이 장에서는 현재의 영주를 둘러보았다. 아무리 화려한 과거를 가졌다 할지라도 현재의 모습이 초라하다면 어찌 미래를 거머쥘 수 있겠는가. 소백산이라는 천혜의 자연환경과 선비문화의 긍지를 가지고 영주의 미래를 꿈꾸는 사람들……그들이 그리고 있는 영주의 미래를 만나본다.

영주의 미래를 꿈꾸는 사람들……
그들이 그리고 있는 영주의 미래.

영주장날

영주장은 5일·10일마다 서는 5일장으로, 장이 서는 날의 원당로는 이른 아침부터 시끌벅적하다. 6차선 넓은 도로에 양쪽 3차선의 주차선에는 팔러 온 이와 사러 온 이의 차들로 빈 공간을 찾을 수 없을 정도다. 특히 장이 서는 오른쪽 3차선은 트럭들이 일렬로 늘어선 채 물건을 풀어놓고 있어서 사람 하나 빠져 나갈 틈도 없다.

왼쪽 인도에는 가로수들이 늘어서 있는 반면, 오른쪽 인도엔 파라솔들이 가로수를 대신하고 있었다. 일부러 그렇게 만든 것인지 좀 의아하기도 했지만, 어쨌건 중심이 되는 부분에는 가로수가 없었다. 원당로가 시작되는 부분이나 끝 부분은 가로수가 보이기도 했지만 말이다.

장이 서는 거리를 지날 때는 걸음의 스피드가 중요하다. 너무 빨리도 너무 늦게도 걸으면 안 된다. 실은 안 된다기보다 내 맘대로 스피드를 조정할 수 없다는 표현이 맞을 것이다. 그저 둘러싸인 사람들의 걸음걸이와 호흡을 맞춰 걸어야 한다. 그래야 바닥에 쌓여 있는 물건에 걸려 넘어질 일도, 다른 사람들의 보따리에 맞을 일도 없는 것이다.

특별히 무엇을 사고자 하는 것은 아니었기에 나는 설렁설렁 사람들의 뒤를 따라 걷는다. 사는 게 문제가 아니라 무거운 짐을 들고 서울까지 가는 것이 문제기 때문이다. 사고 싶은 게 있어도 꾹 참아야 한다고 몇 번이고 마음속으로 되뇐다.

여름이라 그런지 수박이며 참외, 포도, 복숭아, 자두 같은 과일과 호박, 오이, 가지 같은 제철 채소가 눈에 많이 띈다. 자잘한 잎을 잔뜩 달고 있는 당근 줄기를 보니, 애니메이션의 한 장면이 생각나기도 했다.

출하기여서인지 크고 잘 여문 양파가 내 어깨까지는 올 듯한 빨간 망에 잔뜩 담겨 있고, 마늘도 줄기째 묶여 트럭 한가득 실려 있다. 옥수수는 딴 후에 바로 찌는 게 맛있다더니 트럭에 찜통기가 있어 쪄주는 서비스까지 되어 있다.

시골 장답게 농기구와 씨앗이 잔뜩 널려 있는데, 씨앗 구경을 하다 짐에 치여 앞으로 꼬꾸라질 뻔했다. 생선들은 가지런히 누워서 주인을 기다리고 있고, 맛깔스런 젓갈도 저울에 올려졌다가는 작은 통에 옮겨져 이사를 간다. 문경서 왔다는 부부는 새송이며 양송이, 느타리 같은 갖은 종류의 버섯을 바구니에 쌓아 올려놓고, 덤은 안 된다고 도리질을 해놓고도 새 상자를 풀어 한 움큼을 집어낸다.

도넛과 찐빵은 보이기도 전에 주변을 가득 메운 기름 냄새로 먼저 알아채는데, 또 다른 기름 냄새의 주인공은 즉석에서 튀겨내는 어묵이었다. 박자를 맞추며 양을 조절하여 기름에 튀겨내는 모습을 잠시 구경하다 잔뜩 먹은 아침밥을 후회도 해보지만, 때늦은 후회는 자괴감만 드는지라 어묵을 단념하고 앞으로 나아간다.

중간쯤이나 온 것일까. 간이 테이블에 앉은 어르신들이 아침부터 소줏잔을 기울이고 계신다. 안주로 나와 있는 야채와 무친 묵이 맛깔나게 보이고, 옆 테이블의 머릿고기도 먹음직스럽다. 배는 빵빵한데, 눈과 입은 왜 이렇게 욕망의 늪에서 벗어나질 못하는지, 나 아침 한 그릇 다 먹은 사람 맞아? 스스로에게 되물어본다.

자동방충문과 방충망을 파는 아저씨 앞을 지나다 문득 그 단맛 나는 과일들 사이에서 초파리 한 마리 못 보았단 생각에 고개를 갸웃거린다. 파리도 생선들이 누워 있는 데서 겨우 몇 마리 보았을 뿐이다. 서울에선 슈퍼에서도 포도나 복숭아에 꼬이는 초파리가 싫어 진저리가 쳐지는데, 거참 희한한 일이다 싶었다.

내게는 일관성 없이 그저 늘어서 있는 것처럼 보이지만, 시골의 장은 가게와 같은 것이란다. 단지 5일에 한 번씩 문을 여는 것일 뿐. 하여 공산품이라면 지난 장에 맘에 안 들었던 것을 다음 장날에 바꾸기도 하고, 식품처럼 시간이 지나 못 바꾸는 것이라면 불평을 이야기하고 서로의 합의점을 찾는다고 한다. 하긴 한 지역의 물물교환으로 시작한 것이 장이니, 서로에 대한 믿음은 어쩌면 가장 근본적인 바탕인지도 모르겠다.

길고 긴 원당로에 늘어선 영주장을 빠져 나와서도 나는 계속 걸었다. 서천둔치에 가서 보고 싶은 것이 있었기 때문이다. 다리가 아파왔지만, 조금만 더 기운을 내자 마음을 다잡고 걸음을 재촉한다. 서천둔치로 가기 전에 잠시 들른 곳은 영주도서관이었다. 분명 이 근처에 보물로 지정된 석불이 있을 터이기 때문이다. 겨우 찾은 불상은 도서관 근처가 아니라 도서관 내에 있었다.

영주리 석불입상은 가흥동 마애삼존불과 연관되는 양식의 불상이라 가흥동에 가기 전에 한번 보아두고 싶었다. 1917년 영주시 가흥동 남산들 제방공사 중에 발견된 이 석불은, 원래 영주초등학교 앞 도로 중앙에 모셨던 것을 다시 영주도

영주리 석불입상 조각 수법으로 보아 통일신라 중기에 조성된 것으로 보이며, 보물 제60호로 지정되어 있다.

서관 내에 별도의 보호각을 세워 보관하고 있다. 보호각 안의 불상 옆에는 원형의 연화대석 1점이 함께 보관되어 있다.

전체 높이 239cm, 불상 높이 188cm의 석불은 불신과 광배, 대좌를 한 돌에 새긴 것으로, 표면 마모로 인하여 얼굴의 세부 표현은 확인이 어렵지만, 귀는 길게 내려 어깨에 닿았고 목의 삼도는 2조선으로 간략하다. 두텁게 신체를 덮은 대의나 굵게 흘러내린 옷주름, 살이 오른 양감 표현 등은 영주와 봉화 일대에서 흔히 볼 수 있는 조각 수법으로, 통일신라 중기의 양식으로 추정하고 있다.

보호각 옆에는 낡은 석탑이 하나 있어 석불이 외롭지는 않을 듯했다. 영주시의 정책 중 하나인 〈담장 허물기〉의 일환인 듯, 도서관 건물을 제외하면 주변에 어떤 가로막이도 없이 넓은 마당은 바로 서천둔치로 연결되어 있었다. 둔치로 올라가는 돌계단을 따라 올라가니 비가 온 것도 아닌데 하늘에 조각 무지개가 가로놓여 있다. 진짜 무지개처럼 선명한 반원을 그린 것도, 일곱 색이 보이는 것도 아니지만, 내 기분은 무지개를 본 양 들뜬다.

오른쪽 위쪽에는 멋들어진 누각이 서천을 내려다보고 있고, 그 옆쪽으로는 새로 지은 한옥 건물이 삼판서 고택三判書古宅이라는 입석을 앞세우고 풍채를 자랑하며 서 있다. 고려 말부터 조선 초까지 세 분의 판서가 연이어 살았다 하여 이름 붙여진 삼판서 고택은 영주의 심벌 중 하나로, 이름의 유래가 된 세 판서란 정운경, 황유정, 김담을 말한다.

고려 때 형부상서(조선시대 형조판서에 해당)를 지낸 정운경(1305~1366, 정도전의 부친)은 사위인 공부상서(조선시대 공조판서에 해당) 황유정(1343~?)에게 물려주었고, 황유정은 외손자인 이조판서 김담(1416~1464)에게 물려주고, 이후 김담의 후손들에게 이어져 내려왔다. 원래는 구성공원 남쪽(영주동 431번지)에 있었는데, 1961년 대홍수로 인하여 피해를 입어 결국 수년 후에 철거된 것을 2008년 제민루와 함께 이곳(구학공원)에 복원한 것이다.

문간채를 지나면 마당을 지나 반 층 높이 위쪽으로 안채가 보인다. 이 지역에서 흔히 볼 수 있는 ㅁ자형인데, 단지 마루를 두른 사랑채가 뛰어나온 형상으로 팔작지붕을 이고 있는 것이 특이하다. 돌계단을 올라 안채로 들어서면 3칸 마루를 중심으로 양쪽에 방을 놓고 부엌과 창고로 나뉘어 있다. 아직 새것 냄새가 폴폴 나는 대청마루에 앉아 잠시 휴식을 취한다. 이제부터 서천둔치를 따라 내려가 가흥동의 마애삼존불을 볼 계획이었다.

종아리를 좀 주물러준 다음 삼판서 고택을 나와 낮은 돌담을 따라 누각이 있는 곳으로 가본다. 〈제민루濟民樓〉라는 현판이 단청 고운 처마에 걸려 있는데, 여느 누각과 달리 한쪽에는 정면 1칸, 측면2칸의 방도 마련되어 있다. 누각으로 올라가는 계단 끝이 막혀 있어 안타까워하고 있는데, 고택 뒤쪽으로 잘생긴 나무 한 그루가 보였다.

앞에 무슨 비석이 세워져 있어 어설픈 길을 내려가 보니 〈시공기념식수〉란다. '영주읍 서천 직강공사'라고 새겨진 글씨 밑에는 1962년이라는 시간과 함께 '국가재건최고회의장 박정희 장군'이라는 이름이 있었다. 내가 태어났을 때부터 대통령이라는 직함을 가지고 있던 사람에게 붙어 있는 장군이라는 직함이 참으로 낯설었다.

서천둔치를 걷는 것은 기분 좋은 일이긴 했지만, 반팔을 입은 양 팔뚝이 몹시도 따가웠다. 공사를 마친 지 얼마 되지 않아 가로수가 아직 제몫을 못하는 탓에 내리쬐는 햇볕을 그대로 받아내야 했기 때문이다. 그래도 소백산에서 불어오는 바람은 시원해서 더위에 지쳐 허덕일 정도는 아니었다.

거의 영주 시내 끝자락이라고 생각하고 열심히 걷다 보면 '서행'이라는 큰 글씨를 새긴 팻말이 보이는데, 그러면 다 온 거다. 소백산에서 흘러 내려오는 남원천과 죽계천이 합류하여 이루어진 서천이, 영주시 서편을 따라 남쪽으로 흐르다가 다시 서남쪽으로 굽어도는 지점이다. 바로 이곳에 차선을 줄이고 급한 커브를 만들면서까지 영주시에서 지키고자 하는 바위그림과 석불이 자리를 차지하고 있다.

가흥동 마애삼존불은 서천이 내려다보이는 거대한 암반의 최상부에 있다. 커다란 자연 화강암을 쪼아서 가운데 넓은 면에는 결가부좌로 앉아 있는 형상의

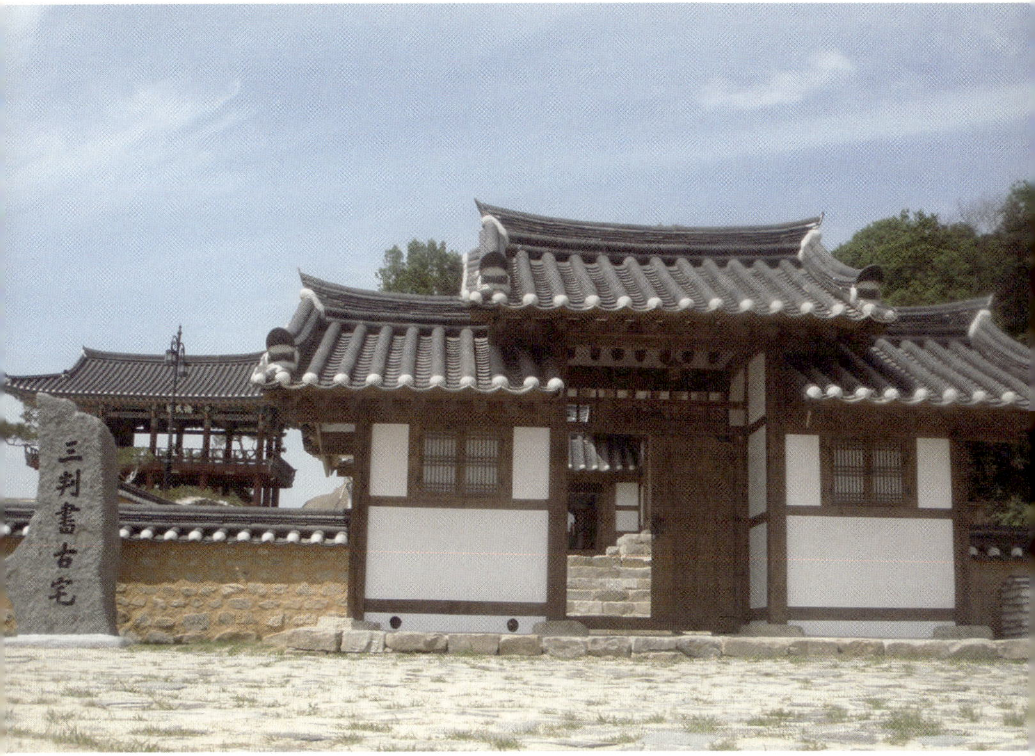

삼판서 고택 한 집안에서 세 명의 판서가 나왔다 하여 붙여진 이름으로, 2008년에 복원하였다. 뒤편 왼쪽으로 보이는 누각이 서천을 내려다보고 있는 제민루.

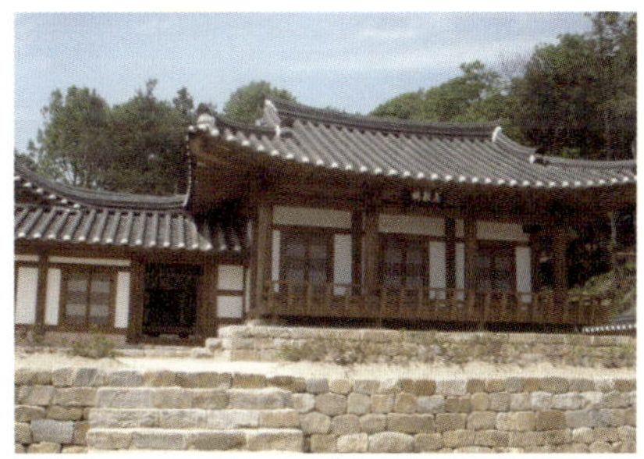

본존을, 좌우에는 본존 쪽으로 약간 몸을 틀어 서 있는 형상의 협시보살脇侍菩薩을 조각한 것이다. 본존의 높이는 330cm, 오른쪽 협시보살이 198cm, 왼쪽 협시보살이 195cm의 크기로, 보물 제221호로 지정되어 있다.

삼존 주변에는 크기 20cm 내외의 사각모양으로 파인 자리가 있고, 삼존상 앞으로도 기둥자리로 보이는 흔적이 있어 이 마애상을 주존불로 한 시설물이 갖추어져 있었던 것으로 보인다. 7세기 후반에 조성된 것으로 추정하고 있는 이 삼존불은, 영주 지역을 중심으로 한 통일신라 초기의 불교 조각 양식을 대표하는 작품이다.

가운데 본존상은 상당히 큰 체구에 팽팽한 뺨, 큼직하고 듬직한 코, 꽉 다문 입 등으로 표현되어 있다. 오른쪽 보살상은 보관寶冠에 보병寶甁이 묘사되어 있고, 두 손을 가슴 앞으로 모으고 있으며, 왼쪽의 보살은 가슴이 넓은데 왼팔을 어깨 위까지 들고 오른손은 배 앞에 두었다.

신암리 마애삼존불과 마찬가지로, 가흥동 마애삼존불 또한 코뿐 아니라 눈 부위의 파손이 심하다. 불상의 코와 눈의 돌가루를 갈아먹으면 아들을 낳는다는 속설이 있어 아들을 낳고자 하는 부인네들에 의해 당시에는 대다수의 불상이 이렇게 피해를 입은 것이다.

옆에 모셔져 있는 마애여래좌상은 2003년 여름의 집중호우로 마애삼존불의 좌측 앞부분 암벽 일부가 무너지면서 새롭게 발견된 것이다. 자연 바위 면을 안쪽으로 파들어가면서 조각한 이 불상은, 소발에 육계가 큼직하고 귀는 어깨까지 늘어져 있으며 목에는 삼도가 뚜렷하다. 두 눈은 파이고 코와 입 부분도 훼손이 심하나 양쪽 볼은 풍만하다. 마애삼존불의 본존불을 모범으로 삼은 것 같은 이 좌상은, 전체적으로 조형미가 뛰어난 통일신라 중기의 우수한 작

가흥동 마애삼존불 통일신라 초기의 불교 조각 양식을 대표하는 작품으로, 보물 제221호로 지정되어 있다.

품으로 평가되고 있단다.

가흥동 바위그림(암각화)은 마애삼존불과 같은 암반의 남쪽 수직 석벽에 새겨져 있으며 1989년에 발견되었다. 그림이 새겨진 암벽은 거친 화강암질로 높이 약 4m, 폭 5m가 넘는 꽤 큰 규모이다. 암벽은 상하로 구분되어 있는데, 암각화는 하단부에 위치하고 있다. 전체 암각화가 차지하는 규모는 높이 1.5m, 길이 4.5m 정도로, 암각은 선을 쪼아서 굵은 선으로 표현하는 수법을 사용하였다.

3~5개의 횡선으로 연결한 듯 기본형이 같은 그림을 새겼는데, 좌우의 선이 많이 휘어 있어 그림과 그림 사이가 마치 원형을 연결시킨 듯이 보인다. 이러한 도형은 고령 양전리 암각화가 보여주는 특징과 유사하다고 한다. 암벽에 신앙의 대상물을 새기고 풍요와 다산을 기원하던 제의 장소로서의 특징을 나타내고 있는 이 암각화는, 청동기시대에 새겨진 것으로 추정하고 있다.

사실 설명이 없으면 그저 바위의 낙서처럼 그냥 지나치고 말 것을 이렇게 '청동기 시대의 바위그림'이라는 거창한 타이틀이 붙으면 새삼 다시 들여다보며 감탄을 해대는 것이 인간의 속물적 근성인지도 모르겠다. 어쨌든 고대사를 연구하시는 분께 무한한 존경의 마음을 바치는 바다.

풍기장날

풍기역 앞 양쪽으로 길게 늘어서는 풍기장(3일·8일)은, 해가 떨어질 때까지 유지되는 영주장과는 달리 정오가 되면 거의 파장 분위기다. 그래서인지 트럭에 실린 수박 한 통이 2천 원, 3천 원이다. 세상에나, 이 가격을 보고 서울 가서 어찌

수박을 사먹을꼬 싶었다. 인삼 상가가 많은 특성 때문이지, 상점에서 내놓은 인삼의 잔뿌리와 다른 약초들을 바구니에 얹어 팔고 있는 모습도 눈에 많이 띈다. 일단 한 바퀴 돌고 풍기의 재래시장, 일명 '촌장'이라고 불리는 골목으로 향한다.

대로에 트럭을 대고 물건을 내놓는 것이 아니어서인지, 촌장의 풍경은 더할 나위 없이 정겹다. 대부분이 허리가 구부러진 할머니들께서 당신이 텃밭에서 직접 키운 물건을 들고 나오시는 거다. 모양은 우스워도 맛은 기가 막힐 것 같은 완전 유기농식품이 바로 이런 것들 아니겠는가.

거의 동그라미가 된 가지도 있고, 모양이 들쑥날쑥한 오이에, 엄청 큰 토란도 있다. 오히려 동그랗게 예쁜 것은 조선호박이다. 동그란 호박 두 개를 가지런히 놓은 옆에는 여린 호박잎을 쌓아두었다. 이제 저것만 다 팔면 할머니는 집에 들어가시는 걸까. 한입 크기의 작은 고구마 옆에는, 삶아서 깔끔하게 까놓은 고구마순도 있다. 그 옆에는 박 속을 비워내고 있는 아주머니와 도라지보다 더 작은 더덕을 열심히 까고 있는 할머니가 앉아 계신다.

앞에 놓인 한 무더기를 다 팔면 할머니는 무엇을 사가지고 돌아가시려나 슬쩍 궁금증도 인다. 손주녀석 눈깔사탕? 할아버지 양말? 일할 때 쓰는 장갑? 이런저런 생각을 하다, 혹시 자장면 한 그릇 사드시는 거 아냐? 하는 생각에까지 이른다. 사실 장날의 자장면은 내게도 잊지 못할 추억이기 때문이다.

20여 년 전 추석 장을 보기 위해 장에 가시는 어머니를 따라나선 적이 있다. 대부분 자급자족이 되는 시골에서는 고기나 생선, 포 말고는 딱히 장보는 물건이 없었다. 필요한 장을 다 보고는 어머니가 사주시는 자장면을 함께 먹었다. 육개장을 파는 자장면집은 서울 동네 초등학교의 분식집보다 더 초라했지만, 그 맛은 '따봉'이었다. 아마도 그것은 추억의 맛이었을 것이다.

700년 은행나무 700년 동안 풍기에 불어닥친 바람들을 묵묵히 지켜낸 은행나무.

풍기의 촌장은 거리로 생각하면 얼마 되지 않는다. 지금은 여름이라 별 거 없지만, 사실 풍기장은 봄이 제격이란다. 삼가동 주민만이 캘 수 있다는 소백산의 귀한 산나물이 넘쳐나기 때문이다. 나 같은 사람이야 봐도 모르는 보물이지만, 파시는 분이 조리법까지 친절하게 설명해 주시니 문제없다고 한다. 산나물이라면 무게도 얼마 나가지 않으니 사서 가져가는 데도 별 문제 없을 것이다. 다음엔 꼭 한 번 도전해 볼 일이다.

장을 빠져 나와 풍기읍사무소로 간다. 700년 된 은행나무와 주세붕 선정비를 보기 위해서다. 2층 건물로 된 읍사무소 앞의 은행나무는 건물 4층 높이의 키에다 밑동은 또 어찌나 넉넉한지, "과연 700년!"이라는 감탄의 소리가 절로 나왔다. 지금이야 아직 떨어지는 잎이 없어 모르지만, 가을이 되면 담배꽁초 하나 없는 이 깔끔한 주차장도 노란 은행잎으로 가득할 거라 생각하니 두 마음이 한꺼번에 들었다. 너무 멋질 것 같단 이상과 쓸고 또 쓸어도 하염없이 날리는 잎을 청소하자면 끔찍할 것 같다는 현실이 함께 말이다. 그래도 멋진 건 멋진 거다.

그 멋진 은행나무 앞쪽으로 〈옛 풍기군수 선정비〉가 각기 다른 모습을 하고서도 줄을 맞춰 나란히 서 있다. 옛날 풍기군 시기(1413~1914)에 세워져 성내리·동부리 등에 흩어져 있던 군수 선정비(군수·부사·순찰사)를, 1973년 풍기가 읍으로 승격하면서 읍사무소 부지 안으로 옮겨 읍 승격 기념비와 함께 관리해 오고 있는 것이라 한다.

이곳에 옮겨진 16기 외에도 풍기읍 창락리에 1기가 있고, 봉현면 한천리 샘골에는 바위에 암각된 2기가 있다고 한다. 또한 예전에는 풍기군에 속했던 예천군 상리면 사고리에 2기, 하리면 은산리에 4기 등 총 25기의 선정비가 지난날 풍기군의 역사를 대변해 주고 있다. 물론 마모가 너무 심하여 알아볼 수 없을 정도로

비상을 꿈꾸다

풍기군수 선정비 여러 곳에 흩어져 있던 선정비를 읍사 무소 한쪽에 모아놓았다.

손상이 된 비도 있다.

　주세붕 선정비는 나란히 서 있는 선정비의 가장 왼쪽 첫 번째에 있다. 숫자를 매길 때 1번을 주는 자리이다. '주공 선정비'라 새겨진 이 비는 모여 있는 비들 중 가장 오래된 1549년명종4에 만들어졌는데, 이는 주세붕이 이임한(재임기간 1541~1545) 4년 후에 세워진 것이라 하겠다.

　풍기읍사무소를 나와 풍기읍 오거리 쪽으로 나선다. 아까 걸어왔던 길을 다시 거슬러 올라가는 길이긴 하지만, 풍기에 오면 꼭 사들고 가는 생강도넛을 사기 위해선 어쩔 수 없었다.

　〈정도너츠〉는 풍기 오거리에서 동양대 방향으로 올라가는 길목 오른편에 있다. 실은 아까 풍기 촌장으로 들어가기 조금 전이라 할 수 있다. 아직 돌아다녀야 하는데 들고 다니기 싫어서 꾀 좀 부린 거다.

　워낙 매스컴에서도 자주 다루어주었기 때문에 알 만한 사람은 다 안다는 정

생강 도넛 정도너츠의 대표 메뉴로, 찹쌀 100%의 도넛에 생강 맛이 절묘하게 어울린다.

도너츠는, 도넛만 파는 도넛 전문점이다. 30년을 한결같은 조리법으로 한결같은 맛을 내는 것이 정도너츠가 사랑받는 비결이지만, 밀가루가 아닌 찹쌀을 베이스로 해서 인삼·생강·허브 등 우리 몸에 좋은 재료를 써서 건강을 먼저 생각하는 '웰빙식품'이라는 타이틀을 따낸 것도 인기에 한몫한 셈이다.

정도너츠의 도넛 메뉴는 총 4가지이다. 가장 원조격인 생강도넛은 다진 생강과 땅콩, 깨를 바깥에 둘러 생강 향이 독특한 도넛이다. 인삼도넛은 풍기 인삼을 사용하여 도넛 안쪽에는 인삼을 잘게 썰어 넣고, 바깥에는 수삼을 꿀에 절여 먹기 좋게 두르고 인삼 엑기스와 대추, 깨를 넣어 만든 보약 도넛이다. 허브 도넛은 페퍼민트와 쉐이즈를 3:1의 비율로 넣어 1시간 이상 허브향을 추출한 다음 깨와 호박씨를 넣어 만든 그야말로 웰빙 도넛이다. 마지막으로 커피 도넛은 헤이즐넛 커피와 땅콩, 아몬드를 넣어서 만든 커피향이 달콤한 도넛이다.

각자 개성이 있어 어떤 하나만을 좋다고 꼭 집어 말할 수는 없지만, 개인적으로는 역시 생강 도넛이 최고인 것 같다. 처음에는 여러 종류를 나누어서 샀었는데, 요즘은 생강 도넛 한 종류만 사는 거 보면 말이다.

몇 개 안 되는 테이블이 놓인 매장에서 포장하는 것을 기다리느라 좀 앉아 있으면 어찌나 사람들이 많이 드나드는지, 좁은 길에는 정도너츠를 찾는 손님들이 (그것도 다 사가지고 가는 사람뿐이거늘) 대기하는 차로 붐빈다. 그래도 이제는 예전에 비하면 다른 매장도 생기고 택배로 받아볼 수도 있으니, 이제 언제든 생강 도넛을 맛볼 수 있을 것 같다.(정도너츠는 2009년 10월 대한광복단 앞쪽에 주차장을 겸비한 새로운 매장을 오픈하여 소비자들의 편의를 도모하고 있다.)

풍기인삼

인삼으로 유명한 풍기에는 〈도솔봉의 동삼童蔘이야기〉라는 재미난 전설이 있다.

도솔봉 어느 골짜기 산삼 밭에서 가장 큰 산삼이 사람으로 변하여, 풍기장날이면 산에서 내려와 산 밑 마을 앞을 지나다녔다. 이 마을에 사는 한 농부가 초립동자草笠童子가 산에서 내려왔다가 해질 무렵이면 다시 산으로 올라가는 것을 수차례 보았다. 이 초립동자가 도솔봉에 사는 산삼山蔘일 것이라고 생각한 농부는, 음식으로 잘 대접하여 산삼을 얻으리라 마음먹었다. 풍기장날이 되자 농부는 동자가 내려오기를 기다리다 마침내 동자를 발견하고 그 뒤를 따랐다.

점심때가 되어서야 장터에 도착한 동자는 늘 들르는 음식점으로 들어갔고, 농부는 따라 들어가 한자리에서 음식을 청하여 먹고 미리 나와 동자의 음식 값까지 계산했다. 동자가 모르는 처지인데 음식 값을 지불한 까닭을 묻자, 농부는 오늘 서로 동행하는 처지인데 얼마 되지 않아 계산했다고 했다. 동자와 농부는 같이 집으로 돌아오게 되었는데, 도중 느티나무 밑에서 잠시 쉬는 동안 농부가 본심을 털어놓았다.

동자 또한 이미 그 사실을 알고 있었다고 고백한다. 그리고는 자신은 도솔봉 산삼 밭의 가장 큰 동삼인데 잠시 사람 행세를 한 것이라고 하면서, 농부의 원을 들어줄 테니 같이 삼밭으로 올라가자고 했다. 단 도솔봉 삼밭에 올라가면 자기가 가장 큰 삼으로 변하여 들어갈 테니 나를 뽑지 말고 그 밭의 다른 산삼을 캐라고 당부하였다.

그러나 농부는 가장 큰 삼을 보자 마음이 변하여 동자의 부탁을 저버리고 그 큰 삼을 두 손으로 당겼다. 결국 삼은 뽑히지 않고 삼뇌두만 떨어지며, 장터에서 먹은 음식들이 쏟아져 나온 뒤 산삼 밭이 사라져버렸다고 한다. 이 농부는 동삼이 시키는 대로 하였으면 큰 부자가 되었을 것을 욕심을 부려 폐가廢家하고 마침내 병으로 죽었다는 이야기다.

하늘이 주신 기회도 욕심이 과하면 오히려 화가 되어 덮칠 수도 있다는 이야기지만, 인삼의 재배지인 풍기이기에 가능한 전설이 아닌가 싶었다.

사실 이 지역의 삼에 대한 이야기는 멀리 신라로 거슬러 올라간다. 『삼국사기』에 "734년성덕왕33 당나라 현제에게 하정사賀正使를 보내어 산삼 200근을 선물하였다."라는 기록이 남아 있는 것을 보면, 신라시대 때 이미 소백산에 산삼이 많이 자생한 것을 알 수 있다. 이렇게 산삼에만 의존하던 것을 조선시대에 들어와서야 재배하여 '인삼'을 생산하게 되는데, 이 계기를 만든 것이 다름 아닌 신재 주세붕이다.

주세붕은 삼을 인위적으로 재배하여 안정된 생산으로 그 수요를 충족시킬 수 없을까 고민하며, 삼이 자생하는 토양과 기후가 비슷한 곳을 찾고 있었다. 그러던 중 마침 1541년중종36 풍기군수로 부임하게 되었는데, 풍기는 산삼이 많이 자

풍기인삼 소백산록의 풍부한 유기물 토양에서 생산되는 풍기
인삼은, 다른 어느 곳 인삼보다 내용 조직이 충실하고 인삼향
이 강하다. 특히 유효 사포닌 함량이 매우 높아 인체 모든 기능
에 효과가 탁월하다.

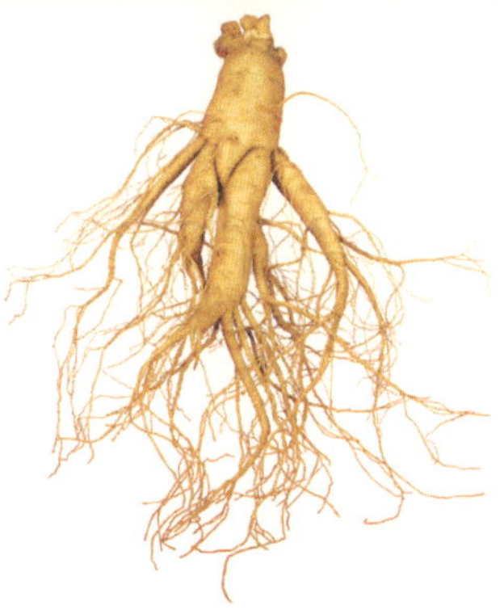

비상을 꿈꾸다

생할 뿐 아니라 풍기의 토양과 기후가 삼을 재배하는 데도 가장 적합한 곳임을 발견하게 된다.

그리하여 주세붕의 장려로 풍기는 제일 처음 산삼의 종자를 채취하여 삼을 재배한 곳이 되었으며, 조정에서는 풍기인삼만 이용하였다는 기록이 남아 있다. 이렇게 해서 고려인삼 중에서도 가장 뛰어난 약효를 지니면서 세계적으로도 가장 앞선 역사를 자랑하는 풍기인삼이 탄생한 것이다.

그렇다면 대체 어떤 인삼이 좋은 것일까? 인삼의 가장 기본적인 것부터 알아보자.

재배하는 인삼의 잎과 뿌리는 연수에 따라 뚜렷한 차이를 보인다. 지력地力이나 성장하는 정도에 따라 약간의 차이가 있긴 하지만, 대체적으로 1년생일 때 하나로 시작하여 6년생이 되면 잎이 6개로 늘어나 연수와 잎의 수가 거의 일치하는 모습을 볼 수 있다. 그러나 7년생부터는 잎의 수가 더 이상 늘어나지 않는다고 한다.

뿌리는 3년까지는 몸통 부분만 성장하고, 4년 이후부터는 지근인 다리 부분이 발달하기 시작하며, 6년이 되면 비로소 머리(뇌두)와 몸통(주근)과 다리(지근)가 균형을 이루어 사람의 형태를 닮게 된다. 그러나 7년 이상이 되면 표피나 내부조직도 거칠어져 미관상이나 조직적인 측면에서도 품질이 떨어진다고 한다.

또 '인삼' 하면 무엇보다 사포닌 성분을 이야기 안 할 수 없는데, 최근에는 사포닌 성분뿐 아니라 비사포닌계인 인삼 알카로이드, 홍삼의 말톨 성분, 홍삼 몸통 중심부의 수용성단백질·산성다당체 등 유효 성분의 발견으로 고려인삼의 새로운 효능이 입증되고 있다. 산성다당체의 경우 백삼보다는 홍삼에, 작은 뿌리보다는 굵은 뿌리에, 미삼보다는 동체 부위에, 4년근보다는 6년근에 많은 것으로 밝혀졌다.

결국 인삼의 잎과 뿌리의 모양, 뿌리의 성장 속도, 주요 기능 성분 등을 종합적으로 고려해 볼 때 6년생 인삼이 가장 우수하다는 것을 알 수 있다. 6년근이 가장 비싼 이유가 따로 있는 게 아닌 거다. 6년이라는 세월 농사도 농사지만, 모든 면에서 가장 절정의 시기이니 말이다.

이런 6년의 정성을 도둑질하는 사람들이 있다니 참 안타까운 노릇이다. 수확을 앞두고 어느 날 파헤쳐진 밭을 발견한다면 여섯 살 난 자식을 납치당하는 심정과 무엇이 다르겠는가. 긴 호흡으로 살고 있는 사람들에게 순간으로 사는 사람들이 주는 상처는 너무도 큰 것이 아닐 수 없다.

산삼랜드

영주시는 소백산 산삼이 많이 나오는 곳으로 유명하다. 최근 소백산 아래 영주시 부석면에 갔다가 〈소백산 산하산삼〉 안대영 대표를 만났다.

그는 만나기 무섭게 "부석면의 소백산 기슭에 산삼연구소, 박물관, 한방병원 등을 두루 갖춘 '산삼랜드'를 조성하는 것이 꿈."이라며 "고향 땅에 산삼랜드를 조성해 영주시를 자연 속에서 치료와 휴양이 가능한 관광도시로 만드는 데 내 모든 것을 바치고 싶다."라고 자신의 구상을 말한다.

30년 넘게 산삼을 캐고 기르며 살아온 그는, 소백산 이외에도 태백산, 전남 순천 등지에 250만 평의 산삼 재배지를 경영하고 있다. 직원 50여 명에 연매출은 20억 원 정도이다.

그는 주로 농장 사무실이 있는 부석면 소천리에 상주하면서, 해발 500m 기슭에 조성한 100만 평의 산삼 재배지를 보살피고 있다. 그의 산삼농장에는 직접 심은 1~30년생 산삼이 두루 성장하고 있다. 주요 거래처는 국내 유수의 한의원과 약재상 등으로, 전국에 여러 개의 직영 판매장을 가지고 있다.

그의 사무실 부근의 산삼 재배지에는 산삼과 칡 등의 산약초가 지천으로 널려 있다. 산삼 재배에 관한 오랜 경험 속에서 그는 "풍기인삼으로 유명한 소백산과 태백산 일대가 산삼이 자라기에 최상의 기온과 토질을 가진 곳이다. 국내 최초로 풍기 땅에서 인삼을 재배한 우리 조상들의 식견에 감복했다."라고 말한다.

그의 꿈은 투자자를 모아 1~2년을 알차게 준비하여 부석면 소천리 일대 100만 평 산삼재배지에 연구소, 박물관, 한방병원, 특산물 판매점, 펜션, 모노레일 등이 어우러진 테마파크를 만들겠다는 것이다.

산삼랜드를 완성하면, 정부가 인근 영주시 봉현면, 예천군 상리면에 걸쳐 조성 준비중인 〈국립 백두대간 테라피단지〉, 부석사, 소수서원, 선비촌, 소수박물관, 선비문화수련원, 무섬마을 등 기존의 영주 지역 역사문화유산과 결합하여 유불선 문화의 체험과 소백산 중턱의 자연 속에서 치료와 휴양을 겸한 관광 명소가 될 것이라고 기대하고 있다.

그는 "산삼랜드 조성을 위한 투자 유치는 세계적인 경제 위기로 약간 어려움이 있기는 하지만, 지원하겠다는 사람과 기업들이 많아 큰 걱정은 없을 것."이라며 "조만간 가시적인 성과가 있을 것."이라고 기대했다.

그는 "산삼랜드 조성에 앞서 우선 지난 30여 년간 모은 5천여 점의 산삼 표본과 희귀 약초, 화전민들의 산약초 채취 도구 등을 전시할 박물관과 산삼 연구에 충실할 수 있는 인재들을 모아 연구소를 건립하고자 준비중에 있다."고 했다.

사실 그의 농장에서 자라고 있는 산삼은 산삼의 씨를 직접 심은 것도 있지만, 대부분은 당장의 판로가 없어 옮겨 심어둔 산삼이 저절로 번식한 것이다. 그는 산삼을 가꾸기 위해 직접 농약이나 비료, 퇴비를 살포하지는 않지만, 좋은 환경 조성을 위해 꾸준히 삼림 가꾸기를 계속하고 있다.

지난 2~3년 동안 싱가포르에 많은 산삼을 수출해서인지, 그의 농장은 싱가포르인들을 비롯하여 중국·대만·미국·일본 등지의 외국인도 자주 찾는 곳이 되었다.

그는 또한 "산삼이 영약이지만, 효능을 과신하거나 허황되게 부풀린 거짓말에 현혹돼서는 안 된다. 중국산 장뇌삼이 넘쳐나 한반도의 산하에 번성하거나, 터무니없이 부르는 게 값인 황당한 유통구조가 산삼의 적극적인 소비와 유통을 저해하고 있다. 중국 삼을 국내 산삼으로 속여 파는 것은 범죄 행위이며, 산삼시장의 대부분을 장악한 외래 삼의 허와 실을 밝히기 위해서라도 조속히 산삼 관련 법제를 마련하는 것이 중요하다."고 당부했다.

약선당

풍기 IC 부근에 위치한 약선당藥膳堂은 한방 인삼김치와 인삼요리 전문점이다. 상호인 약선당은 '약이 되는 음식을 만드는 집'이라는 뜻으로, 말 그대로 '약은 쓰디쓰지만 음식은 언제라도 기분 좋게 먹을 수 있어 약을 음식으로 만들어 섭취할 수 있도록 한다'는 의미이다.

인삼의 고장 풍기에서 인삼과 더불어 소백산의 약초, 영주한우 등으로 만든

약선당 풍기인삼과 소백산의 약초, 영주한우 등을 재료로 약이 되는 음식을 만드는 집.

음식을 파는 약선당은, 건강식품에 대한 관심이 높아져 가고 있는 요즘 더욱 각
광을 받는 집이다. 인삼을 주재료 혹은 부재료로 음식을 만드니, 사람들의 바람
을 충분히 만족시키고 있는 셈이니 말이다.

약순당의 박순화 대표는 말한다.

"인삼은 어떤 배합 재료와도 상극 없이 궁합이 잘 맞는 식재료인 데다 각종
음식의 잡내를 완화시키는 데도 탁월한 효과가 있어요. 특히 고춧가루 특유의

냄새까지 없애줄 만큼 불순물 제거에 더할 나위 없이 좋은 식재료이지요."

요리는 종류에 따라 건삼과 수삼을 적절히 사용하는데, 약선 삼계탕처럼 국물을 우려내는 요리에는 사포닌 함량이 높은 건삼을 사용하며, 샐러드나 무침 등 생으로 먹거나 부드러운 음식에는 수삼을 사용한다고 한다.

또한 "약선요리로서 제 기능을 다하기 위해서는 묵힐수록 제 맛이 난다."며, 약선당에서는 모두 최소한 1~3년은 묵힌 장류를 사용하고 있단다. 그해 담근 된장이나 간장은 약으로써의 효용도 떨어질 뿐 아니라 맛도 덜하단다. 당귀장아찌만 하더라도 1년 이상 숙성시켜 곰삭혀야 부드럽고 깊은 맛을 내기 때문에 재료를 배합한 소스에 절여놓은 지 1년이 지나야 손님상에 올린다고 한다.

이렇게 인삼요리 대중화에 노력하고 있는 약선당은 이에 만족하지 않고 2008년 10월 〈약선식품 연구소〉를 오픈하기에 이른다. 현판식에서 박순화 대표는 "약선 연구소는 오랜 세월 가슴속 깊이 묻어두었던 사업으로, 거짓 없는 마음으로 최고의 식품을 만들겠다."며 자신의 포부를 밝힌 바 있다. 약선식품 연구소는 현대인들의 먹거리와 조화를 이루기 위해 포천중문의대 이부용 교수 등 9명의 연구위원을 두고, 약선식품의 대중화를 도모하고 있다.

특산물인 인삼과 소백산 약초 등을 활용한 2~3차 가공식품도 개발해 상품화할 예정인데, 홍삼김치인 〈금채(인삼과 갖은 양념으로 배합한 최고급 배추김치)〉와 인삼 구기자곤짠지인 〈황채(인삼, 구기자, 삼백초, 죽염, 벌꿀 등 천연양념으로 배합한 저장 밑반찬)〉는 이미 발명특허출원을 한 상태이다.

이외에도 인삼마깍두기인 〈약채(생삼과 생마, 삼백초의 배합으로 약이 되는 반찬)〉와 인삼과 부추를 배합한 인삼부추김치, 야생 씀바귀에 홍삼으로 양념 배합한 저장용

반찬인 홍삼쌈바귀짠지 등이 있다.

　2003년에는 16년 동안 자신이 연구하고 개발한 인삼요리를 총망라한 요리 전문서적 『약이 되는 인삼요리』를 출간하기도 한 인삼요리연구가로서, 박순화 대표는 '바른 먹거리'를 위해 오늘도 변함없이 새로운 메뉴 개발에 힘쓰고 있다.

인삼축제 10월중

몸과 마음이 건강한 축제!

문화체육관광부 지정축제인 풍기인삼축제는, 세계 제일을 자랑하는 풍기인삼을 보다 널리 알리기 위한 영주의 대표적인 가을 축제입니다. 볼거리, 먹거리, 즐길거리 등 다양한 행사로 꾸며져 있어 매년 그 인기를 더해 가고 있습니다.

인삼밭에서 직접 인삼을 캐는 인삼 캐기 체험뿐 아니라, 전통 연 만들기, 염색 체험, 도예 체험과 같은 전통체험도 할 수 있습니다. 또한 외국 약초와 우리나라의 약초를 비교해 볼 수 있는 전시회도 열리고, 인삼요리 무료 시식, 할인 판매 장터 등의 행사도 준비되어 있습니다.

화합과 풍년을 기원하는 풍기인삼축제에서 넉넉한 인심과 감동이 함께하는 아름다운 추억을 담아가시기 바랍니다.

풍기인견

영주로 들어서는 입구인 풍기 IC를 알리는 이정표보다 먼저 반겨주는 것은 지붕에 내려앉아 있는 〈인견백화점〉이란 커다란 글씨이다. 풍기 IC를 돌아 나와 바로 큰길가에 보이는 바위에는 〈영주지방 산업단지, 풍기직물 협업단지〉란 까만 글씨가 새겨져 있다. 깔끔하게 포장된 도로를 따라 300m쯤 올라가다 보면 점차 달려드는 소리들로 인해 눈보다 귀가 먼저 이곳의 특징을 알아차린다.

그렇다, 대형 조립식 건물들 안에서 쉬지 않고 움직이고 있는 수백 아니 수천 대의 기계 배틀 소리는 명실공히 풍기가 우리나라 인견 생산량의 80%를 공급하고 있다는 사실을 실감케 했다. 이 사실만 가지고도 풍기인견이 풍기인삼과 함께 '풍기'라는 지역을 전국적으로 알리는 대표적인 특산물임은 의심의 여지가 없다.

인견人絹이라고 하니까 흔히 비단 또는 실크라 불리는 본견本絹에 비해 인공적 냄새를 풍기지만, 이거야말로 한자가 주는 철저한 오해의 산물이다. 인견이란 목재 펄프에서 추출한 식물성 자연섬유로, 유럽에서는 '비스코스'라고 불리며 여름용 옷감으로 사랑받는 원단이다.

보통 여름옷을 만드는 원단을 크게 네 종류로 구분한다.

첫째, 가장 보편적인 원단인 면은 저렴하며 누빔 처리가 되어 달라붙지는 않지만 시원하다고 말하기는 어렵다. 둘째로 면을 마처럼 짠 원단인 면마는 비교적 면보다 시원하여 많이 사용된다. 셋째, 모시풀 껍질의 실로 짠 원단인 모시는 시원하여 여름이불에 많이 쓰이는 전통 원단이지만, 가격이 비싼 단점이 있다. 넷째, 천연섬유로 짠 인견은 부드럽고 시원한 촉감이 특징으로, 최근 웰빙 바람을 타고 '얼음 옷', '냉장고 섬유'란 이름으로 각광받고 있다.

물론 인견은 아주 오래전부터 만들어져 왔다.

풍기인견은 1930년대 명주의 본고장인 평안도 영변과 덕천에서 몇몇 직물 기술자들이 『정감록』에 난세의 피난처라고 기재한 풍기로 남하하면서 족답기(인견을 짜는 수동기계)를 가져와 인견 직물을 짜기 시작한 데서 유래되었다고 한다.

특히 1942년 일제강점기 말엽에는 중앙선 개통으로 인하여 서울과 부산 등 대도시 소비시장에 접근이 용이해져 인견 직물공업은 성황을 이루며 발전하게 된다. 한국전쟁 이후에는 평안도 등에서 직물공장을 경영하던 피난민들이 대거 풍기로 이주함으로써 본격적인 가내공업으로 발전한다. 이후 인견은 영주를 대표하는 전통 산업으로 자리 잡았고, 영주는 현재 우리나라 인견직 최대 생산지로 이어져 내려오고 있다.

그렇다고는 해도 2000년대 이전까지 인견은 주로 안감이나 속옷용으로만 이용될 뿐이었다. 나무가 원료여서 세탁하면 구김이 많이 가고 줄어드는 단점 탓이었다. 그러나 생산자들의 끊임없는 노력으로 제직 기술과 가공 처리 기법이 개

풍기인견 다양한 인견 제품을 선보이고 있는 매장 전경.

발되어 내의·잠옷·남방·원피스는 물론, 넥타이·이불 등 다양한 완제품을 출시하면서 인기가 높아졌다.

원단은 보통 세 종류로 구분하는데, 이 원단의 종류에 따라 가공 방식도 다르다. 가는 실 자체에 여러 색을 염색하여 짜는 선염 원단, 생지를 만든 후에 원단에 색 또는 무늬를 입혀서 만든 나염 원단, 원단을 직조할 때 실을 일정 횟수 이상 꼬아서 직조한 요루 원단이 그것이다. 즉 원단에 따라 인견의 유일한 단점이랄 수 있는 '세탁으로 인한 줄어드는 성질'이 달라진다는 뜻이다.

선염 원단은 원단을 짤 때 별다른 가공을 하지 않기 때문에 방축防縮 가공을 한 나염 원단이나 요루 원단보다 줄어듦 현상이 심하다. 그래서 옷을 구매할 때는 반드시 본래 입던 사이즈보다 한 치수 크게 구매하는 것이 좋다. 나염이 된 제품과 줄어듦 현상을 방지하기 위해 링클 가공 처리가 된 제품은 첫 세탁 시에만 2~3cm 정도 줄어든다. 그러나 여성 제품의 경우 선염 제품은 거의 없으며, 대부분은 링클 가공 처리를 하여 이러한 단점을 보완했다. 이런 줄어드는 현상은 첫 세탁 시에만 발생하는 것으로, 인견 원단 고유의 특성이라고 할 수 있다. 만약 첫 세탁인데도 줄어드는 현상이 없다면 그 제품은 100% 인견 제품이 아닌 혼방 제품일 가능성이 높다.

인견 제품은 오래 입으려면 손빨래를 하는 것이 좋다. 이때 섬유린스를 사용하지 않는 것이 자연스런 천연섬유의 질감을 느낄 수 있으며, 다려 입으면 더욱 부드러운 촉감을 느낄 수 있단다. 이불은 세탁기에 울 코스가 있다면 울 코스로, 그렇지 않다면 가장 약한 코스로 세탁하는 것이 좋다고 한다.

사실 첫 세탁에서 줄어든다는 단점을 제외하면, 인견은 사랑받을 수밖에 없는 장점들을 모두 지녔다 해도 과언이 아니다.

실크처럼 부드러운 질감을 가지고도 실크와 달리 땀 흡수가 빠르고, 통기성이 좋으며, 정전기도 없다. 또한 물빨래까지 가능하다. 모시나 삼베처럼 천연섬유 특유의 차가운 성질과 느낌을 가지면서도 다양한 색깔과 디자인을 추구할 수 있다. 게다가 실크나 모시에 비해 상대적으로 저렴한 가격까지……. 이만하면 소비자들의 각광을 받을 만하지 않은가.

이러한 장점들이 인정되어 풍기인견은 지역특산품 가운데 공산품으로는 전국 처음으로 한국능률협회 인증원에서 '특산명품 웰빙 인증'을 받았다. 이에 힘

입어 영주시는 적극적 마케팅 전략의 한 방법으로 영주시 봉현면 1700m²의 부지에 430m²의 전시 공간과 공동 판매장을 갖춘 〈풍기인견 홍보 전시관〉을 건립하였다.

이 전시관에는 웰빙 자연섬유인 풍기인견의 모든 것이 전시되어 있는데, 무엇보다 1940년대 '땡땡이(물방울) 원단'을 짜던 수직기를 전시해 관람객들에게 색다른 볼거리를 제공하고 있다. 또한 풍기인견의 역사를 한눈에 볼 수 있는 사진 자료도 전시되어 있는데, 역사적 흐름을 한눈에 파악할 수 있어서 흥미롭다. 물론 여러 종류의 인견 원단과 의류, 침구류 등 다양한 디자인의 제품들도 만날 수 있다.

영주시의 풍기인견 홍보는 이에 그치지 않는다. 매년 4월에 개최하는 〈선비문화축제〉에서는, 풍기인견을 홍보하는 장의 하나로 풍기인견으로 제작한 한복을 패션쇼 무대에서 선보이고 있다. 또한 기성복 국제 패션 박람회 참가를 계획하는 등 풍기인견의 브랜드 가치를 높이기 위하여 많은 노력을 기울이고 있다.

한편 2007년부터는 매년 서울 여의도에서 〈웰빙 풍기인견 서울 나들이〉라는 이름으로 행사를 개최하고 있다. 여러 생산업체가 공동 참여하고 있으며, 의류와 침구류 등을 선보여 서울시민으로부터 인기를 한몸에 받기도 하였다.

인견이라고 하면 옷의 속감이나 홈웨어 정도로만 생각하는 이들에게 이러한 행사들이 더욱 활성화되어 다양하고 컬러풀한 풍기인견의 우수성을 알렸으면 좋겠다. 풍기인견이야말로 환경에 바탕을 둔 미래 원단이란 생각이 드니 말이다.

소백산의 선물

전주비빔밥, 춘천닭갈비, 광양불고기, 순창고추장, 포천막걸리처럼 지명과 특산품이 마치 한 단어가 되어버린 상품이 있다. 이천 쌀, 나주 배, 고창 복분자, 상주 곶감, 안동 간고등어처럼 지역을 대표하는 특산물로 인정받는 상품도 있다.

이와 같은 지역 특산품은 지역 경제를 지탱하는 매우 중요한 수단으로, 특히 식품산업은 지역 농업 성장을 이끄는 가장 실효성 있는 산업이라고 할 수 있다. 더구나 웰빙 생활의 정착으로 유기농식품에 대한 관심과 수요가 급증하고 있는 요즘, 친환경식품의 입지는 더욱 확고해졌다. 이러한 '친환경농축산품' 생산에 보다 유리한 청정지역의 요건을 갖추고 있는 영주의 대표 농축산품에 대해 알아보자.

영주한우

천혜의 소백산 맑은 물과 공기 속에 자라는 영주한우는 전국에서 육질이 가장 좋다는 판정을 받고 있는 순수 혈통의 한우다. 불포화지방산이 다량 함유된 건강 기능육으로 평가받고 있는 영주한우는 2005년도에 농협중앙회로부터 선도 브랜드로 지정되었고, 2007년과 2008년 연 2회에 걸쳐 (사)소비자시민모임으로

영주한우 소백산 맑은 물과 공기, 양질의 풀을 먹고 자란 영주한우는 전국에서 육질이 가장 좋다는 판정을 받았으며, 축산명품 '웰빙 인증'을 받았다.

부터 우수축산물브랜드로 인증을 받았다. 2008년에는 전국 최초로 한국능률협회 인증원으로부터 '웰빙 인증'을 획득하였단다.

이렇듯 우수한 영주한우를 보다 친근한(?) 가격으로 이용할 수 있도록 영주축협은 2008년 5월에 〈영주한우플라자〉를 건립했다. 풍기읍 대한광복단 기념공원 부근에 있는 한우플라자는, 넓은 주차장을 지나 1층으로 들어서면 왼쪽에는 식당이 오른쪽에는 축산물 판매장이 있다. 여느 축산식당처럼 고기를 사서 식당으로 들어가는 것이 아니라, 식당에 들어가 주문을 하면 된다. 전체가 좌식으로 되어 있는 식당은 한쪽으로는 방이 마련되어 있고, 한꺼번에 150명을 수

용할 수 있을 만큼 그 규모가 크다.

2층에는 우리 선조들의 농경문화를 엿볼 수 있는 희귀한 소품 1천여 점을 전시해 놓은 홍보관과 대여가 가능한 대회의실이 갖추어져 있으며, 3층 옥상에는 풍기읍과 소백산을 한눈에 볼 수 있는 망원경을 설치해 놓았다. 아이들에게는 신나는 놀이터가 될 수 있을 것 같다. 단순한 음식점으로서 먹거리를 제공하는 데 그치는 것이 아니라, 영주를 찾는 이들에게 볼거리와 즐길거리까지 제공하고자 하는 것이 이곳 영주한우플라자의 의도인 것 같았다.

트리플A의 한우를 부담 없이 즐기고, 아이들에게 옛날 농기구의 이름과 용도도 가르쳐주고, 망원경으로 오늘 돌아본 곳이 어디쯤인지 확인하는……, 하루의 마무리 코스로는 꽤나 멋진 곳이다.

영주사과

봄날의 햇살과 함께 영주를 환하게 빛내는 것은 역시 뭐니 뭐니 해도 사과꽃이다. 고속도로를 달리다 키 작은 나무들이 무리 지어 하얀 꽃을 이고 있는 것을 보면 '이제 정말 봄!'이라고 해도 좋을 것이다. 겨우 2주 정도의 짧은 시간이지만 벌과 나비를 유혹하기에는 충분한 시간인가 보다. 그 짙은 향내 때문일까, 사과꽃의 꽃말은 '유혹'이란다.

영주를 중심으로 한 반경 10km 이내의 지역(경북, 충북, 강원 남부지역 등)에서 전국 사과의 80%가 생산되고 있는데, 그중 전국 재배 면적의 13%를 차지하는 영주시가 현재 국내 최대의 사과 주산지란다. 큰 일교차와 일조량이 사과 맛을 결정 짓는 중요한 요인인데, 영주시는 주로 300~400m 높이의 소백산 자락에 과수원들을 가지고 있기 때문에 소백산 아래 비옥한 토양과 지형에 따른 큰 일교차로 당도와 향이 뛰어난 사과를 생산할 수 있다고 한다.

사실 전국 제1의 생산지임에도 불구하고 영주사과의 우수성이 공개적으로 증명되기 시작한 것은 그리 오래되지 않았다. 봉현면 소재의 참사랑 사과작목반이 2006년 2월 탑프루트 프로젝트 시범단지로 선정된 후 2006년엔 전국우수상을, 2007년에는 최우수상을 수상한 데 이어, 2008년의 '탑프루트 프로젝트 및 과수 기술 보급사업 종합 평가회'에서 드디어 영예의 대상인 대통령상을 수상하기에 이른 것이다.

게다가 2009년에는 지리 명칭을 등록시켜 해당 농특산물을 보호하고 명품으로 육성하는 제도인 '지리적 표시제'의 등록 인증을 획득하여 명실공히 국내 최고의 명품 사과임을 증명했다고 한다. 또한 봉현 사과는 친환경 유기농법으로 재배하여 농약 걱정 없는 무도실無刀實, 즉 '칼 없이 먹는 과일'을 출하하여 각광받고 있다.

가을 출하기에 맞추어 축제를 벌이는 인삼 축제나 포도 축제와는 달리, 사과는 출하기인 가을이 아니라 꽃이 피는 봄을 축제 기간으로 삼는다. 〈사과꽃 축제〉라는 이름으로 진행되는 '사과꽃따기' 체험행사는, 사과꽃따기 체험 외에도 윷놀이나 투호 같은 민속놀이와 찹쌀떡메치기, 꽃마차 타기, 도자기 물레체험 등 어린이들이 좋아하는 체험들로 가득하다. 또한 지역 특산물을 판매하는 시골장터도 개설하는 등 다채로운 프로그램이 마련되어 있어 온 가족이 즐길 수 있는 축제의 장으로 손색이 없다.

영주사과 예로부터 빛과 바람이 좋은 소백산록에서 생산되는 영주 사과는 육질이 단단하고 당도가 높아 소비자로부터 많은 사랑을 받고 있다.(상)

단산포도 소백산록의 청정지역에서 생산되는 단산포도는, 다른 지역의 포도보다 육질이 조밀하고 향과 맛이 뛰어나며 당도가 월등히 높다.(하)

단산포도

　소백산의 맑은 물과 쾌적한 공기가 어우러진 자연환경 속에서 재배되고 있는 단산포도는, 타 지역 포도보다 2~3% 높은 당도의 선별 기준으로 출하심사를 거치기 때문에, 지역 내는 물론 외지인들로부터도 꾸준한 사랑을 받고 있다.

　영주의 다른 특산품과 달리 단산포도의 역사는 그리 길지 않다. 영주 지역은 날씨가 추워서 포도 농사는 지을 수 없다고 알려져 왔기 때문에 단산에서 포도 농사를 생각하는 사람은 아무도 없었다고 한다. 아무도 할 수 없다고 생각했던 그 일을 해낸 사람이 바로 단산포도정보화마을의 초대회장인 김해수 위원장이었다.

　영천에서 포도 농사를 지으며 살던 김위원장은 해발 500m 이상의 고지대에서도 포도 농사가 잘된다는 점을 파악한 후 영천 생활을 정리, 1989년 고향인 단산면으로 돌아왔다고 한다. 물론 처음부터 포도 농사가 대박을 터트린 것은 아니었다. 첫해에는 포도의 순이 나올 때 서리 피해를 입었지만, 그 정도로 단념할 김위원장이 아니었다. 결국 한 해 한 해의 성장 과정을 관찰한 결과, 비옥한 밭이 많은 단산 지역이라면 충분히 고소득 작물이 될 것이라고 확신하였다고 한다.

　현재 단산포도정보화마을은 〈단산포도축제〉 기간이 아니더라도 연 1만7천여 명의 체험 관광객이 다녀가고 있다고 한다. 평상시 찾아오는 관광객들에게는 맷돌을 직접 돌려서 만드는 촌두부 만들기 체험과 포도즙 짜기 등의 프로그램을 운영하고 있단다.

　단산포도의 또 하나의 쾌거는 〈쥬네뜨 와인〉이 아닐까 싶다. 단산면의 햇빛농

비상을 꿈꾸다

원 포도농장(대표 김향순)이 10년간 노력한 결과물로써, 2008년에 저농약 인증을 받은 우수한 품질의 포도를 이용하여 와인을 출시한 것이다. 상표명인 '쥬네뜨'는 고을을 뜻하는 '주州'와 정직을 뜻하는 프랑스어 '에네뜨'의 합성어로서, '단산 고을에서 생산되는 정직한 와인'이라는 뜻을 담고 있단다.

이쯤 해서 좋은 포도주 만드는 법을 한 번 알아보자.

1. 포도 표면의 과분은 효모이므로 씻지 않고 담아야 좋으나, 꼭 씻고자 할 경우에는 씻고 난 후 물기가 완전히 빠진 다음 담근다.

2. 포도를 으깨어서 설탕이 녹도록 잘 섞어준다. (당도가 24도 이상 되어야 좋은 포도주가 되기 때문에 당도를 맞추기 위해서 설탕을 넣는다. 그러므로 설탕의 양은 포도의 당도가 어느 정도인가에 따라서 달라진다. 간혹 설탕 대신 소주를 붓는 경우도 있으나, 소주를 넣어 만든 포도주는 먹고 난 후에 머리가 아프고 개운치 않다.)

3. 숙성시킬 통에 넣고 발효를 시킨다. 뚜껑을 덮어 직사광선이 없는 곳에서 1차 발효를 시키는데, 실온(20°C 내외의 온도)에서 약 30일 정도가 적당하다. (발효 과정에서 물을 끓이는 것처럼 보글보글 공기방울이 생긴다. 발효 과정에서 가스가 발생하며 항아리 윗부분에 곰팡이처럼 뜨는 것이 있는데, 이것은 효모가 공기와 접촉하여 생기는 것일 뿐 곰팡이는 아니다. 이것을 바가지 같은 것으로 눌러서 효모가 제 역할을 할 수 있도록 침수시켜 주는 것이 좋다.)

4. 약 30일이 지나면 고운 천을 준비하여 포도건더기를 걸러낸 다음 물만 2차 발효를 시킨다. (2차 발효기간은 2~3달)

5. 2차 발효가 끝나면 깨끗한 유리병에 담아 밀폐시킨 후 서늘한 곳에 보관한다.

포도주 이야길 하니, 〈단산포도축제〉에서 가장 인기 있는 행사가 '크리스마스 이브에 배달되는 보랏빛 추억 한통'이라는 타이틀의 와인 담그기 체험행사라는 게 생각났다. 포도 축제장에 와서 친환경 농산물인 단산포도로 직접 포도주를 담그고, '나만의 와인'을 크리스마스 전에 택배로 받는 것이다. 물론 당일 담근 포도주를 직접 가져갈 수도 있지만, 잊을 만할 때쯤 받아보는 기쁨이란 게 또 있지 않은가. 추억의 크기만큼 와인 또한 깊은 향기로 다가올 테니 말이다.

단산포도축제는 우수한 품질로 소비자들의 인기를 얻고 있는 단산포도를 선보이는 자리입니다. 포도축제에 오시면 포도품평회와 포도 빨리 먹기, 포도알 멀리 뱉기, 포도송이 물고 달리기, 포도퀴즈, 포도수확 등 포도와 관련된 다양한 이벤트가 펼쳐집니다.
또한 축제기간 중에는 포도직판장이 개설돼 포도를 시중가보다 10% 정도 싸게 판매하고, 제품에 이상이 있으면 24시간 내에 제품을 교환하거나 환불해 주는 〈포도 리콜제〉를 실시하고 있습니다.
단산포도축제에 오셔서 포도를 이용한 다채로운 행사에도 참여하고, 직접 포도를 수확하는 기쁨도 누려보시기 바랍니다.

된장이야기

"아이고, 이 팥으로 메주를 쑨다고 해도 믿을 사람아!"라는 말을 듣는다면, 당신은 남들 보기엔 뻔한 거짓말에도 잘 속는 사람, 남이 하는 이야기는 무조건 믿고 보는 사람이란 소리다. 요즘 같은 세상에선 좋은 의미보다는 나쁜 의미로 더 많이 다가오는 이 말이 사실은 진실을 이야기하고 있는 거라면 당신은 무어라 답하겠는가.

조선시대 요리백과 『규합총서』의 「팥」 장을 보면, 조선시대까지는 흔히 팥으로 메주를 쑤었다고 한다. 메주 쑤는 법은 콩과 마찬가지다. 다만 팥은 끈기가 없으니 찐 팥을 절구에 찧은 다름 밀가루를 섞어서 반죽하고, 작고 동그랗게 빚어서 천으로 쌓아 바람이 잘 드는 곳에 말려야 한다.

우리나라가 언제부터 장을 담그기 시작했는지는 확실하지 않으나, 『삼국사기』를 보면 683년 왕비를 맞을 때 납폐품목納幣品目에 간장과 된장이 들어 있다는 기록과, 대두류가 200년 전에 전래되었다는 기록으로 보아 7세기 무렵부터 장 담그기가 시작되지 않았을까 추정하고 있다. 이후 조선 중엽의 고서인 『산림경제』를 보면 간장을 '청장'이라고 불렀다는 기록이 나오는데, 이때에 와서 콩 위주의 장 담그기가 전통화되었을 것이라고 추측하고 있다.

한때는 장을 담그기 위한 메주를 쑬 때 대두에 진맥眞麥을 섞었다고도 하는데, 그 후의 기록을 보면 중국 장에 비하여 콩만으로 메주를 쑤었다는 대목이 있다. 물론 일본도 100% 콩으로만 된장을 만들지 않는다. 찐 콩을 절구에 잘 빻은 다음 쌀이나 밀가루를 발효제로 첨가하여 함께 반죽하기 때문에 우리나라와 같은 '메주 띄우기' 부분이 생략된다.

요즘엔 먹거리의 안전성과 친환경식품의 선호 때문인지 집집마다 장 담그기가 유행인데, 일본식으로 인공 발효 과정을 거쳐 쉽고 간단하게 만드는 것도 한 방법이랄 수는 있겠다. 물론 그 맛이 자연 발효를 거친 우리의 재래된장과 같다고는 절대 우길 수 없지만 말이다.

우리의 재래된장을 만들 때는 소금물을 처음부터 넣기보다는 끓여 식힌 맹물로 메주를 먼저 부드럽게 불린 후 소금을 맨 나중에 넣어야 장맛이 좋다. 된장 중간 중간에 맵고 붉은 말린 통고추를 얹으면 방부防腐 작용도 되고, 맛이 칼칼하여 된장의 맛을 돋워준다.

된장의 종류는 간장을 담가서 장물을 떠내고 건더기를 쓰는 재래식 된장과 메주에 소금물을 알맞게 부어 장물을 떠내지 않고 먹는 개량식 된장, 이 두 가지 방법을 절충한 절충식 된장이 있다. 또 계절에 따라 담그는 별미장으로는, 봄철에 담그는 담북장·막장, 여름철에 담그는 집장·생황장, 가을철에 담그는 청태장·팥장, 겨울철에 담그는 청국장 등이 있다.

이처럼 우리 식생활에서 빠질래야 빠질 수 없는 장은 물 맑고 공기 좋은 곳이라면 어디나 한두 군데 유명한 곳이 있기 마련인데, 이곳 영주에도 옛날 방식 그대로 장을 담아 상품화시킨 마을이 몇 군데 있다. 여기에선 그중의 하나인 무수촌과 청국장이 맛있는 인천식당을 소개하고자 한다.

🌿 무수촌

흑석사를 지나 석포다리를 건너고도 한참을 더 내려와야 이산우체국이 나오는데, 그 지점에서 다시 봉화 방향으로 3km쯤 더 가면 비로소 우측에 '무수촌無愁村'이라는 마을 이름을 새긴 키 작은 입석과 두 장승이 모습을 드러낸다. 이산면이라고는 해도 거의 봉화에 가까운 영주의 끝자락이다.

마을로 들어가는 길은 차바퀴가 옆으로 빠질 것만 같이 좁은 데다 커다란 곡선을 만들며 구불거려 있고, 세월과 함께 풍성해진 나무들은 여지없이 시야를 가리며 나를 초조하게 만들었다. 겨우 빠져 나온 길 끄트머리에 펼쳐진 것은 옹기종기 모여 있는 오래된 집들과 쌓아놓은 장작, 무더기로 자리를 차지하고 있는 옹기들이었다. 나란히 장승을 세워둔 안쪽에 차를 대고 옹기들이 가득한 집 안쪽으로 들어가 본다.

작은 연못과 잘 가꾸어놓은 화단 등으로 꾸며져 있는 정원에서 옹기들과 함께 어정쩡하게 서 있는데, 방문이 열리고 할머니 한 분이 나오시더니 어디에서 왔냐며 인사를 건네신다. 이 먼 곳까지 왔으니 차라도 한잔 하고 가라며 안으로 들이시고는 당신은 차 준비를 한다고 안쪽 부엌으로 들어가 버리신다.

겉은 옛 모습 그대로인지 몰라도 안은 마치 요즘 유행하는 한옥 인테리어로 꾸민 듯이 깔끔하고 나무랄 데가 없다. 다만 다른 방과 연결된다는 벽 쪽 문만이 이 집이 옛날 집이라는 확신을 주고 있었다. 벽 쪽으로 붙여놓은 원목 테이블 위에는 무수촌에서 생산되는 제품들이 가지런히 놓여 있다.

박인숙 촌장이 서울 생활을 접고 무수촌에 있는 남편의 종가에 들어온 것은 10년 전의 일이라고 한다. 500년 묵은 옛집에서 시작한 장 담그기는 지금도 전통 방식을 고집하며 계속되고 있단다. 잘 여문 우리 콩을 골라서 가마솥에 담고 장작불로 불을 지펴 삶는다. 삶은 콩을 메주로 만들어 짚으로 동여매 황토방에서 말려 띄워서 된장을 담그고, 유약을 바르지 않은 천연 황토 옹기에 된장을 담는 것이다.

옹기 잔에 담긴 것이 차가 아니라 인스턴트 커피라는 사실에 순간 당황했지만, 정성 하나만은 마음으로 우러난 것임을 알기에 자리에 앉아 달달한 커피를 마셨다. 박인숙 촌장과는 일가라고 하시는(무수촌은 총 13가구밖에 안 되고, 마을 사람들은 모두 일가란다) 김남순 할머니는 68세의 연세에도 아직 시집살이를 하는 며느리셨다. 아까 차에서 내릴 때 연세가 꽤 되신 듯한 할머니 한 분이 바깥쪽 집 마당에 앉아 계신 것을 보았는데, 바로 그분이 올해 96세가 되신 시어머니란다.

청국장을 한 꾸러미 사는데 할머니가 포장부터 무수촌의 팸플릿에 이르기까지 꼼꼼하게 챙기신다. 그 모습을 바라보며 이런저런 이야길 나누는데 쌍둥이 유모차를 끌고 젊은 며느리가 들어왔다. 영주 시내에 사는 아들 내외가 쌍둥이를 낳아서 며느리만 시어머니 곁에 와 있는 거란다.

8개월 된 쌍둥이는 처음엔 쌍둥이라는 생각을 못 할 만큼 차이가 많이 났다. 엄마 말로는 체격만큼이나 먹는 양이 다르단다. 그래도 둘 다 얼마나 예쁘게들 웃는지, 아가들과 노느라 시간 가는 줄 몰랐다.

비상을 꿈꾸다

무수촌 오래된 옛집을 보존하는 마음 그대로, 장 담그기 또한 전통을 고집하며 옛 방식을 따른다.

너무 지체한 것 같아 인사를 나누고 밖으로 나오는데, 재경과 재흠 두 녀석이 엄마와 할머니 품에 안긴 채 배웅을 해준다. 이제 겨우 배운 '빠이빠이'로 말이다. 몇 번을 뒤돌아보며 떨어지지 않는 발길을 재촉했다. 역시 아기는 아무런 경계 없이 저렇게 방긋방긋 웃어줄 때가 최고로 예쁘다니까!

아이들의 웃음으로 따스해진 가슴은 이내 흐뭇한 미소로 이어진다. 전통이 지켜지는 곳에서 아이들은 또 그렇게 전통을 지키는 법을 배우며 자라게 될 테니 말이다.

인천식당

풍기역 바로 앞에 위치한 인천식당은 42년의 전통을 자랑하는 청국장 전문점이다. 영주에서 알 만한 사람은 다 안다는 이곳은, 청국장 맛도 일품이지만 주인장인 조재봉 대표의 인품으로 더 소문 난 집이다. 인천식당이란 이름은 원래 아버지의 고향이 인천이라 붙여진 거란다. 출신지로 무슨 댁 무슨 댁 하고 부르는 것과 같은 이치라고도 할 수 있을지 모르겠다.

인천식당의 대표 메뉴는 물론 말할 것도 없이 청국장이다. 그러나 주인장의 전통 방식 그대로 담근 청국장

못지않은 솜씨가 있으니, 그건 바로 안주인이 만들어내는 맛깔 난 밑반찬이다. 청국장이란 게 뚝배기 하나면 밥 한 그릇이 뚝딱인데, 무슨 반찬이 그리 많이 나오는지 청국장 없이도 공기밥이 바닥을 보일 것 같았으니 말이다.

다만 아쉬운 것은, 고약한 냄새도 없이 맛나기만 한 주인장의 이 청국장이 영주에서 나는 콩을 원료로 한 것이 아니라, 전남 고흥의 콩을 원료로 한다는 점이었다. 식당 명함에까지 착실히 원산지와 생산자를 표기해 놓으신 주인장은, 가까운 시간 내에 '부석태'가 우수식품 인증을 받으면 그때는 영주가 원산지인 콩을 쓸 수 있게 될 거라며 너무 서운해 말라고 다독이신다. 인천식당은 맛난 청국장으로 배만 부르게 하는 것이 아니라 따뜻한 친절함으로 마음까지 부르게 하는 곳이었다.